郵便×歴史
シリーズ II

現代日中関係史

―切手・郵便に秘められた軌跡―

第2部
1972-2022

内藤 陽介

日本郵趣出版

現代日中関係史 ―切手・郵便に秘められた軌跡― 第二部 1972-2022 目次

はじめに

本書は、「郵便×歴史シリーズ」の最初の試みとして企画された『現代日中関係史』のうち、一九七二年の〝国交正常化〟以前を扱った第一部に続き、〝国交正常化〟以降、二〇二二年までの半世紀を扱った第二部となります。

第一部でもお話しましたが、中華世界には、指桑《しそう》罵槐《ばかい》、すなわち、表面上はある人物・組織を批判しながら、その本当の批判の対象は別の人物・組織であるという、独特の政治文化があります。日中関係はこの指桑罵槐が最も明瞭に観察されるフィールドの一つと言っても過言ではありません。

鄧小平の時代、中国は共産主義の思想を実質的に棄却することで経済成長を実現し、権威主義体制を維持するための新たなイデオロギーとして〝愛国〟を強調するようになりました。対日関係と歴史問題は、しばしば、この〝愛国〟の強弱をコントロールするための調整弁になっており、その微妙な匙加減の一部は中国の切手にも浮かび上がってくることがあります。

それらを丹念に拾い集めるとともに、日本切手に描かれた〝(国交回復後の)中国〟のイメージを組み合わせることで、従来とは少し違った角度から、複雑極まりない日中関係史を俯瞰できるのではないかと考えました。巨大な隣国である〝中国〟について、ごくわずかでも新たな材料を皆様にご提供できれば幸いです。

なお、第一部と併せ、本書の刊行にあたっては、日本郵趣出版の落合宙一社長、担当編集者の松永靖子さん、表紙デザイン担当の三浦久美子さんに大変お世話になりました。末筆ながら、謝意を表して筆をおきたいと思います。

令和五月二月二十四日　著者記す

第一章
国交〝正常化〟という不正常な出発

田中内閣の発足と中国上海バレエ団

国際社会の枠組が米中を中心に大きく変化する中で、一九七二年五月十五日、米国の世界戦略の一環として、沖縄の祖国復帰が実現し【図1】、七年八ヵ月に及んだ佐藤栄作内閣はそれを花道に退陣した。

【図1】沖縄の祖国復帰を記念する日本切手

自民党の後継総裁をめぐっては、中華人民共和国（以下、適宜〝中国〟と略す）との国交樹立が最大の争点になり、台湾の国民政府（以下、適宜〝台湾〟と略す）への配慮をにじませながら消極姿勢を示した福田赳夫と、積極論者の田中角栄が争い、七月五日の総裁選では決選投票で二八二票を獲得した田中が、一九〇票の福田を下して勝利した。

七月七日に発足した田中内閣は、田中、大平正芳、中曽根康弘の主流三派の政策協定での合意通り、〝日中国交正常化〟を政権の急務として、親中派の筆頭、大平が外相に就任する。

自民党総裁選の日程はあらかじめ公表されていたから、中国共産党（以下、適宜〝中共〟と略す）側は田中内閣の発足を見越して、総裁選後まもない七月十一日から、総勢二一〇名の〝中国上海バレエ団〟を日本に派遣する。バレエ団は、三十六日間、東京・有楽町の日生劇場をはじめ全国各地で全十五回の公演を行い、文化大革命中も上演が許されていた八作の『様板《ようはん》戯《ぎ》』（模範劇）、『紅色経典《こうしょくけいてん》』（共産主義模範作品）の「白毛女《はくもうじょ》」や「紅色娘子軍《こうしょくじょうしぐん》」等の演目で人気を集めた。

「白毛女」【図2】は、文革の時代に盛んに演じられた〝革命歌劇〟の一つで、「国民党支配下の旧社会は人を鬼（妖怪）にするが、共産党による新社会は鬼を人にする」というのがテーマである。

　一九三五年、河北省《かほくしょう》の貧農、楊白労《ようはくろう》の美しい娘、趙喜児《ちょうきじ》は同じ村の若者、王大春《おうたいしゅん》と婚約し、婚礼の日

▲髪が白くなった喜児

▲主人公の喜児

▲革命に立つ喜児

▲大春と再会する喜児

【図2】「白毛女」の主要場面を取り上げた、1973年の中国切手

を待っていた。しかし、喜児に目をつけた村の悪徳地主、黄世仁《こうせじん》は親の借金のカタに喜児を連れ去り、黄家の召使いとして酷使しただけでなく、彼女を凌辱して妊娠させる。また、王は村を追放され、悲嘆にくれた楊は自殺した。

　その後、黄世仁に縁談が持ち上がったため、彼は喜児を人買いに売り飛ばそうとしたが、喜児は逃走。山奥に入ってほら穴に住みつき、苦難の日々で頭髪はいつしか真っ白になった。時おり里に下りて廟の供物などをあさる彼女の姿は、いつしか〝白毛の仙女〟として村人の間でも噂になっていた。

　一九三七年秋、河北にも日本軍が侵攻し、八路軍《はちろ》が迎撃のために北上してきたが、その中には、喜児のかつての婚約者、大春の姿もあった。黄世仁らは〝白毛の仙女〟の噂を広め、村人を動揺させたが、一九三八年春、大春らは山奥のほら穴で喜児を発見

し、彼女が〝白毛の仙女〟であることを知って救出する。そして、喜児から地主の仕打ちを聞いた大春らにより、黄は捕らえられ、人民裁判にかけられた。

一方、「紅色娘子軍」【図3】は、一九三〇年代、海南島《かいなんとう》の椰林寨《やりんさい》（現・瓊海市《けいかいし》）で、国民党につながる地主の南覇天《なんはてん》から暴行を受け、ジャングルに逃れた呉《ご》瓊花《けいか》が、共産党員の洪常青《こうじょうせい》と出会ってゲリラ部隊の〝紅色娘子軍〟に参加し、苦戦しつつも最終的には南を捕らえて処刑。共産党の主力部隊と合流した呉は娘子軍連隊長になるという物語だ。

【図3】「紅色娘子軍」の一場面を取り上げた1972年の中国切手

どちらも、中共のプロパガンダという色彩が極めて濃厚だが、バレエとしての技量や芸術性は高水準のものだった。それゆえ、日本の観客も彼らの演技を純粋に楽しんだのだが、〝抗日戦争〟の時代を舞台とした「白毛女」を上演することで、さりげなく日本人の贖罪意識を刺激し、中共側の望む形で〝国交正常化〟を目指そうという意図が隠されていたことは言うまでもない。

バレエ団の団長は廖承志《りょうしょうし》の側近で中日友好協会副秘書長の孫平化《そんへいか》だったが、孫は、この機会をとらえて外相就任後まもない大平と接触し、〝国交正常化〟に前のめりな大平の取り込みを図った。

〝正常化〟の意味

ところで、第一次ニクソン・ショック直前の一九七一年六月、中国の招請を受けた公明党代表団（団長は党委員長の竹入勝義）が初めて訪中し、中日友好協会副会長の王国権《おうこくけん》らと会談した。会談では日本の軍国主義復活問題と米帝国主義の侵略政策について意見が真っ向から分かれ、話がかみ合わなかったが、六月二十八日、突如として周恩来《しゅうおんらい》総理との会談が実現。周は「すべての点で一致するのは不可能である」と述べつつ、公明党が主張した点を五項目にまとめ、七月二日には共同声明が調印された。

このときの五項目は、後に①中国はただ一つであり、中華人民共和国政府は中国人民を代表する唯一の合法政府である、②台湾は中国の一つの省であり、中国領土の不可分の一部であって、台湾は中国の内政問題である、③〝日華条約〟は不法であり、破棄されねばならない、とする「復交三原則」として整理され、その後の交渉の基本となる。

当初、日本側は中華人民共和国を〝唯一の正統政府〟と表現することを提案したが、中共はこれを断固拒否して〝唯一の合法政府〟の表現を使うことにこだわった。

実は、中国史では〝正統〟の対義語は〝偏安《へんあん》〟である。『字源』によると、偏安とは「帝を一方に稱《しょう》して全國統治の櫂《かい》なきもの」で、ある王朝が中原を失って地方政権に甘んじている状態をさす。これを裏返して言えば、その王朝が勢力を盛り返せばいつでも中原を回復して〝正統〟政権として復活することは可能なわけで、まさしく蔣介石《しょうかいせき》の主張してきた〝大陸反攻〟と重なる概念といってよい。したがって、正統政権としての中華人民共和国の地位は今後とも保証されるとは限らないから、彼らとしては〝正統政府〟という表現は避けたほうが賢明である。

これに対して、合法／不法という表現を用いて、共産党政権を合法、国民政府を不法と位置付けるのなら、将来的に両者の支配領域に変動が生じても、中華人民共和国の合法性(日本語でいう正統性のニュアンスに近い)が揺らぐことはない。不法な政府はどれほど広大な領土を支配していようとも、不法だからだ。

したがって、国交を樹立する相手は(〝正統政府〟ではなく)合法政府でなければならず、不法な政府と外交関係を結ぶことは異常事態に他ならない。その点で、中華人民共和国を合法政府と認めるなら、不法政府である国民政府と日本が国交を維持していることは異常であり、そうした現状を糺《ただ》して合法政府と国交を樹立することこそが、本来あるべき正常な姿ということになる。

中華人民共和国との国交樹立を〝国交正常化〟と表現するのは、上記のような彼らの主張をそのまま無批判に受け入れることであり、その時点で両国関係は対等のものとはなりえない。しかし、そのことを指摘する日本人は現在に至るまできわめて少ない。

さて、上海バレエ団の来日公演の陰で大平と接触していた中国は、政府・自民党内に台湾との断交と一体化した〝日中国交正常化〟に反対する声が根強く、首相の田中が党内のとりまとめに苦慮していたことを承知していた。そこで、一九七二年七月半ば、前年の「復交三原則」をまとめた相手である公明党に招請状を送る。

一九六九年、公明党の支持母体だった創価学会は、明治大学教授で政治評論家の藤原弘達の著書『創価学会を斬る』の出版予告が出ると、藤原や出版元の日新報道社に対して書き直しや出版の中止などを要求した。しかし、藤原側はこれを拒否したため、公明党中央執行委員長・竹入義勝が自

「創価学会を斬る」表紙

民党幹事長・田中角栄に事態の収拾を依頼。田中も藤原に出版の中止や書き直しを求めたほか「初版分は全部買い取る」などの条件までつけて働きかけたが、藤原は翻意しなかった。

この事件は、一九七〇年五月に創価学会会長の池田大作が公式に謝罪し、創価学会と公明党との〝政教分離〟を公約することで一応の決着を見たが、この事件を通じて、竹入と田中は親しい間柄となった。

竹入の公明党は、池田大作と創価学会の意向もあって〝日中国交正常化〟に積極的だったから、竹入は野党の委員長でありながら、日中問題に関しては田中の露払い役となることを期待されていた。

七月二十五日に北京入りした竹入は、十六日間の滞在期間中、三回に渡って周恩来と会談した。

文革により大混乱に陥った中国は、経済再建のために日本からの資金の導入が必要だった。このため、中国としても日本との〝国交正常化〟を実現する必要に迫られており、竹入に対して、周は「もし米国から日本に対して中国との国交正常化にクレームがつくようなことがあれば、私が大統領に直接、話をします」とまで言い切った。

さらに、「日中間の国交が回復すれば、中国に対する安全保障の効力はなくなるから、日米安保体制についても問題にしない」、「一九六九年の佐藤・ニクソン共同声明（の韓国条項、台湾条項など）にも触れない」とも発言する。ちなみに、竹入が北京入りして間もない七月二十八日、新華社が前年の林彪《りんぴょう》事件（毛沢東《もうたくとう》の後継者に指名されていた林彪が、一九七一年九月、毛沢東の暗殺計画を企てたが失敗し、逃亡途中にモンゴルで墜落死した事件）の概要を報じ、文革の行きすぎを是正する姿勢を示している。

もちろん、すでにソ連という共通の敵をにらんで関係改善を進めていた米中両国からすれば、日米安保には日本に対する〝瓶の蓋〟として機能している面があり、それを含めて世界戦略の一要素として織り込み済みだったのだが、中国がこれまで執拗に日米安保を攻撃してきた印象が強かったことにくわえ、政権獲得の大義名分（のひとつ）として〝日中国交正常化〟を掲げていた田中内閣には、政策実現のための千載一遇の機会のように受け止められることは確実だった。

それゆえ、この機会を逃せば〝国交正常化〟は不可能になるとの焦りから、日本側は台湾問題で最大限の譲歩をしてくるに違いないというのが中共側の読みだった。そこで、周は既定の方針どおり、台湾問題では一切の妥協を拒否する一方、日本側の最大の懸念材料の一つであった戦時賠償について「中国は日清戦争で賠償を払ったが、中国民衆はいかに苦しんだか、いかに過酷であったか。日本国民にそれを求める気はない。戦争の責任は国民にはない。一部の軍国主義者の責任だ」と述べ、賠償の放棄を申し出るというとどめの一撃を放った。

先の大戦で交戦国ではなかった韓国と正規の国交を樹立する際にも、請求権というかたちで巨額の支出を余儀なくされた日本側にとって、実際に敵国として戦っていた中国に対する戦時賠償は天文学的な数字となるのではないかとの懸念があり、〝国交正常化〟のネックになると見られていた。竹入も「（賠償額は）五百億ドル（十五兆円）以上は払わなければ」と考えていたため、「田中さんには恥をかかせませんから」として周が賠償放棄を申し出たことには「頭がクラクラした」と回想している。

もっとも、日韓間の〝請求権〟問題は、金額としては巨額ではあったが、このときの支払いをもって日本側は金銭補償については〝解決済み〟と主張することが可能になった。しかし、中国側は賠償を放棄するという〝恩〟を着せることにより、日本に心理的な負い目を与え、延々と援助を引き出す素地を作ることに成功した。ただし、当時の日本側にはそうした中国側の深謀に対する警戒感はほとんどなかった。

八月三日に帰国した竹入は、翌四日、周との会見内容を「竹入メモ」として田中に報告。台湾問題以外は好条件での〝国交正常化〟が可能と判断した田中は、

毛沢東主席と握手するニクソン大統領
（U.S. National Archives and Records Administration）

一九七二年八月三十一日・九月一日の両日、ハワイで大平とともにニクソンと会談し、〝日中国交正常化〟は日米安保体制を害することなく進めることを確約して、米国の理解を求めた。もちろん、米国はこれを了承する。

日中共同声明

竹入の訪中・帰国と並行して、水面下で田中の訪中準備も進められていたが、その一環として日中間の通信環境の整備も進められた。

一九七一年十月、〝チャイナ〟としての国連の代表権を獲得したことに伴い、中国はインテルサットへの参加を認められ、衛星通信の利用が可能になった。

ただし、一九七二年二月二十一〜二十八日のニクソン訪中時には、米中間の無線電信回線は接続されていなかったため、事前の二月一日に北京と上海に地球局が設置され、ニクソンと毛沢東が握手するさまが全米に生中継で放送された。

この成功を受けて、田中内閣発足後まもない

一九七二年八月五日、国際電信電話株式会社（ＫＤＤ。現ＫＤＤＩ）が中国政府に対して北京に可搬型地球局を設置して、カラーテレビ映像一回線および音声級二十四回線を設定したい旨を申し出る。そして、同二十七日、田中訪中をテレビ中継するため、日中間で合意文書の署名が行われた。

また、メディア側はＮＨＫ、日本テレビ、ＴＢＳテレビ、フジテレビ、ＮＥＴテレビ（現・テレビ朝日）の五社が〝日本衛星中継協力機構（ＪＳＮＰ）〟を設立し、中国政府から取材申請の認可を受けたＫＤＤがＪＳＮＰに協力するという体制がとられた。

こうして、九月二十五日、田中首相、大平外相ら日本政府の訪中団が北京空港に到着。専用機のタラップを降りてきた田中と下で待ち受けていた周恩来が握手し、両国の国旗掲揚と国歌吹奏、陸海空三軍の儀仗兵閲兵のセレモニーが行われ、その様子は日本国内に向けて衛星中継された。

その後、二十八日までの連日四回の会談を経て、九月二十九日、「日本国政府と中華人民共和国政府の共同声明（日中共同声明）」が調印されるまでの間、田中らの動静は随時、ＶＴＲによる画像として日本に配信され、東京から世界三十ヵ国に配信されることになる。

さて、二十五日の第一回会談で、冒頭、田中は次のように発言する。

◆

「日中国交正常化の機は熟しました。今回の訪中を是非とも成功させ、国交正常化を実現したい。これまで国交正常化を阻《はば》んできたのは台湾との関係です。日中国交正常化の結果、自動的に消滅する関係とは別に、現実に起こる問題に対処しなければなりません。」

◆

首相の田中自らが、国交〝正常化〟という表現を何ら躊躇することなく使い、台湾について〝自動的に消滅する関係〟と述べるところから交渉を開始した時点で、すでに、両国の勝負は決着がついていた。すなわち、国交正常化の功を焦っている田中らに対して、中国は文革で疲弊した自国の惨状をひた隠しにしつつ、恩を着せるかたちで交渉を進めるというポジションを労せずして獲得したのだった。

さらに、同日夕方の周恩来の歓迎晩餐会でのスピーチにあった「わが国が中国国民に、多大なご迷惑をおかけしたことについて、私は改めて深い反省の念を表明するものであります」との一文のうち「多大なご迷惑をおかけした」の部分が通訳により「添了很大的麻煩」と訳されたことが問題となった。

すなわち、〝很大的〟という〝多大な〟に相当する訳語が付けられていたとはいえ、中国語の〝麻煩〟は〝不注意でうっかりかけてしまった些細な迷惑〟というニュアンスのある言葉であったため、中国側は田中の表現が軽すぎると反発。さっそく、翌二十六日の会談では、周は田中に対して「田中首相が述べた〝過去の不幸なことを反省する〟との考え方は我々も受け入れられます。しかし、田中首相の〝中国人民に迷惑をかけた〟との言葉は中国人の反感を呼びます。中国では〝迷惑〟とは、小さなことにしか使われないからです」、「日本軍国主義は、中国人民に深い災難をもたらしました。数百万が犠牲となり、日本人民も同じように大きな被害を受けています。この言葉は、とても受け入れられません」と攻勢をかけてきた。

要するに、「我々が恩讐を越えて国交正常化に応じてやろうというのに、お前たちは過去に中国に対して何をやったのか、わかっているのか」と恫喝してきたのである。

それにくわえて、午前中の外相会談で、日本外務省の高島益郎条約局長が、純粋な法律論として「わが国と台湾との間の平和条約（日華条約）が当初から無効であったとの前提に立って、今日いまだに日中両国間に法的に戦争状態が存在し、今回、出される共同声明によってはじめて戦争状態終了の合意が成立する、というのは認めるわけにはまいりません。そうとしか解するする余地がない表現には、日本が同意することはできません」と説明していたことに関しても、周は次のように責め立てた。

◆

「中日の外交関係樹立の問題に、日華条約やサンフランシスコ条約を入れると、問題が解決できなくなります。これを認めてしまうと、蔣介石の方が合法で、我々が非合法になるからです。そこで、我々の〝三原則〟を十分、理解することをもとにして、日本政府が直面する困難に配慮を加えることとしたいと思います」

「蔣は台湾に逃げていった後で、しかもサンフランシスコ条約の後で、日本に賠償放棄を行っている。他人の物で、自分の面子を立てることはできないから、放棄しただけのことです。しかし、よく考えていただきたい。戦争の損害は、大陸が受けたものであることを」

「我々は、田中首相が訪中し、国交正常化問題を解決すると言ったので、日中両国人民の友好のために、賠償放棄を考えたのです。しかし、蔣介石が放棄したから、もういいのだという考え方だとしたら、それは受け入れられない。なぜなら、それは、我々への侮辱だからです。田中さんと大平さんの二人の考え方を我々は尊重しています。しかし、日本外務省の発言は、両首脳の考え方に背くものではないか、と考えています」

◆

その後の交渉は一貫して中国ペースで進み、九月二十八日の交渉では、台湾との断交を前提に、国交正常化の結果、台湾を支配している政府と日本との外交関係は解消されること、日本政府は〝二つの中国〟の立場はとらず、台湾独立運動を支援する考えは全くないこと、そして台湾にいる邦人の生命・財産の保護に努力すること、そのためには公的資格を失う日本の大使館・総領事館が民間レベルの事務所のような、何らかの形で残される必要があること、などをまとめた文書を大平外相が読み上げ、「これらのことについて中国側のご理解を得たい」と締めくくった。

この時点で、その後の日中関係はどちらが主導権を握るのか、ほぼ決まったも同然となり、九月二十九日に両国の国交樹立を宣言する日中共同声明が発表された。

共同声明の前文では、一九五二年の日華条約ですでに〝中国〟との戦争は終了しているとの日本側の法理は完全に否定され、「戦争状態の終結と日中国交の正常化という両国国民の願望の実現」に言及したうえで、第一条で「日本国と中華人民共和国との間のこれまでの不正常な状態は、この共同声明が発出される日に終了する」との文言で処理された。

また、台湾問題については、声明の前文で復交三原則に触れたうえで、第三条で「中華人民共和国政府は、台湾が中華人民共和国の領土の不可分の一部であることを重ねて表明する。日本国政府は、この中華人民共和国政府の立場を十分理解し、尊重し、ポツダム宣言第八項に基づく立場を堅持する」と規定することによって、辛うじて、日本としては台湾を中国の領土としては必ずしも認めないが、台湾独立を支持せず〝一つの中国〟という立場に立つ、としてサンフランシスコ講和条約との整合性が試みられた。

そして、七月の周・竹入会談で提起された「戦争賠償権の放棄」については、日本側が一九五二年の日華条約で解決済みという建前を持ち出したのに対して、中国は賠償権の〝権〟を削除して「中華人民共和国政府は、中日両国国民の友好のために、日本国に対する戦争賠償の請求を放棄することを宣言する」（第五条）との文言で妥結が成立した。

1972年9月29日、日中国交正常化を果たした後、周恩来首相と肩を組んで、上海でのお別れパーティーから退出する田中角栄総理。（産経新聞社）

　共同宣言調印後の記者会見で、大平外相は「日中関係〝正常化〟の当然の帰結として、日華平和条約は存続の意義を失い、終了したものと認められる、というのが日本政府の見解」であると表明した。

　当然のことながら、台湾は日中共同宣言に強く反発し、九月二十九日深夜、日本との国交断絶を一方的に宣言した。ただし、外交部長の沈昌煥《ちんしょうかん》は「（日台断交は）その責任が完全に日本政府にある」としながらも「全ての日本の反共民主人士に対して、我が政府は依然として友誼を保持し続ける」と表明。十二月一日には事実上の大使館として、台北に日本の交流協会（現・日本台湾交流協会）、東京に亜東関係協会（現・台湾日本関係協会）が設置され、国交断絶後も日台間の実務関係は継続される態勢が整えられた。

パンダの来日

　日本との〝国交正常化〟を勝ち取った中国は、一九七二年十月二十八日、日中友好のシンボルとして二頭のジャイアントパンダ（以下、パンダ）を日本に贈った【図4】。

一八六二年、司祭として北京に派遣されたフランス人宣教師のアルマン・ダヴィドは、フランス政府の依頼を受け、中国の動植物、鉱物、化石の標本を集めてパリに送ったが、その一環として、一八六九年、現在の行政上は中華人民共和国四川省《しせんしょう》雅安市《があんし》宝《ほう》興県《こうけん》にあたる地で、地元の猟師が持っていた白黒模様のパンダの毛皮を欧米人として初めて発見。後日、パリの国立自然史博物館に毛皮と骨などを送り、ジャイアントパンダが世界的に知られるようになった。また、一九二九年には米国のローズヴェルト探検隊が欧米人として初めてパンダを射止めることに成功。さらに、一九三六年十二月、米国人ルース・ハークネスがパンダの幼獣〝スーリン〟を生きたまま米国に連れ帰り（写真）、シカゴ動物園での公開が始まると、米国ではその愛くるしさにパンダの人気が沸騰する。

【図4】 2022年の日中国交正常化50周年を記念する、パンダを取り上げた日本切手

これを機に欧米人によるパンダ捕獲熱が過熱すると、一九三九年十一月を最後に中国国民政府はパンダの禁輸措置を取り、外国への持ち出しが禁止された。その一方で、日米開戦直前の一九四一年十一月、蔣介石夫人の宋美齢《そうびれい》は、抗日戦争への米国への支援を期待して米国へのパンダ贈呈を発表する。国民政府の中央宣伝部はラジオやグラフ雑誌を活用し、子供を

ターゲットにした大々的な宣伝工作を展開した。

これが〝中国〟によるパンダ外交の始まりで、一九四九年に大陸を制圧した中華人民共和国もパンダを外交の手段として活用していくことになる。

ところで、ダヴィドが西洋人として最初にパンダを〝発見〟した雅安市は、長江の上流、四川盆地の西縁に位置しており、歴史的には〝西蔵門戸《チベットの玄関口》〟と呼ばれて中華世界とチベットの境界に位置してきた。

また、野生のパンダは、中国の甘粛省《かんしゅくしょう》、四川省、陝西省《せんせいしょう》などに棲息しており、ローズヴェルト探検隊をはじめ西洋人がパンダを追い求めていた地域も、中国中央政府の統制が必ずしも及んでいなかったチベット【図5】の領域に属しており、現在のジャイアントパンダ保護区は、四川省の省都・成都市《せいとし》が所轄する都江《とこう》堰市《えんし》・崇州市《すうしゅうし》・邛崍市《きょうらいし》・大邑県《だいゆうけん》、雅安市が所轄する廬山県《ろざんけん》・天全県《てんぜんけん》・宝興県、アバ・チベット族チャン族自治州が所轄する汶川県《ぶんせんけん》・小金県《しょうきんけん》・理県《りけん》、カンゼ・チベット族自治州が所轄する康定市《こうていし》で設定されている。

【図5】清朝崩壊後、チベットは“中国”からの独立を宣言。中華民国はチベットの独立を認めなかったが、その統制はチベットには及ばす、チベットの支配地域では獅子を描く独自の切手が使用されていた。

このうち、チベット族自治州は、一九五一年五月二十三日、中国とチベット政府の間で署名された「中央人民政府とチベット地方政府のチベット平和解放に関する協定」（いわゆる十七か条協定）によって、〝平和解放〟の名の下に中国に併呑され【図6／次ページ】、一九五五年に四川省に組み込まれたのであって、かつては独立チベットの版図の一部だった。また、それ以外の上記の市・県も、歴史的に、少なからずチベット人が居住してきた地域である。

一九五九年、中国中央政府の

圧迫に抵抗してチベットで大規模蜂起が発生し、チベット仏教の活仏《かつぶつ》、ダライ・ラマ十四世【図7】はインドに亡命した。そこで、中国政府は中国に留まった別の活仏、パンチェン・ラマ十世を厚遇し、ダライ・ラマに代わるチベット自治政府の首班として擁立し、親中国派のチベット民族指導者に仕立て上げようとした。

ところが、パンチェン・ラマもチベットに対する中国政府の抑圧政策の実状に触れるにつれ、次第に中国とは距離を置き始め、一九六二年、中国のチベット支配を批判した『七万言上書』を北京政府宛に提出する。

『七万言上書』は、①一九五九年のチベット蜂起以降、中国政府の過剰な報復的処罰が横行している、②一九五八年の大躍進政策の失敗によりチベットでも多くの餓死者が発生している、③中国政府の同化政策によりチベットの伝統文化、習慣、言語が消滅の危機に瀕している、④中国共産党は唯物史観に則り、宗教をアヘンまたは前時代の遺物として根絶しようとして、中国国内の寺院等も破壊している、ことなどを批判し、中国政府に対して善処を求めたものだった。

しかし、毛沢東ら中国指導部はこれに激怒。一九六二年五月十八日、パンチェン・ラマはチベット政府首班の地位を剥奪され、後任の同政

【図6】1951年、中国がチベットを“平和解放”したことを記念して発行された切手

【図7】ダライ・ラマ14世のチベット亡命政府が、その存在を国際社会にアピールするために発行した“切手(状のラベル)”

府首班には周恩来首相が就任した。それでも、中国共産党統一戦線部部長の李《り》維《い》漢《かん》は、『七万言上書』を踏まえ、三ヵ月間　はチベットに対して宥和政策を試みたが、一九六二年八月、毛沢東は宥和政策の中止を指示。李維漢はパンチェン・ラマとの結託を批判され、パンチェン・ラマも自己批判を命じられた。翌一九六三年には、パンチェン・ラマはラサで五十日間の闘争集会に掛けられたあと、北京に送還されてしまう。

闘争集会において、激しく非難されるパンチェン・ラマ10世。(contactmagazine.net)

こうした状況の下、中国は一九六三年に〝ジャイアントパンダ保護区〟を設定したが、その背景には、パンダが〝中国の動物〟であることを強調することにより、中国によるチベット支配の正統性をアピールしようとの意図があったことは明白だった【図8】。

さて、中華人民共和国の本格的なパンダ外交は、一九五七年、関係が微妙なものになりつつあったソ連にパンダを送ったのが最初で【図9】、一九五八年には多摩動物公園の設立に際して、初代園長の林寿郎が当時の通産大臣、高碕達之助を通じてパンダの誘致を試みたが、中国側に拒絶されている。

【図8】ジャイアントパンダ保護区の設定にあわせて発行された、ジャイアントパンダを描く中国切手

【図9】1964年にソ連が発行した「モスクワ動物園100周年」の記念切手に取り上げられたジャイアントパンダ

その後、佐藤内閣時代にも横浜の動物商〝京浜鳥獣貿易〟の河野通敬や東京都知事の美濃部亮吉が中国側にパンダの譲渡を申し入れたがいずれも拒否された。中国側は明言することはなかったが、パンダを日中友好の象徴として、日本の社会に「佐藤政権は中国から拒絶されているからパンダが譲渡されない」との印象づけることに成功する。

一九七二年のニクソン訪中に際して、毛沢東は二頭のパンダを米国のワシントン国立動物園へと贈ることを約束。その返礼として、ニクソン大統領はジャコウウシを中国に贈った。一九七二年四月、パンダのリンリンとシンシンが米国に到着すると、大統領夫人のパット・ニクソンが公式イベントでパンダを出迎え、到着初日には二万人以上が、初年度にはおよそ一一〇〇万人がパンダ見物に動物園を参観するなど、米国でのパンダの人気は凄まじいものがあった。

こうした実績を踏まえ、中国は、同年九月、日中国交〝正常化〟の記念としてパンダのカンカンとランランを日本へ寄贈し、日本の政策転換を評価する姿勢を示した。はたして、十月二十八日にパンダが上野動物園に到着すると、日本国内でもパンダ・ブームが巻き起こり、日本人の対中感情は大いに好転する。

同時に、日本国内の世論や主要メディアの論調は、〝パンダの国〟である中国【図10】との友好関係を無条件に賛美し、〝日中友好〟に疑義をさしはさみづらい空気が徐々に醸成されていくのである。

【図10】日米両国でのパンダ・ブームを受けて、1973年1月15日、中国は“中国の動物”であることを改めてアピールする切手を発行した。

第二章
批林批孔《ひりんひこう》と遣唐使船

日中海底ケーブル

一九七二年九月の日中共同声明は、最後の第九条において「日本国政府及び中華人民共和国政府は、両国間の関係を一層発展させ、人的往来を拡大するため、必要に応じ、また、既存の民間取決めをも考慮しつつ、貿易、海運、航空、漁業等の事項に関する協定の締結を目的として、交渉を行うことに合意した」と規定していたため、同年十一月、東郷文彦外務審議官を団長とする外務、通産、大蔵、農林、運輸などの各省高官の代表団が訪中し、事務レベル協議が開始された。

実務協定の嚆矢《こうし》となったのは、一九七三年五月四日に日本の郵政省（当時）と中国の電信総局の間で結ばれた「日本・中国間海底ケーブル建設に関する取極《とりきめ》」である。

通常、国際通信回線の建設工事に関しては、事業者（この場合はKDD）が郵政大臣の認可を受けて相手国の建設業者と協定を結ぶことになっているが、今回は、具体的な実務としてのケーブル建設保守協定をKDDと締結するための前提として、両国の電気通信主管庁間で基本的な了解を取りまとめておきたいとの中国側の意向により、こうした変則的な形式が取られることになった。また、この〝取極〟は実質的には二国間協定と同等のものだったが、〝協定〟は外務省の所管で国会承認も必要なことから、スムースな回線工事の実施のため、あえて、協定ではなく、取極という形式が取られている。

当初、中国側は日中間の通信に限定した海底ケーブルの敷設を想定しており、戦前の長崎＝上海間の海底ケーブルの復活を提案したが、KDDは日中間のケーブルを新太平洋ケーブル、当時は計画段階だった東南アジアケーブルの両ケーブルと接続させる構想を有しており、技術、コストの両面から沖縄＝上海間の敷設を考えていた。新太平洋ケーブルが沖縄からグアムに接続し、そこから分岐してハワイとシドニーに伸びるルートとなっており、東南アジアケーブルも日本の陸揚げ地点として沖縄を想定していたからである【図1】。

しかし、当時の沖縄は日本本土との間に海底ケーブルが敷設されていなかったことに加え、米軍基地があったことから中国が難色を示し、漁業権の補償問題や海底の地形、地元自治体の意向（陸揚候補地であった鹿児島県の金丸三郎知事、熊本県の沢田一精知事は親台湾派で、日中海底ケーブルに難色を示していた）などを考慮し、最終的に、自民党の大物親中派議員であった園田直の地元、熊本県天草郡苓北町《れいほくまち》が日本側の陸揚げ地として決定された。

一九七三年五月の取極を受け、一年後の一九七四年五月には、実務担当者としてのKDDと上海郵電

【図1】1977年8月26日に日本で発行された、沖縄・ルソン・香港海底ケーブル開通の記念切手。

◆

わが国と東南アジア諸国の通信網を整備するための東南アジア海底ケーブル構想は1959年に提唱されていたが、その実現はヴェトナム戦争などもあって大幅に遅れた。日中海底ケーブルの工事が始まった後の1975年9月15日、ようやく、沖縄・ルソン・香港海底ケーブルの建設保守協定がマニラで調印され、日本のKDD、フィリピンのETPI（Eastern Telecommunication Philippines Inc）、英国のC＆W（Cable and Wireless）の合同で、全長2,440キロの海底ケーブル敷設工事が始まった。総工費は150億円で、工事の担当は、沖縄本島西南部の具志頭（ぐしかみ）とルソン東北西部のイロコス・ノルテを結ぶ約1,360キロがKDD、イロコス・ノルテと香港島を結ぶ約880キロがC＆Wだった。

管理局の間で一九七四年五月に建設保守協定も締結され、熊本県天草郡苓北町＝上海市南匯《なんわい》間の約八五〇キロを結ぶ電話四八〇回線のケーブル敷設が始まった。建設費用は六十億円だった。

当初、海底ケーブルの開通式典は〝国交正常化〟の記念日にあたる一九七六年九月二十五日が予定されていた。しかし、工事の遅れに加え、九月九日に中国の最高指導者、毛沢東が亡くなり、十月六日には文革を主導してきた四人組（江青《こうせい》・張春橋《ちょうしゅんきょう》・姚文元《ようぶんげん》・王洪文《おうこうぶん》）が逮捕されるなどの中国国内の混乱もあり、実際に式典が開始されたのは一ヵ月遅れの十月二十五日だった。

式典当日に発行された記念切手【図2】は、日本と中国の地図に海底ケーブルとケーブルシップ（ケーブル敷設船）を配したもので、原画作者は武荒勧嗣《たけあらかんじ》である。切手に描かれているケーブルは、日本電信電話公社（現・日本電信電話会社＝NTT）とKDDが共同で開発したもので、外国との海底ケーブルに使用する国産ケーブルの最初のものだった。

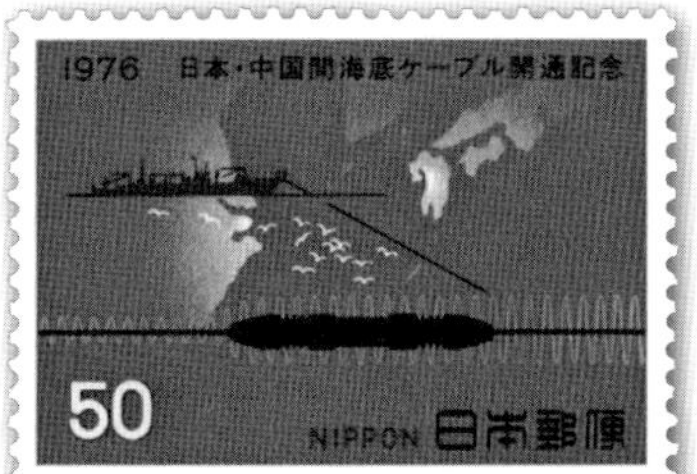

【図2】日中海底ケーブル開通を記念した日本切手

日中貿易協定と大慶（たいけい）油田

ついで、一九七四年一月五日には実務協定として日中貿易協定が締結された。

LT貿易の流れを汲む、国交回復以前の日中覚書《おぼえがき》貿易は、国交回復から一ヵ月後の一九七二年十月二十九日、その最後の覚書貿易協定が北京で調印されたことで終了し、十一月には覚書貿易事務所を引き継ぐ組織として日中経済協会が設立され、新日鉄会長の稲山嘉寛が会長に就任した。

　この時期、中国側は文革がもたらした社会的混乱の中で国民生活を向上させるため、化学繊維や化学肥料などのプラント導入【図3】に熱心であったが、日本側にとっては、第一次石油危機を機にエネルギー源多角化の必要に迫られていたこともあって、大慶油田からの原油輸入の確保が最大の課題であった。

【図3】「1971～75年の第４次５ヵ年計画勝利完成」の記念切手のうち、当時の紡績プラント（上）と化学肥料プラントを取り上げた切手（下）。

　一九四九年に中華人民共和国の成立が宣言された時点で、〝中国〟の油田は甘粛省の老君廟《ろうくんびょう》と新彊《しんきょう》の独山子《どくざんし》の二ヵ所があったが【図4】、独山子は実質的に閉山状態にあったため、中国の年間産油量は老君廟の七万九〇〇〇トンしかなかった。

【図4】1952年の中国切手に描かれた老君廟油田

　一九五〇年代には西部地域を中心に油田の探査が行われ、一九五五年には天山山脈北側のジュンガル盆地でカラマイ油田が、一九五六年には敦煌《とんこう》南方の冷湖《れいこ》油田が、一九五八年には甘粛省の鴨児峡《ヤールシャ》と四川盆地の川中《チュワンチュン》油田群が発見されたが、それだけでは国内の需要を賄うことはできなかった。

　こうした中で、一九五九年九月二十六日、中国東北部の黒竜江省《こくりゅうこうしょう》、ハルビンとチチハル間の低地にある同国最大の油田（正確には単一の油田ではなく、薩《サ》爾図《ルト》油田、葡萄花《プータオファ》油田など二十余の油田群）で大慶油田が発見された【図5】。

大慶は地名ではなく、建国十周年の節目に発見されたことから、これを大いに寿ぐ意味を込めての命名である。

▲石油輸送　▲地質調査

▲精油工場　▲採油塔　▲採掘

【図5】大慶油田の発見から５周年を記念して1964年10月１日に発行された「石油産業」の切手には、当時の石油産業のさまざまな場面が描かれている。

また、大慶油田については、〃鉄人〃と称された王進喜《おうしんき》【図6】のエピソードと結びつけられ、共産中国のプロパガンダの重要な題材となった。

【図6】王進喜

王進喜は、一九二三年十月八日、甘粛省北西部の玉門市《ぎょくもんし》生まれ。生家は貧しく、五〜六歳の頃から失明した父親と共に街頭で物乞いをしながら育ち、後に地主の下で牛飼いとして生計を立てた。一九三八年、十五歳で玉門石油公社に入り、一九四九年の中華人民共和国建国後もそのまま同公社で掘削の仕事を続けた。

一九五六年、一二五九鑽井隊《さんせいたい》隊長に任じられ、一九五八年、一月で五〇〇〇メートル掘り進む全国記録を達成して、彼の鑽井隊は〃掘削衛星〃、〃掘削模範隊〃の栄誉称号を獲得し、王本人も〃全国先進生産者〃の称号を授与された。

一九五九年に大慶油田が発見されると、翌一九六〇年三月、王は大慶に派遣され、掘削作業に加わった。

ある日、掘削機のみでそれを吊るす機材が届かなかった際、王は脚に障碍《しょうがい》があったにもかかわらず、人力で掘削機を引き上げ掘り進めた。その際、王が述べた「有条件也上、没有条件創造条件也要上(条件がある場合は進み、条件がない場合でも条件を作り出して進まなければならない)」との言葉は、王の英雄譚とともに政治スローガンとして盛んに繰り返された。

また、一九六〇年四月十四日、油井《ゆせい》から突如油が噴き出し、やぐらが倒壊する危険に陥《おちい》った時、王は部下の戴祝文、周正栄とともに油の噴出を止めるために油交じりの泥水の中に自ら飛び込み、人力でシャベルを使ってセメントと砂を撹拌して油の噴出を抑えることに成功したが、自身は全身に大やけどを負った。

【図8】日本への石油始まった後の1974年9月に発行された、模範的な工業地帯としての大慶の諸相を描く「大慶の紅旗」の切手より、鉄人・王進喜。

【図7】1971～75年の「第4次5ヵ年計画勝利完成」の記念切手のうち、石油産業を取り上げた1枚には「工業は大慶に学べ」とのスローガンが入っている。

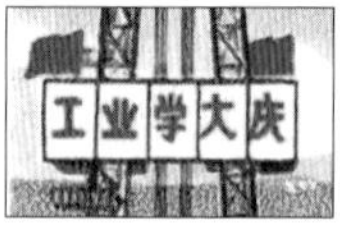

これらのエピソードを踏まえ、一九六四年一月二十五日付の『人民日報』のすべてのページには、「工業學大慶(工業は大慶に学べ)」【図7】の毛沢東のスローガンが掲げられた。以後、中国各紙には〃大慶精神〃、〃王鉄人〃の文言が頻出するようになる【図8】。

同年十二月の第三回全国人民代表会議第

一次会議には王も参加し、周恩来の「政府工作報告」では、多くの箇所で大慶の進んだ事績が言及され、大慶の経験の総括とともに「工業は大慶に学べ」というスローガンを中国全土に向けて発出された。その結果、王の自己犠牲は〝毛思想の発露〟とみなされ、大慶油田には、中国経済を支える油田地帯という実利的な価値のみならず、革命の〝聖地〟としての象徴的な意味も付与されることになった。

【図9】1971～75年の「第4次5ヵ年計画勝利完成」の記念切手のうち、石油の積出港を描いた1枚。

王進喜本人は文革さなかの一九六九年四月、中国共産党第九回全国代表大会で中国共産党中央委員会委員に選出され、一九七〇年十一月十五日、北京で病没するが、その後も〝大慶精神〟は強調され続けた。

大慶油田から日本への原油輸出は、早くも国交〝正常化〟翌年の一九七三年から始まり、一九七五年には中国からの総輸入額の三分の一を占めるほどになった【図9】。

これを受けて、日中両国は、一九七五年に原油の貿易安定化の仕組みを作ることで合意し、長期貿易取り決めの締結に向けて交渉を開始するのだが、一九七六年には周恩来と毛沢東が相次いで亡くなり、四人組逮捕などの政治的混乱もあって、交渉も一時中断された。

日中航空協定

日中共同声明に伴う実務協定の中でも難航したのは航空協定だった。

共同声明が調印された一九七二年九月の時点で、

日本から中国の各都市に行くためには香港を経由必要があり（中国から日本への移動も同じである）、移動には丸二日の日程が必要だった。このため、国交〝正常化〟に伴うヒト・モノの交流拡大が予想される以上、輸送手段を確保するためにも日中民間航空機の相互乗り入れと、そこから派生する以遠権《いえんけん》（海外の航空機が自国に到着した後、さらに第三国へ運航ができる権利）について、両国間の航空協定を締結することが課題となっており、一九七二年十一月、外務省中国課長の橋本恕《ひろし》が前日中覚書貿易事務所長の蕭向前《しょうこうぜん》に対して、日中航空協定の案文を手交し、予備交渉が始まった。

一方、日本と台湾の間の航空便については、まず、日本がいまだ占領下にあった一九五〇年四月、台湾の民航空運公司（CAT）が米中央情報局（CIA）の支援を受けて、台北＝東京間の路線を開設し、朝鮮戦争時には国連軍の物資輸送も担っていた。その後、一九五二年の日華平和条約を経て、一九五五年三月十五日、両国間の定期航空路線を開設するための「航空業務に関する日本国と中華民国との間の交換公文」（以下、「交換公文」）が締結され、一九五九年七月三十日、日本航空が台湾路線を開設【図10】。一九七二年九月の時点で、日本航空と中華航空を含む十社が日台航路で就航していた。

日中共同声明により台湾と断交したことにより、「交

【図10】日本航空の東京＝台北線の就航時に作られた初飛行カバーのうち、台北からの復路便

換文」の効力も自然消滅したが、当初、日本側は日中航空協定と日台航路は別の問題であり、日台航路は従来通り維持できると考えていた。

しかし、中国側は、台湾の国際的な主権を否定ないしは制限するような言質をどれだけ得られるかの試金石として日中航空協定交渉をとらえており、日本側に対して、〝二つの中国〟問題に絡めて〝台湾の標識を付けた飛行機〟の問題を提起する。なお、中国が〝台湾の標識を付けた飛行機〟の問題が生じ得る国との航空協定の締結相手としては日本が最初の国であったため、この問題は、その後の対台湾工作という点からも重要な意味を持っていた。

一九七三年三月から四月にかけて、日中両政府は航空協定の予備交渉を行ったが、中国側は、①「交換公文」の破棄を日本側が公式に表明する、②〝台湾の標識を付けた飛行機(=中華航空機)〟【図11】の東京、大阪への乗り入れ停止、③日台航路に就航している航空会社は日中航路に就航しない、の三条件を突きつけた。

これに対して、日本側は、日台航路は〝ローカル路線〟として〝当分の間〟容認するが、あくまでも日中航路を主、日台航路を従とする方針を示すとともに、東京に関しては(開港予定の)成田を日中航路で使い、日台航路はローカル空港の羽田を使用すること、大阪では時間帯の調整によって中国の中国民航

【図11】1967年4月1日、中華航空の台北=大阪=東京線ならびに台北=香港線の就航に合わせて台湾が発行した航空切手。台北の國立故宮博物院の上空を飛ぶ中華航空機が描かれているが、その尾翼には青天白日旗も見える。

機と中華航空機が併存しないようにする、との妥協案を示したが、中国側は受け入れなかった。

一方、中国側の条件に対して日本政府は交流協会を通じて台湾側に打診し、〝中華航空〟の名称変更の可否などを打診したが、これに対して、一九七三年七月十四日、台湾外交部は次のような声明を発表した。

◆

日本と中華人民共和国との航空交渉の過程において、もし日本政府が実際に中華人民共和国政府の圧力に屈するような場合、わが政府は民間航空機の日本への飛行、および飛行情報区通過の権利を放棄することも辞さない。同時に互恵の原則に基づいて、われわれもまた日本民間航空機の中華民国への飛来とわが国領空の通過を許さないであろう。

◆

このように、日本との航路断絶も辞さない台湾側の強硬姿勢が明らかになると、日本国内でも、田中内閣の日中関係重視は日台関係軽視と表裏一体のものであり容認しがたいとの批判が自民党内、特に青嵐会《せいらんかい》(台湾支持の立場を取る、衆参両若手議員のグループ。中川一郎、石原慎太郎らが結成)などから上がるようになり、田中内閣にとっては大きな打撃となった。

ところで、一九七三年五月から六月にかけて、ニクソン米大統領はソ連のレオニード・ブレジネフ書記長と会談し、核戦争禁止協定などの諸協定を締結した。米国にしてみれば、対中宥和に次いでソ連との関係も改善することが安全保障上の成果になるわけだが、このことは、多極的な国際関係を利用して対ソ包囲網を構築しようとする中国の外交路線(この文脈で、米国を含め対ソ戦略上の重要な国々を一本に束ねる戦略は〝一条線〟、さらに一条線に第三世界との団結も加える戦略を〝一大片〟ないしは〝国際反覇権統一戦

▲炭鉱労働者

▲農民

◀人民解放軍兵士

◀少数民族の女性

【図12】1975年8月に発行された〃批林批孔〃キャンペーンの切手。あらゆる国民が批林批孔運動(＝周恩来批判)を行っている状況が表現されている。

線〃と呼ばれた)を根本から揺るがすもので、毛沢東は、再び以前の「三つの世界論(米ソ二極構造に対して、〃反帝国主義〃の国際統一戦線を作り、中国がそれを主導するという方針)」へと傾き始めた。同時に、このことは、対米宥和や対日国交〃正常化〃を進めた周恩来への批判へとつながり、極左路線の復活を目論む文革派・四人組を中心とした批林批孔運動へとつながっていく。

批林批孔【図12・13】は、文字通りには、一九七一年にクーデターに失敗して国外に逃亡する途中で墜落死した林彪《りんぴょう》の思想には儒教的な色彩が強く残っていたとして、林彪批判と孔子批判を結び付けて開始されたものだったが、その真意は、孔子批判という体裁を取って、周恩来を〃儒者宰相〃もしくは〃現代の孔子〃として批判し、追い落とすことにあった。まさに、中国の政治文化によくみられる指桑罵《しそうば》槐《かい》の典型である(本書・第一部/34ページ参照)。

【図13】1975年12月1日に発行された「新中国の児童」の切手には、壁新聞を書く子供たちが描かれているが、その中にも〃批林批孔〃の文字がしっかり入っており、批林批孔運動が子供たちの生活にまで浸透していたことがわかる。

こうした国内の反対派の攻撃を乗り切るためには、周恩来も日本に対しても強硬姿勢を貫くしかない。このため、一九七三年八月、訪中した参議院議長の河野謙三に対して、周恩来から大平宛に託された「日中航空協定文書(秘)」には、協定締結の条件として、

①中日間は国家間の航空協定で、日台間は民間の地域的な航空往来を行う。

②日本側で日台間にもとあった「航空業務に関する交換公文」は失効した旨を公《おおやけ》に言明し、別途民間取り決めを結ぶ。

③日台航空路線に就航する双方の航空会社は、〝国家〟を代表する航空会社であってはならない。

④蔣集団(=台湾の国民政府)が日本において航空代理店を設置し、また飛行機の地上勤務員を派遣、駐在することは許さない。

⑤日本に飛来する台湾の航空機は、国旗の標識を取り外さなければならない。

という条件が挙げられていた。

このうち、③〜⑤は日本側の一存で決定できるものではなく、台湾ないしは中華航空の承諾なしには不可能であり、到底認められるものではなかった。

ところが、一九七三年十月、田中首相と大平外相は、中国との国交〝正常化〟の実績に続いて、対ソ関係の安定をも目指して、一九五六年の日ソ国交回復時の鳩山一郎以来、日本の首相としては十七年ぶりにソ連を訪問する。

田中の訪ソは、ブレジネフが従来から日本の首相に対して行っていた訪ソ招待を受けて行われたもので、首脳会談の結果、十月十日付で発表された日ソ共同声明第一項では、「双方は、第二次大戦の時からの未解決の諸問題を解決して平和条約を締結することが両国間の真の善隣友好関係の確立に寄与することを認識し、平和条約の内容に関する諸問題につい

て交渉した。双方は、一九七四年の適当な時期に両国間で平和条約の締結交渉を継続することに合意した」と規定しており、北方領土問題が〝第二次大戦の時からの未解決の諸問題〟の中に含まれることを、両国間で確認した。従来、北方領土問題については、ソ連側は「解決済み」という姿勢を一貫して撮り続けていたため、両国間に領土問題が存在することが確認されただけでも、日本側にとっては進展であり、ソ連にとっては譲歩であった。

さらに、共同声明以外にも、渡り鳥保護条約、科学技術協力協定及び文化取極の実施・細目取極が調印されるなど、日ソ関係も改善された。

このような状況の中で、一九七三年十一月、米中宥和を主導したキッシンジャーが訪中し、毛沢東と会談する。キッシンジャーはソ連が中国に対して軍事攻撃を行う可能性に言及し、米中軍事協力の必要性を説いた。毛沢東は中国をソ連に対する盾として使おうとするキッシンジャーに苛立ったが、その一方で、田中の訪ソについても言及し、日本を「ソ連の方になびかせないようにすること」が肝要であり、日本が米国と協調することは好ましく、日中関係は〝あくまでもその次〟とも述べている。

しかし、その一方で、当時の中国国内の政治状況では、航空協定交渉で日本に譲歩したとみられることは、文革派・四人組から、日本国内で台湾への配慮を求める右派への妥協であり、〝右傾投降主義〟との批判を招きかねない危険があり、周恩来と外交部は身動きが取れなかった。

交渉が膠着化する中で、一九七三年十月末、日本政府は「台湾との交換公文は失効しており、中華航空は政府を代表せず、日本政府は青天白日旗《せいてんはくじつき》を〝国旗〟とは認めないことを公式に声明する」との譲歩を示し、一九七四年一月三〜六日、この案をもとに大平が訪中し、姫鵬飛《きほうひ》外交部長、周恩来、毛沢東らと会談した。

一月四日の大平との会談で、周は、日本は〝昔の道〟を繰り返さないよう希望すると強調したうえで、「日本の伝統思想に軍国主義化への志向があるのと同様の問題が、中国人の思想に対する孔子の影響にも見て取れる」と前置きし、当時の批林批孔運動について説明した。いわば、周の立場としては日本に対して強硬姿勢を取らざるを得ないことへの理解を求めるものだったが、日本側がそのシグナルを正確に理解していたかどうかは疑わしい。

結局、翌五日、毛沢東が自ら大平と会談し、大平に対して〝一条線〟戦略を説明して日中協力の必要性を強調し、同席した周に対して「航空協定交渉では譲歩してはどうか」と述べた。

その後も、周と大平の交渉に進展はなかったが、会談後、大平に対して中国側は「日台航路の処理に関する協議」を提案。そこには、中華航空機の東京への乗り入れ取り消し、中華航空の名称変更、青天白日旗の変更など、中国側の以前の要求は取り下げられていた。

こうして、大平の帰国後、外務省と運輸省は「日台航空の取扱について」と題する国内向けの案文をまとめた。外務省としては、日中航空協定と同時に日台民間航空取極を締結することで、青嵐会など国内の反対派を抑え込みたい意向だった。台湾側は、中華航空の呼称や青天白日旗について日本側が一方的に認識を表明することは、「わが国(＝中華民国)の尊厳と地位」を傷つけるものと強硬姿勢を崩さなかったが、結局、一九七四年四月二十日、日中航空協定が締結された。その際、大平は外相談話として、民間航空取極を通じて日台航路を維持していくとしつつも、「日本と中華人民共和国の間の航空協定は国家間の協定で、日台間は地域的な民間の航空往来である。日本国政府としては、日中両国の共同声明に基づき、同声明が発出の日以降、台湾の航空機にある旗の標識をいわゆる国旗を示すものとしては認めていないし、中華航空公司（台湾）を国家を代表する航空会社としては認めていない」との見解を発表し、中国に寄り添う姿勢を示した。

【図14】日中国交正常化２周年記念カバーを兼ねたJAL東京＝北京便の初飛行カバー

日中航空協定の調印を受けて、四月二十二日、中国は東への日本経由カナダ行き航路、および西へのパキスタン、ルーマニア、アルバニア経由のフランス行き航路の開始に向けて本格的な検討を開始。日中共同声明調印二周年にあたる一九七四年九月二十九日、日中間の第一便が就航し【図14】（ただし、技術上の制約から、このときは東京以遠、カナダ行き路線は断念された）、これと前後して西側への航路も就航した。

日台航路の断絶と回復

日中航空協定が調印されると、台湾は外交部長の陳昌煥《ちんしょうかん》が「わが政府は国家、民族の尊厳を擁護するため、中共の威圧に屈服することによって、わが国の権益を損なういかなる事情をも絶対に容認できない」との声明を発表し、中華航空の日台航路への就航を停止するとともに、台湾当局の管制下への進入禁止を宣言するなど、不快感をあらわにした。

【図15】台湾が発行した「第20回軍人節」の記念切手には、盧溝橋での戦闘場面が描かれている。

台湾側のいら立ちを表すかのように、一九七四年九月三日に発行された〃第二十回軍人節〃の記念切手【図15】には、支那事変の発端となった盧溝橋《ろこうきょう》事件が描かれた。

もともと、蔣介石の国民政府は、一九四五年九月二日、東京湾に停泊していた米軍艦ミズーリ号上で対日降伏文書調印が行われた翌日の九月三日を〃抗日戦争戦勝記念日〃としていたが、一九五二年の日華平和条約の締結を経て、一九五五年から、国防に従事する軍人への感謝を示す〃軍人節〃へと改称された。その最初の軍人節にあわせて一九五五年に発行された記念切手【図16】は国軍の徽章を大きくデザインしており、〃抗日戦争〃の要素を排することで、軍人節がそれまでの戦勝記念日とは異なる祝日であることを示している。

【図16】1955年の第1回軍人節に際して、台湾が発行した記念切手

その後、台湾では日本との国交が維持されている間は、日本への配慮から、抗日戦争やその戦闘場面、戦争の被害を直接的に連想させるようなデザインの切手は発行されてこなかった。

ところが、一九七二年の日中共同声明により日台間の国交が断絶したことにより、台湾としてはそうした配慮をする必要がなくなったばかりか、当時の田中内閣は〃日中友好〃を優先するあまり、長きにわたって〃友好国〃だった台湾を蔑《ないがし》ろにするような言動を繰り返した。台湾側が田中内閣と親中派の総帥である大平外相に対して、不快感を抱くのは当然である。

特に、日中国交〝正常化〟時、国民政府が〝不法な存在〟であるとの理由から、日華平和条約締結時の国民政府による戦時賠償放棄を無効としたうえで、中国の戦時賠償を〝両国人民の友好のため〟として受け入れたことは、蔣介石の(たとえその背後に別の政治的な意図が含意されたプロパガンダであったにせよ)〝以徳報怨《いとくほうえん》(徳を以て怨みに報ゆ)〟を根底から否定するものであり、もはや、台湾としては、支那事変/抗日戦争の問題に関して日本に配慮しなければならない理由は消滅したと言ってよい。

一九七四年九月三日に発行された第二十回軍人節の切手に盧溝橋事件の戦闘場面が取り上げられたのも、まさにそうした理由によるもので、いわば、二年前の一九七二年九月の田中訪中の際に物議を醸した〝迷惑〟論争を台湾側から蒸し返したものであった。そして、台湾が〝戦争の過去〟を持ち出せば中国もそのことを決して無視できないから、中共指導部による〝中日友好〟の演出に水を差すことも可能になる。

結局のところ、一九七四年末、田中内閣から三木内閣へと政権が交代し、外相が大平から木村俊夫を経て宮澤喜一に交代するまで、日台関係は膠着状態が続いた。

政権交代後、三木内閣の外相に就任した宮沢は、一九七五年二月十日、記者会見で「日中国交正常化という大きな出来事の後には『後遺症』が生じているのは当然であり、その処理に大きな努力をしなければならない」と発言。日中航空協定締結で悪化した日台関係の修復に意欲を示した。

その後、運輸大臣の木村睦男らを通じた日台民間航空取極についての実務交渉が進められ、七月一日の参議院外交委員会で宮沢が「昨年春（＝日中航空協定締結時）のわが方の青天白日旗に対する言及が誤解を招いたことはまことに不幸なことであった」「（多くの国が）青天白日旗を国旗として認識している事実」は「何人も否定しえないところ」と述べて、日中航空協定締結時の大平見解を否定。これにより、台湾側も〝国家としての尊厳〟が回復されたと認識し、七月九日、「日台民間航空業務維持に関する取極」が交わされ、日台間の航空路は維持された。

【図17】日本アジア航空の東京＝台北間就航時の初飛行カバー

　これを受けて、八月八日、日本航空の全額出資で〝日本アジア航空〟が設立され、同年九月十五日に、日本航空からリースされたダグラスDC8-53型機によって東京国際空港（羽田）と台北の台北松山空港、および高雄国際空港間の運航が開始された【図17】。

　ただし、宮沢の国会答弁がなされるまでの間、台湾側の対日感情は厳しいものがあり、一九七五年九月三日には、軍人節としてではなく、抗日戦争勝利三十周年を祝うとの名目で、日本軍との戦闘で亡くなった英烈（英雄烈士）六人の肖像切手も発行されている【図18・19】。〝抗日戦争勝利三十周年〟に関しては、国交〝正常化〟まもない時期の対日関係への配慮から中国は記念切手を発行しておらず、両者の対応は好対照をなしている。

【図18】「抗日烈士像」6種より、張自忠（ちょうじちゅう）陸軍二級上将。支那事変における中国軍最高位の戦死者で、勇将として名声が高く、日本軍からも一目おかれていた。

【図19】同じく「抗日烈士像」6種より、高志航（こうしこう）少将。中華民国空軍のエース・パイロットで、撃墜数は5。日本軍機への初戦果を果たした「八・一四空戦」を指揮した。

沖縄海洋博と船シリーズ

日台航路の回復の過程で、現職外相の宮沢が日中航空協定締結時の大平談話を否定したことについて、当然のことながら中国側は不快感を示し、一九七五年七月一日の宮沢答弁に対して、対日政策を担当していた鄧小平《とうしょうへい》や廖承志は宮沢を批難したが、中国政府が日本政府に対して公式に抗議したり、報復措置をとったりすることはなかった。実際、日中共同声明に伴う実務協定のうち、日中漁業協定が締結されたのは、七月九日に「日台民間航空業務維持に関する取極」が締結されて間もない八月十五日のことで、日台間の航空交渉が日中間の関係を決定的に悪化させたわけではないことがわかる。

このため、外務省や日中友好議員連盟を通じて、報復措置を回避するための根回しが行われていた可能性が高いと思われるが、そのことを明確に裏付ける資料は公開されていない。ただし、一九七五年七月二十日から一九七六年一月十八日までの半年間、沖縄の祖国復帰記念事業として、「海―その望ましい未来」をテーマに沖縄本島の那覇市北方九十キロに位置する、本部《もとぶ》地区を会場として開催された沖縄国際海洋博覧会（以下、海洋博）では、沖縄の地域性もあって、日本の中国大陸との歴史的紐帯《ちゅうたい》を強調する演出が随所に見られ、〝日中友好〟のムードを盛り上げようとしていたことが伺われる。

たとえば、海洋博開幕前日の七月十九日に発行された記念切手の一枚には、沖縄の伝統文化を代表するものとして、琉球舞踊の〝綛掛《かせかけ》〟が取り上げられている【図20】。

【図20】琉球舞踊の〝綛掛〟を取り上げた沖縄海洋博の記念切手

本書の第一部（40ページ参照）でも述べたが、琉球王朝時代の沖縄は、薩摩藩の実効支配下にある一方、中華王朝の冊封《さくほう》体制に組み込まれており、中華皇帝の使節を乗せた御冠船《おかんせん》が往来し、来琉した使節団は半年ほど滞在した。この間、琉球の宮廷は彼らをもてなすため七回の宴席を設けた。特に旧暦八月十五日の中秋の宴（三回目の宴）と、同九月九日の重陽の宴（四回目の宴）の際には琉球各地の踊りが披露された。この宮廷での踊りを御冠船踊《うかんしんうどぅい》といい、専門の〝踊奉行〟も任命されていた。

切手に取り上げられた「綛掛」はそのひとつで、干《ふぃ》瀬節《しぶし》と七尺節《しちしゃくぶし》の曲に乗せ、愛する人への恋情がましていくさまを表現した女踊りである。琉球の古典舞踊の中では最もポピュラーなもので、最初に歌われる干瀬節の歌詞とその琉球語《うちなーぐち》の読み方は以下の通り。

七読みと二十読（ななゆみとぅ　はてぃん）
綛掛けておきゆて（かしかきてぃうちゅてぃ）
里が蜻蛉羽（さとぅがあけずばに）
御衣よらすね（んしゅゆしらに）

歌詞に出てくる〝読《ゆみ》〟は、織り幅に入る縦糸の本数を示した布目の密度の単位で、一読は糸八十本。七読は普段着用の布で、二十読は上布を意味している。歌詞全体の大意としては、「七読二重読の細い綛(糸)を掛け、愛しいあなたのために、トンボの羽のような美しい布を織って差し上げたい」となろうか。

一九七二年九月二十九日付の『琉球新報』は、一面トップで「日中共同声明きょう発表／早急に大使交換／諸協定を結び緊密化」との見出しを掲げ、日中国交〝正常化〟が迫ってきたことを伝えるとともに、「予想される共同声明要旨」や「きょう国府《国民政府》と断交／政府、駐日大使を招き通告」と台湾との国交断絶の流れなども報じていたが、併せて「沖縄海洋博に中国招請へ／通産省／百カ国参加に努力」との見出しの下、日本政府として沖縄での国際海洋博覧会に中国も招待する方針を紹介している。

この紙面構成からは、沖縄の祖国復帰記念事業としての海洋博には、日中国交〝正常化〟を象徴する出来事としての側面も含まれていた(少なくとも、地元はそう理解していた)ことが伺える。

したがって、かつて米国施政権下の沖縄で、琉球と中国との歴史的紐帯の象徴として御冠船の普通切手が発行されたのと同様に、御冠船踊りという題材は、日本に復帰した沖縄の海洋博に中国を〝賓客〟として迎え入れる象徴的な意味合いを込めて切手に取り上げられたとみることも可能であろう。

さらに、海洋博と連動して発行が開始された船シリーズもまた、日本と中国大陸との〝一衣帯水《いちいたいすい》〟の関係を示すものとして、一九七五年八月三十日に発行のシリーズ第一集には、遣唐使船と遣明船(勘合貿易に用いられた船)が取り上げられている【図21／次ページ】。

船シリーズは「民族の祖先が海に残した偉大な航跡をシリーズ切手によって広く内外に紹介する」との趣旨の下、日本の船舶史を代表する十二の船（日本人の建造したものに限る）が選ばれ、第一集の原画は、〝TEM《テム》研究所〟が制作した。

【図21】遣唐使船（左）と遣明船（右）を取り上げた「船シリーズ」第１集の切手

TEM研究所は武蔵野美術大学を卒業した当時二十代の男女八名によるデザイン研究所で、人間の実生活における建築や環境、工芸、デザインなどを扱う一方、漁村における船の研究なども行っていた。

こうしたことから、船シリーズの題材選考委員会のメンバーで、水産庁漁船研究室の石井謙治とのつながりがあり、石井を通じて、郵政省が切手原画の制作を依頼したという経緯がある。

郵政省がTEM研究所に原画作成を依頼したのは一九七五年二月のことだが、原画作成を外部の組織に依頼するためには、その時点で依頼内容が固まっていなければならない。さらに、省内の事務手続きや、いままで切手の原画制作を担当した経験のないTEM研究所の場合には契約交渉などもあるだろうから、一九七四年末か一九七五年初には切手にとり上げられる船の種類は、ほぼ決まっていたとみてよいだろう。

既に述べたように、日中航空協定が締結され、一九七四年九月に日中間の直行便が就航したことを受けて、日台航空路の復活が日本にとっての重要課題となったが、日台間の交渉が進展すれば日中間の摩擦も大きくなるのは必至である。そこで、日本側としては、日台交渉を進めながらも、日本政府は台湾よりも中国を重視しており、中国との友好関係を維持し続けたいと陰に陽に訴え続けることで、中国側の〝理解〟を得ようとしたものと考えられる。

　和船の歴史という点からすれば、古墳時代の船形埴輪や、一本の木を刳り抜いた古代の単材刳船《くりぶね》なども船シリーズの題材に選ばれてもおかしくないはずだが、実際のシリーズ構成がそれらを排して、中国大陸との往来に使われた遣唐使船と遣明船がシリーズの先頭を飾っているのは、海洋博の緫掛の切手と併せて、中国大陸との歴史的な紐帯を強調して〝日中友好〟を促進しようという日本政府の大方針に沿ったものと考えるのが自然であろう。

　ちなみに、前述の日中海底ケーブル開通に題して、KDDが一九七六年十月二十五日付の『讀賣新聞』朝刊に出した広告【図22】は「遣唐使の渡った海　日中海底ケーブルが開通」の見出しの下、遣唐使船を大きく描くデザインとなっている。船シリーズの切手に続いて、遣唐使船はここでも当時の〝日中友好〟を象徴する図像として使われていたのである。

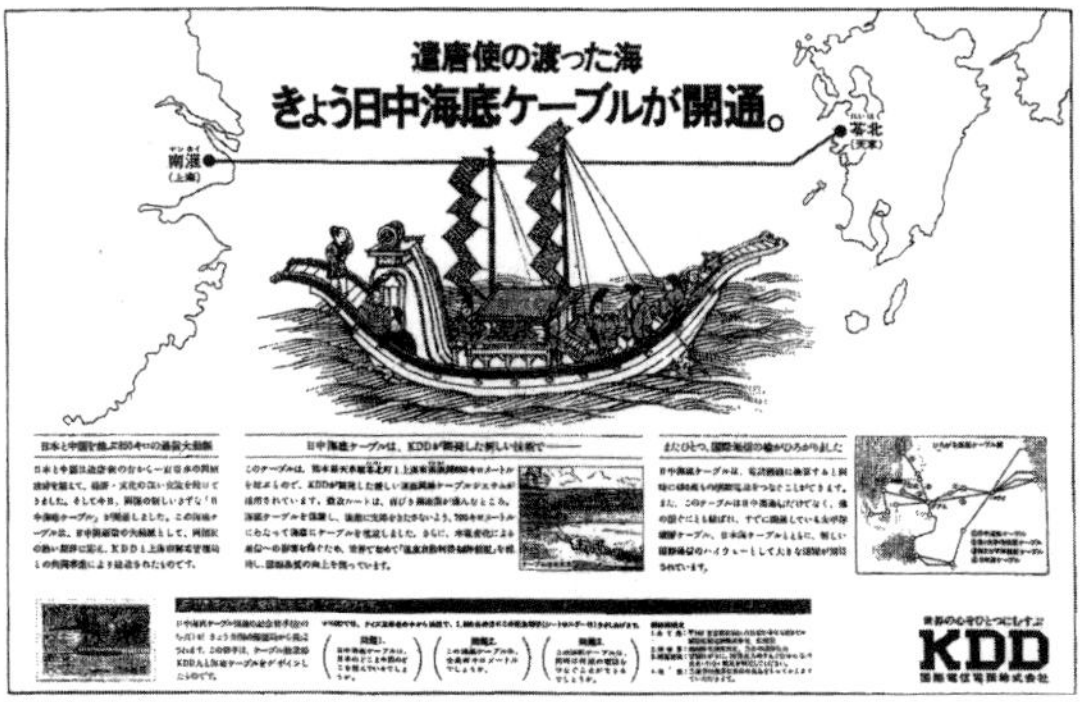

【図22】KDDが1976年10月25日の各社新聞朝刊に出した「日中海底ケーブル」の開通広告

第三章
反覇権と改革開放

反覇権をめぐる齟齬

一九七二年九月に発表された日中共同声明は、第八項で「(両国政府は)両国間の平和友好関係を強固にし、発展させるため、平和友好条約の締結を目的として、交渉を行うことに合意した」と謳っていたため、一九七四年十一月、中国側の韓念竜《かんねんりゅう》外交部副部長が来日して、第一回予備交渉が始まった。

ところが、その直後の十一月二十六日、金脈問題で田中内閣が総辞職を表明し、十二月九日、三木武夫内閣が発足し、外務大臣には宮澤喜一が就任した。

年が明けて一九七五年一月十三日から十七日まで開催された第四期全国人民代表大会(全人代)第一回会議が開催され、ソ連を主敵とする〝反覇権〟を盛り込んだ新憲法(一九七五年憲法)が採択された【図1】。

【図1】第4期全人代の記念切手のうち、「新憲法」。中央に初版の表紙をデザイン。

したがって、その直前に行われた日中間の第一回予備交渉でも、当然のことながら〝反覇権〟条項を条約の文言に入れることの是非をめぐって話し合いが行われていたが、当初、日本側はそのことを明らかにしなかった。

しかし、一九七五年一月二十三日『東京新聞』の報道で〝反覇権〟の文言が大きな争点になっていることが明らかになる。

そもそも、中国が日本との国交を〝正常化〟したのはソ連を牽制するのが最大の目的であり、日本との平和友好条約もその延長線上にある。しかし、日本の三木内閣としては、田中前首相の訪ソを機に日ソ間の緊張が緩和している中で、北方領土返還のためにソ連との平和条約を進めたい意向があったから、ソ連との対決姿勢を鮮明にする〝反覇権〟条項を条約に入れることに難色を示すのは当然であった。

一九七五年九月、国連総会への参加を機に宮澤は中国外交部長（外相に相当）の喬冠華《きょうかんか》と会談し、①アジア・太平洋のみならず世界のどこでも覇権には反対する、②覇権反対は特定の第三国に向けられたものではない、③反覇権は日中の共同行動を意味しない、④国連憲章の精神と矛盾することは受け入れられない、とする宮澤四原則を提示したが、喬は覇権反対に〝不必要な解釈〟を加えるなら急いで条約を結ぶ必要はないと突っぱね、交渉は平行線のままだった。

一方、〝覇権国〟とされたソ連は、一九七五年二月、ブレジネフから三木首相宛の書簡で、日本とは平和条約ではなく善隣協力条約を調印したいと持ち掛け、領土問題を棚上げにするとともに、日中平和友好条約の効果を相殺しようと試みた。日本国内でも親台湾派がこれに同調し、ソ連が反対する日中平和友好条約の締結は延期すべきとの空気が醸成されていく中、一九七六年一月には、ソ連のグロムイコ外相が来日して日ソ外相会談で日中交渉への不満を表明して強く日本を牽制する。

毛沢東の死とロッキード事件

こうした状況の中で、一九七五年秋以降、中国の国内政治は機能不全に陥り、日中交渉どころではなくなっていく。

すでに、一九七二年のニクソン訪中の時点で毛沢東は筋萎縮性側索硬化症に罹患していたが、その後、急速に衰弱し、一九七五年には白内障も悪化。同年八月には右目の手術により視力は回復したものの、秋には肺気腫から心臓病を引き起こして深刻な状況となり、外部との連絡は甥の毛遠新《もうえんしん》を通じてしか行われなくなった。

また、国務院総理として政務を統括してきた周恩来も、一九七二年に発見された膀胱癌が悪化し、一九七四年六月一日には北京の解放軍第三〇五病院に入院。以後、病室を出たり入ったりの状態となる。この間、一九七三年には文革で失脚した鄧小平が復権し、一九七四年には国務院常務副総理（第一副首相）となった。

一九七五年一月、新憲法を採択した全人代では、病身の周が国務院総理として政治活動報告を行ったが、以後、鄧が党と国家の日常業務を主宰する。鄧は文革路線からの脱却を図ろうとしたが、文革を推進してきた江青・張春橋・姚文元・王洪文の四人組は反発し、熾烈な権力闘争が展開された。

一九七六年一月八日、周恩来が亡くなると、同年四月五日（中国で祖先の霊を弔う清明節＝四月四日の翌日）、北京の天安門広場に周恩来を追悼する三十万とも五十万ともいわれる民衆が自然発生的に集まり、そのまま四人組批判の声が強まった。このため、四月七日、中央政治局会議は毛沢東の提案というかたちで、華国鋒《かこくほう》の党第一副主席兼国務院総理の就任と鄧小平の全職務解任を決定した（第一次天安門事件）。

一九七六年七月六日、周恩来に次いで革命の元勲であった朱徳《しゅとく》が亡くなり、九月九日には毛沢東が亡くなった。毛の死後まもない十月六日、毛から後継指名を受けていた華国鋒（当時の肩書は党中央委員会第一副主席兼国務院総理）は、葉剣英《ようけんえい》（党中央委員会副主席兼国防部長、元帥）【図2】、王震《おうしん》（国務院副総理）、李《り》先念《せんねん》（国務院副総理）【図3】、汪東興《おうとうこう》（党中央弁公庁主

【図2】葉剣英

【図3】李先念

任）らの協力を得て、江青ら四人組を逮捕。翌七日の党中央政治局会議で党中央委員会主席兼党中央軍事委員会主席に選出された。

もっとも、華国鋒は勢力の均衡を保つため、毛が後継指名をした人物であったから、その政権基盤は脆弱で、「毛主席の決定した事はすべて変えず、毛主席の指示にはすべて従う」とする〝二つのすべて（両個凡是）〟を提起し、毛の〝遺志〟を政権維持の根拠にするしかなかった。

一方、日本国内では、一九七四年十二月に発足した三木内閣への与党内の不満が高まっていた。党内少数派閥で政権基盤の弱かった三木が、独禁法や政治資金規正法の改正問題など、自民党内主流派の反発を招く政策を強行しようとしていたためであり、一九七六年初の時点で、三木の退陣は時間の問題とささやかれていた。

クーデター計画や幹部および大衆の迫害などの罪で裁判にかけられる江青、姚文元ら文革指導者。（時事通信社）

ところが、一九七六年二月、米上院の多国籍企業小委員会で、大手航空機製造会社のロッキード社が大型ジェット旅客機トライスターを売り込むため、日本を含む各国の政府関係者に巨額の賄賂をばらまいていた〝ロッキード事件〟が発覚。すると、三木はロッキード事件の発覚を奇貨とし、野党とも呼応して全資料の提供を米国に要請し、全日空の新機種選定に絡む贈収賄事件の真相解明を掲げて世論を味方につけ、自民党内の反対派を押さえ込もうとした。

副総裁の椎名悦三郎らは、対抗手段として〝三木おろし〟を画策したものの、三木は椎名らの動きを〝ロッキード隠し〟と批判して世論を味方につけ、とりあえずは倒閣の動きを封じ込める。

その後、事件は、六月二十二日から七月二日にかけて、全日空や丸紅（ロッキードの日本における販売代理店）の幹部が逮捕され、七月二十七日には前首相の田中角栄が外国為替管理法違反で逮捕される大疑獄事件に発展した。前首相である田中の逮捕により、自民党内では事件の扱いに対する不満が爆発。自民党内の反三木陣営は、もはや〝ロッキード隠し〟の批判は意味を持たなくなったとして、八月に田中が保釈されたのを機に、〝三木おろし〟を再開する。

これに対して、三木は「中途半端で私の使命や責任を放棄しない」として、反三木派を押さえ込むために臨時国家の召集と解散・総選挙を行おうとしたが、閣内の反対もあって解散権を行使できず、十二月五日、戦後初の任期満了選挙が行われた。なお、選挙の結果、自民党は解散時の二六五議席から十六減の二四九議席となり、一九五五年の結党後初めて、公認候補の当選者数が衆議院での過半数を割った。実際には、自民党は保守系無所属議員の追加公認で過半数を確保したが、三木内閣は総選挙敗北の責任を取って退陣に追い込まれる。

このように、一九七五年秋から一九七六年末まで、日中双方ともに国内の政情が安定せず、平和友好条約に本腰を入れて取り組む余地はなかったから、平和友好条約をめぐる交渉も停滞せざるを得なかったのである。

鄧小平の復権

毛沢東の後、党主席に就任した華国鋒はとりあえず現状維持以外の対応を取りようがなかったから、文革中に失脚した古参幹部、特に第一次天安門事件の首謀者として失脚した鄧小平の名誉回復はなかなか進まなかった。これに対して、毛沢東路線の見直しを期待していた葉剣英や陳雲《ちんうん》（八大元老の一人で、周恩来の下で国務副総理などを歴任）【図4】らの実力者、軍幹部は公然と華国鋒を批判し、鄧小平の復権を要求。この結果、一九七七年七月の第十期三中全会（中国共産党第十期中央委員会第三回全体会議）で、

【図4】陳雲

華国鋒は鄧小平を党副主席、国務院常務副総理、中央軍事委員会副主席兼人民解放軍総参謀長として復権させざるを得なくなった。

さらに、八月十二～十八日の第十一回党大会【図5】では文革の終了が宣言され、党規約に〝四つの現代化（二十世紀中に農業・工業・国防・科学技術を現代化し、社会主義強国を築きあげること。四つの近代化とも）〟が盛り込まれた。

当時の鄧小平の日本観を示す興味深いエピソードがある。

【図5】1977年の中国共産党大会の記念切手の１枚は、毛沢東路線を継承する“二つのすべて”論を反映して、毛沢東像の入った紅旗を掲げて更新する人民を描いている。

一九七七年、三岡健次郎元陸将（一九六六～六九年に陸上自衛隊第九師団長を務めて退官）が訪中した際、鄧小平は「毛沢東主席は常々『過去のことは水に流そう』と言われた。

しかも実際は日本が中国を助けた。日本が蔣介石を重慶まで追いやったから我々は日本軍の占領地域の後方に展開できた。そして八年間に三万から一二〇万にまで増えたし、さらに数百万の民兵まで作り、一二〇万の我々は三年で蔣介石軍を撃破できた。だから皆さんだけを責めるのは不公平だと思う」と述べたという。また、鄧は三岡に自衛隊OBによる日中交流を行うべく、中国政経懇談会の設立を要請。同会による交流は現在まで続いている。

一方、日本国内では、一九七六年末に三木内閣に代わって発足した福田赳夫内閣が堅実な政権運営を行いつつ、中国との条約交渉再開の機をうかがっていたが、一九七七年五月の日ソ漁業協定妥結、同八月の福田の東南アジア歴訪と「福田ドクトリン(①日本は軍事大国とならず世界の平和と繁栄に貢献する、②ASEAN各国と心と心の触れあう信頼関係を構築する、③日本とASEANは対等なパートナーであり、日本はASEAN国の平和と繁栄に寄与する、という東南アジア外交の三原則)」の表明もあって、一九七七年夏頃には、日本をめぐる国際環境が安定してきた。これを受けて、福田は、福田ドクトリンとともに〝全方位外交(等距離外交ではなく、対米協調路線を堅持したうえで、体制の異なる国々との平和共存を図る外交路線)〟を盛んに唱えるようになる。

こうした状況の中で、九月十日、日中友好議員連盟の訪中団に対して鄧小平が「福田首相が平和友好条約の締結の必要性を表明しているが、われわれも彼に期待している。さまざまな問題はあるけれども、条約の締結という問題についていえば、一秒で解決することができる…一秒というのは、調印という一字に他ならない」と発言したことで、条約交渉の再開に向けての機運が高まった。

さらに、九月二十八日のダッカ事件(日本航空パリ発東京行きの旅客機がインド・ボンベイを離陸後に日本赤軍の五人によって乗っ取られ，バングラデシュのダッカ空港に強行着陸した事件。犯人たちは日本国内の獄中にいる過激派活動家九人の釈放と出国、乗客・乗員の身代金六〇〇万ドルを要求し、日本政府は超法規的措置として これを受け入れた)での超法規的措置の責任を取って法務大臣の福田一が辞任したことを受けて、同年十一月二十八日、内閣改造を行い、官房長官の園田直を外相(日中条約推進派)に転任させ、岸信介の女婿、安倍晋太郎を後任の官房長官に任命し、交渉再開に向けての布陣を整えた。

年が明けた一九七八年一月、福田は施政方針演説で「(日中政府間)交渉の機はようやく熟しつつある」と発言。二月十四日と三月四日には北京駐在の日本大使、佐藤正二と中国外交部副部長の韓念龍が予備交渉を開始する。

これと並行して、二月二十六日から三月五日まで、北京で第五期全人代第一回会議が開催された。会議で採択された新憲法(一九七八年憲法)では、その前文において、文革路線から離脱し、〝四つの現代化〟を目指して〝民主と法制〟を再建・強化することが謳われたほか、一九八五年までに農業生産額を毎年4〜5％増、工業生産額を10％増とする〝国民経済発展十ヵ年計画〟も採択された。これらの目標のため、経済発展のためには西側からの資本と技術の導入は不可欠であり、日本との平和友好条約を結んで日本からの支援を獲得しなければならない。

第五期全人代の記念切手には、前年(一九七七年)の党大会を踏まえて〝四つの現代化〟をイメージした図案の切手【図6／次ページ】と、会議で新憲法が採択されることを見越して新憲法の表紙を描いた切

【図8】　【図7】　【図6】

▲第５期全人代の記念切手のうち、右から【図６】“四つの現代化”、【図７】新憲法の採択、【図８】毛沢東像のついた紅旗を描く切手。その後、華国鋒の失脚で“二つのすべて”路線が放棄されたため、このタイプの紅旗を描く切手はこれが最後の１枚となった。

手【図7】が含まれている。また、この時点では〝二つのすべて〟も（形式的には）放棄されていなかったが、同年十一月には華国鋒が事実上失脚したことで、〝毛沢東像のついた紅旗〟というモチーフの切手【図8】も今回が最後となった。

　鄧小平のイニシアティヴにより、平和友好条約をめぐる対日交渉での中国の態度が劇的に軟化していく中、三月に訪中した公明党代表団が中日友好協会会長の廖承志に福田の前向きな意向を伝えると、廖は〝反覇権〟が第三国に対するものではなく、日中の共同行動を意味するものでないとの日本側の立場に配慮を示した。

　これを受けて、福田は自民党内の親台湾派への説得に乗り出し、五月二十六日、自民党総務会で日中交渉再開の承諾を取り付ける。

　その一方で、四月十二日には尖閣諸島周辺に百数十隻の中国漁船が集結。そのうちの数十隻が領海侵犯を繰り返し、二週間近く尖閣諸島周辺に居座り続け、日本側に圧力をかけた。この問題については、五月十日の佐藤大使と韓副部長の会談で、「尖閣諸島に関する問題は日中関係の大局に立って処理する」とことが確認された。こうして、条約交渉と尖閣問題は切り離すということが両国の共通認識となったわけだが、この結果、経済協力と引き換えに尖閣諸島に対する中国の〝野心〟を封じ込める途《みち》も閉ざされた。しかし、当時の日本政府はあくまでも尖閣諸島に対する日本の実効支配は今後とも安泰であるとの楽観論から、中国に対する警戒心は希薄だった。

また、この間、五月三日の日米首脳会談では、米国大統領のジミー・カーターが米中国交〝正常化〟を目指す意向を示したうえで、日中関係の緊密化を歓迎するとして平和友好条約の調印への支持を明らかにした。さらに、米中〝正常化〟交渉のために訪中した大統領補佐官（国家安全保障問題担当）のズビグネフ・ブレジンスキーは、北京からの帰途、東京に立ち寄って福田、園田と会談。ブレジンスキーは、「（反覇権条項は）覇権的野心を有する国に向けられるのであって、日本を含むあらゆる国にとって利益となる」との中国側のメッセージを日本側に伝え、ソ連に気兼ねすることなく、反覇権条項を明記した平和友好条約を速やかに調印するよう要請している。

こうして、日中平和条約調印への機運が高まる中で、七月二十一日から八月八日まで北京で行われた事務レベルの交渉では、反覇権条項は「第三国に対するものでない」とする日本側に対して中国側の事務方が強く反発し、交渉は難航した。

インドネシア情勢の影響

しかし、この時期の中国には、日本との平和友好条約締結を急がねばならない事情が新たに浮上していた。インドシナ情勢の緊迫化である。

一九五三年十一月に独立したカンボジアでは、一九五五年三月、立憲君主国の象徴的な元首としての〝国王〟の地位にあきたらなくなったノロード

【図９】シハヌーク

ム・シハヌーク【図9／前ページ】が父親のノロードム・スラマリット【図10】に王位を譲って退位し、自らは〝殿下〟の称号を用いて政治団体〝社会主義人民共同体（サンクム・リアハ・ニヨム）〟を結成して、同年の総選挙を経て首相兼外相に就任した。さらに、一九六〇年三月、国王が崩御すると、王位を空位として新設の〝国家元首〟となり、〝王制社会主義〟の看板を掲げ、左派色の強い開発独裁政策を推進した。

【図10】シハヌークの父、スラマリット

【図11】ロン・ノル。切手の国名表示は“クメール共和国”。

これに対して、左派・リベラル色の強いシハヌークを嫌った米国は、一九七〇年三月、シハヌークが北京に外遊している隙をついて、首相兼国防相ロン・ノル将軍【図11】と副首相シリク・マタク（シハヌークの従兄弟）らにクーデターを敢行させた。その結果、シハヌークは国家元首から解任され、王制は廃止されて〝クメール共和国〟の樹立が宣言された。

一方、シハヌークはクーデター後も北京に留まって、亡命政権〝カンボジア王国民族連合政府〟を結成。ロン・ノル政権打倒を掲げて、中国・北朝鮮の仲介でポル・ポト率いる極左勢力のクメール・ルージュと提携し、カンボジアは本格的な内戦の時代に突入する。

ロン・ノル政権と反政府勢力との内戦は、一九七五年八月、カンボジア全土を制圧したクメール・ルージュが、シハヌークを国家元首とする共産主義国家〝民主カンプチア〟の成立を宣言することでいったん終結。シハヌークも帰国した【図12】。

しかし、クメール・ルージュ政権は、中国の文革に影響を受けた過激な毛沢東思想に基づき、国家を農村社会主義に転換するとして、都市住民を強制的に地方の強制労働収容所に移転させた。国内では、反体制派とみなされた人々の大量処刑、強制労働、身体的虐待が横行し、農業生産も極端に低下して栄養失調が常態化し、医師を〝知識分子〟として粛清対象としたこともあって病気が蔓延した。一九七九年までに百万人以上の国民が亡くなったとされるポル・ポトの恐怖支配の下では、シハヌークの〝国家元首〟も名目的なものにすぎず、彼と家族はプノンペンの王宮での事実上の幽閉生活を余儀なくされていた。

【図12】1975年、プノンペンの王宮でポルポト（左）と会談するシハヌーク

ところで、一九七二年二月のニクソン訪中後、米中関係が好転すると、ヴェトナム民主共和国（北ヴェトナム。一九七六年の南北統一以降はヴェトナム社会主義共和国）はソ連との関係を強化し、その結果として、中ソ対立の構図から中越関係も冷却化した。

さらに、クメール・ルージュはヴェトナム共産党との共闘を謳いつつも、インドシナにおけるヴェトナム共産党のプレゼンスが圧倒的なものになれば、ヴェトナム主導のインドシナ連邦に自分たちが吸収されかねないとの危惧を抱いており、一九七五年六月には、カンボジア領と隣接するヴェトナム領フーコック島を攻撃しただけでなく、同年八月のロン・

ノル政権崩壊後はヴェトナムで訓練を受けた兵士たちを容赦なく粛清した。

一九七七年四月三十日、カンボジアはヴェトナムに対する大規模な軍事攻撃を開始。以後、両国の小競り合いが続く中、一九七七年末にはヴェトナムがカンボジアに対して報復攻撃を開始した。一九七八年一月、ヴェトナム軍はカンボジア領内から撤退したものの、クメール・ルージュはヴェトナム領内に越境して、ヴェトナム人の虐殺を繰り返したため、ついに、ヴェトナムはカンボジアと断交する。

さらに、同年五月、カンボジア国内でポル・ポトへの叛乱を疑われた東部軍管区の幹部・兵士らが南西軍管区の部隊から攻撃を受けると、東部地区の軍民十数万人が難民としてヴェトナムに流入。中国が調停を試みたものの、クメール・ルージュの庇護者としての中国に対するヴェトナムの不信感は根強く、調停はことごとく不調に終わった。

そこで、一九七八年夏に、(中国の理解によれば)〝親ソ派〟のヴェトナムが勢力を拡大することを阻止するためにも、中国は〝反覇権(反ソ)〟を謳った平和友好条約を早急に日本と締結し、ソ連とヴェトナムを牽制することが得策と判断するようになっていた。

日中平和友好条約の調印

こうして、八月九日から北京で始まった日中外相会談では、第三国条項については「第三国との関係に関する各締約国の立場に影響を及ぼすものではない」と表現し、反覇権条項については「アジア・太平洋地域においても又は他のいずれの地域においても、覇権を求めるべきでなく…いかなる国または国の集団による試みにも反対する」と明記することで決着が図られ、八月十二日、日中平和友好条約が調印された。

条約調印に際して、鄧小平は「中国は、将来巨大になっても第三世界に属し、覇権は求めない。もし中国が覇権を求めるなら、世界の人民は中国人民とともに中国に反対すべきであり、近代化を実現したときには、社会主義を維持するか否かの問題が確実に出てこよう。他国を侵略、圧迫、搾取などすれば、中国は変質であり、社会主義ではない」と述べたと

1975年、日中平和友好条約批准書交換式のため来日、福田赳夫首相を訪問した鄧小平・中国副首相（東京・首相官邸／時事通信社）

いう。また、条約調印式では、日米安全保障条約と自衛隊の軍事力増強を歓迎するとも表明し、ソ連という〝共通の敵〟に対峙するために日本の役割に期待していることを明らかにした。

条約は、同年十月、衆参両院ともに圧倒的多数で批准され、十月二十二日、批准書交換のため、鄧小平が訪日した。当時の彼の公式の肩書は〝副総理〟だったが、訪日した彼が中国の指導者としては初めて昭和天皇に謁見したことで、あらためて、鄧小平が中国の事実上の〝首脳〟であることが確認された。

なお、鄧の訪日に合わせて、十月二十二日、中国は〝中日平和友好条約調印〟の記念切手を発行している。切手は八分切手（国内書状基本料金用）と五十五分切手（日本を含むアジア太平洋地域宛の航空葉書の料金に相当）の二種類で、八分切手には花と風船を背景に両国の少女とパンダおよび黒鳥（ブラックスワン）の

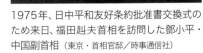

玩具が描かれている【図13】。

ブラックスワンはきわめて希少な鳥として、一六九七年に発見された際には当時の人々からは驚きをもって迎えられ、そこから「物事を一変させること」の象徴ともされるようになった。日中平和友好条約の調印は、それだけ、中国にとっても従来からの政策を大きく転換させるものであったのだろう。

一方、五十五分切手には、富士山と万里の長城を背景に、中日友好協会名誉会長を務めた郭沫若《かくまつじゃく》の書

【図13】中国が発行した「日中平和友好条約」の記念切手。８分切手は本書カバーにも掲載。

「中日人民世々代々友好不去（中国と日本の人民の友好は世代を経てもなくなりはしない）」を取り上げている。

日本滞在中の鄧は、当時はロッキード事件で刑事被告人となっていた田中角栄の私邸を訪ねて国交〝正常化〟の功績を讃えたほか、千葉県君津市の新日鉄君津製鉄所、東海道新幹線、松下電器産業の茨城工場、日産自動車の座間工場など、中国への技術導入を前提に先進技術施設の視察を精力的に行うとともに、京都・奈良にも訪れ、日中友好のアピールに余念がなかった。

日本側も鄧小平に対する歓迎ムードが盛り上がり、唐招提寺の森本孝順長老（住職に相当）が、国宝の鑑《がん》真和上坐像《じんわじょうざぞう》【図14】の〝里帰り〟を鄧に提案し、快諾を得ている。

鑑真は六八八年生まれ。揚州《ようしゅう》の出身の僧で〝江南《こうなん》第一の大師〟と呼ばれていたが、遣唐使船で唐に渡った留学僧の栄叡《ようえい》、普照《ふしょう》から朝廷の〝伝戒《でんかい》の師〟とし

【図14】1980年に中国が発行した〝鑑真和上像帰国巡回展〟の記念切手のうち、鑑真和上坐像を取り上げた1枚。

【図15】同じく、鑑真が日本へ渡航した船を取り上げた1枚

【図16】同じく、鑑真記念堂を取り上げた1枚

【図17】大明寺の鑑真記念堂のモデルになったとされる唐招提寺金堂を描いた第二次国宝シリーズの切手

ての招請を受け、渡日を決意。その後の十二年間に五回の渡航を試みて失敗して視力も失ったが、六回目にしてついに日本に渡った【図15】。日本では、七十六歳までの十年間のうち五年間を東大寺で、残りの五年間を唐招提寺で過して天皇をはじめ多くの人々に授戒を行い、わが国の戒律を確立するうえで大きな役割を果たした。

鑑真和上坐像は、七六三年に鑑真が亡くなった後、弟子の忍基《にんき》が作らせた乾漆像で、日本最古の肖像彫刻ともいわれている。

揚州の大明寺《だいめいじ》は鑑真が住職を務めていた寺院で、その関係から唐招提寺とも交流があり、境内には唐招提寺金堂を参考に設計された鑑真記念堂【図16・17】があり、門前の庭の中央には森本孝順氏が寄贈した石灯籠（唐招提寺にあるものと同じ形式）が置かれている。

森本の提案した〝里帰り〟は、この大明寺の鑑真記念堂で鑑真像を展示しようというもので、一九八〇年四月十四日、揚州に運ばれ、同十九日から三日間、公開された。その後、鑑真像は北京に運ばれ、二十三日間で五十万人の拝観者があった。なお、鑑真像が日本に戻った後、三ヵ月余をかけて鑑真像の複製が作られ、記念堂に安置されている。

改革開放路線の開始

鄧小平が日本から帰国して間もない十一月十日、党中央工作会議が開催され、党中央委員で全国人民代表大会常務副委員長の陳雲は、廬山《ろざん》会議で失脚し、非業の死を遂げた彭徳懐《ほうとくかい》や文革で失脚した者の名誉回復、第一次天安門事件の再評価と、文革の時代に数々の冤罪を作り出した康生《こうせい》(元党副主席)の再評価を要求。出席者の多くは陳雲を支持し、華国鋒は過去の鄧小平批判の誤りと、彭徳懐、陶鋳《とうちゅう》(国務院副総理、党中央宣伝部長などを歴任したが、文革で失脚。一九六九年没)【図18】、薄一波《はくいっぱ》(八大元老の一人で財政部長などを歴任したが、文革で失脚。一九七九年、副総理に復帰)【図19】、楊尚昆《ようしょうこん》(八大元老の一人で鄧小平の側近。復権後、一九八八～九三年に国家主席)【図20】ら〝反毛沢東〟、〝反文革〟の烙印を押されて失脚した幹部の名誉回復を行い、康生と謝富治(公安部長)に対する審査が始まった。また、華国鋒と側近の汪東興(党副主席兼党中央弁公庁主任)は自己批判を強い

【図18】陶鋳

【図19】薄一波

【図20】楊尚昆

られ、鄧小平が権力を完全に掌握した。

次いで、十二月十三日、鄧は「人民民主を保障するために、指導者と、指導者の考え方と関心が変わっても、制度と法律が変わらないように、法制を強化し、民主を制度化し、法律化しなければならなければならない。」との基本方針を明らかにしたうえで、十二月十八日から二十二日にかけて開催された第十一期三中全会【図21】では、以下のような決定を行った。

【図21】中国建国以来の転機としての第十一期三中全会から20周年の記念切手。改革開放路線の租としての鄧小平と、会議を報じる『人民日報』が取り上げられている。

①「階級闘争を以って綱要と為す（〃以階級闘争為綱〃）」路線の放棄。毛沢東が主張した〃大規模な大衆による階級闘争〃は基本的に終結し、社会的矛盾に対しては憲法と法律が規定する秩序に従って解決する。

② 長年の左傾化の誤りと〃二つのすべて〃の全面的否定

③「思想を解放し、頭脳を始動させ、事実に基づいて真理を求める（実事求是）、前を見て一致団結する」という指導方針の確定

④ 経済改革の断行。自力更生の基礎の上に立ち、世界各国との間で平等互恵関係に基づく経済協力を進め、先進的な技術を導入し、近代化に必要な科学と教育に関する政策を推進。

⑤ 経済管理体制について、地方と企業に対して、国家の統一的な計画的指導の下、大胆に経営自主権の付与。

⑥ 党の一元的な指導によって党と政府、党と企業が未分化という問題を解決。中央の各部門、地方、

企業及び労働者の主導性、積極性、創造性を奨励。
⑦人民公社、生産大隊の所有権と自主権に対する法的な保護の保証と平均主義の克服。人民公社社員の自留地、家庭の副業及び市場での売買を社会主義経済に必要な補完的部分であると位置づけ、外部からの干渉を排除

これにより、中国は毛沢東時代のイデオロギー・階級闘争重視から、鄧小平時代の現代化建設重視へと完全に転換。あわせて、会議で採択された「一九七九～八〇年国民経済計画」では外国の進んだ技術を積極的に導入するとともに、外国の資金を活用し、国債市場へ大胆に参加することが強調された。

一方、日本国内でも、一九七八年十一月の自民党総裁選で大平正芳が現職の福田赳夫を破って当選し十二月七日、大平内閣が発足した。

改革開放路線が本格的に始まり、外国からの資金と技術が最も必要とされたタイミングで、外相時代から親中姿勢が鮮明で、対中支援を惜しまないと公言していた大平が日本の最高権力者となる――抗日戦争や国共内戦では死線をくぐり抜け、中華人民共和国の建国後も三度の失脚から奇跡的な復権を果たし、〝不倒翁《ふとうおう》（おきあがりこぼし）〟と呼ばれた鄧の類《たぐい》まれなる強運はこんなところに現れている。

米中国交樹立と中越戦争

ところで、対ソ包囲網の一環として日中平和友好条約を支持していた米国は、一九七八年十二月十五日、中国との第二次共同声明（米国と中国の外交関係樹立に関する共同コミュニケ）を発表し、一九七九年一月一日付で米中両国が国交を樹立することを発表する。

国交樹立に際して、米国は一九七二年の上海コミュニケで示した「台湾は中国の一部である」との中国

側の立場を改めて確認する一方、中国は米国（人）が台湾（人）との商業的・文化的・その他の非公式の交流を続けていくことを確認した。

しかし、台湾との断交により、米華相互防衛条約が無効化され、米国台湾防衛司令部が廃止されて在台米軍が撤退することで軍事バランスが崩壊し、台湾が中国に占領される懸念が生じたため、一九七九年四月十日、米国の国内法として台湾関係法が制定され、一月一日にさかのぼって施行された。これにより、米国は通常の軍事同盟のように台湾に駐留こそしないものの、武器売却や日本の沖縄県の在日米軍基地などにより、中国を牽制する体制が構築された。

国交樹立にあわせて、一九七九年一月二十八日、鄧小平が訪米。以後、両国のハイレベルな政治交流が始まり、三月一日には北京とワシントンに両国の大使館が設置された。また、鄧小平はソ連を牽制するという米中共通の目的のため、ヴェトナムに対して「必要な制裁を与え、懲罰を加え」ることについてカーター政権に事前通告をしていた。

第二次米中共同声明が発表される直前の一九七八年十二月二日、カンボジアではヘン・サムリンら反クメール・ルージュ派の共産主義者たちが、ヴェトナムの支援を受けて東部のクラチエでカンプチア救国民族統一戦線（KNUFNS）を組織した。十二月二十五日、KNUFNSはヴェトナム軍十五万人とともに打倒ポル・ポトを掲げてカンボジアに侵攻し、一九七八年一月七日、首都プノンペンを攻略した。これにより、クメール・ルージュ体制は崩壊し、ヴェトナムの支援を受けたカンプチア人民共和国が成立する【図22】。

【図22】ヴェトナムによる“カンボジア解放”10周年の記念切手

これに対して、ポル・ポトとクメール・ルージュの残党はタイ領内に逃げ込んでヴェトナム軍を攻撃し続け、ポル・ポト派とシハヌーク派、ロン・ノル派の流れをくむソン・サン派の三派は連合し、カンボジアに駐留を続けるヴェトナム軍とその支援を受けたヘン・サムリン軍との内戦が続くことになる。

当時の国際社会にはポル・ポト政権下での大量虐殺の実態が十分に伝わっていなかったこともあり、〝親ソ派〟のヴェトナムによるカンボジア侵攻を批難する国が多数派で、中国はヴェトナム批難の先頭に立ち、米国もヴェトナムを〝ソ連の手先〟としてこれに同調。国連の代表権に関しても、ヘン・サムリン政権ではなく、クメール・ルージュを〝正統政権〟として支持・承認していた。

中国がヴェトナムに対する〝懲罰〟を主張したのはこうした背景があったためで、鄧小平は、二月七日、米国からの帰途、日本にも立ち寄り、大平首相にも対越攻撃の意志を表明する。これに対して、大平は〝慎重な対応〟を求めつつも、「御意見参考になった。深遠な洞察とお考えを示していただき感謝する」と述べ、鄧小平の計画に強く反対はしなかった。

こうして、日米の了解を得た（と理解した）中国は、一九七九年二月十七日、〝懲罰戦争〟と称してヴェトナムに侵攻する。いわゆる中越戦争である。

戦闘そのものは、ヴェトナム側の反撃を受けた中国が三月十六日に撤兵して停戦となったが、この戦争を通じて、鄧小平は人民解放軍を完全に掌握し、権力基盤を確固たるものとした。

旗袍（チーパオ）・金蓉（きんよう）・改革開放

ところで、一九七九年九月二十一日、日本で近代美術シリーズの第三集（の一枚）として、安井曾太郎の「金蓉」【図23】を取り上げた切手が発行された。

「金蓉」は一九三四年九月の二科会第二十一回展に「玉蟲先生像」とともに出品された作品で、安井は同年八月二十八日付の『東京日日新聞』に「新秋画壇出品画の下絵を見る」と題して、以下のような文章を寄稿している。

【図23】近代美術シリーズ第３集として発行された「金蓉」の切手

◆

現代の支那服の美しいのに驚きました。実に簡単な形で、それでゐてかなり技巧的です。からだに沿って垂れたなだらかな線は繊細なものです。立像が殊によくその線を生かすやうでしたが、立つポーズはつかれるので腰かけにしました。最初いろいろデッサンをとりました。これはその一つです。

モデルは知人で支那服のよく似合ふきれいな人です。その性格の表現や、服の美しい形と色などに苦心しました。人物をはつきり強く現すために附属物を幾分調子弱く扱ひました。五月の末から六月の二十日までポーズに来てもらってその後はモデルなしで仕上げました。僕は近頃よくこの方法をとります。自由に描き上げたいためです。

◆

安井のいう〝支那服〟は〝チャイナドレス〟こと旗袍のことである【図24／次ページ参照】。

旗袍のルーツは遊牧地域に暮らしていた満洲人の伝統的な民族服だ。

十六世紀に清朝が中国大陸を制圧すると、支配階級〝旗人《きじん》〟たちは漢人の伝統服であった漢服の要素を

▲1920年代

▲1930年代

▲1940年代

▲1950年代

徐々に古典的な旗袍に取り込み、漢満折衷の服飾文化が生み出され、″満洲服″、″旗服″などとも呼ばれていた。

　中華民国成立後の一九二〇年代、最先端のモダン都市として知られていた上海で、従来からの旗袍に洋服の機能性を取り入れた″新旗袍（以下、単に旗袍と呼ぶ）″が生まれ、西洋式の教育を受けた女学生たちの間で流行した。たとえば、中国の伝統的な服装文化では、肩と袖が水平に連なっていて（連袖または平連袖）、衣服形態上、肩と腕という区別が存在しなかったが、新旗袍の中には、洋裁の技術を応用して、袖を別のパーツとして作り肩に縫合するセットイン・スリーブ（接袖）ものが登場する。なお、婦人服としての旗袍はワンピースが主流だったが、下衣（ボトムス）としてズボンやスカートと組み合わせて着用する人も少なくなかった。

　彼女たちは、伝統的な紳士服である″袍《パオ》″をベースに婦人服としてアレンジすることで、女性に課せられてきた「三従四徳（″三従″は、幼い時は父親に従い、嫁いだ後には夫に従い、老いたら子どもに従うべきとする考え。″四徳″は女性としての貞操を守る婦徳、言葉遣いを慎む婦言、身だしなみに配慮する婦容、家事に励む婦功の総称）」の規範からの解放と男女平等を服装によって示

▲現代(21世紀以降)　▲1970年代　▲1960年代

【図24】旗袍の歴史的変遷を取り上げた、2017年の香港切手。それぞれ、下衣なしのワンピース姿で、各年代の代表的なスタイルの旗袍を取り上げている。1934年に制作された「金蓉」だが、モデルの小田切峰子が着ていた旗袍は1920年代のスタイルに近い。

そうとした。

このため、当初、旗袍を着る女性に対しては、権威主義的な男性からの批判も強かったが、一九二九年四月、中華民国政府が公布した「服装条例」により、旗袍は女性の礼服として正式に決められた。安井をはじめ当時の日本人が旗袍を〝支那服〟と称したのは、服装条例を経て、旗袍が中国人(女性)の正統的な服装であると国際的に認識された結果と言ってよい。

一九三〇年代に入ると、上海では〝摩登《モダン》〟がブームになり、旧道徳からの解放の表現として半袖ないしはノースリーヴ(連袖の導入により可能になった。腕を覆うべしとする婦容への抵抗)や女性の胸や腰の曲線を強調するためダーツ(これも洋裁の技術で、伝統的な中国の服飾文化にはない)が入ったデザインの旗袍が生まれ、上流階級の女性や芸能界などに普及した。

これにより、①スリット、②立領《たてえり》(詰襟、チャイナ・カラーとも)、③大襟(斜め開きの襟)、④チャイナボタン、などを構造上の特徴とする〝チャイナドレス〟のイメージがほぼ固まった。

「金蓉」のモデルとなった小田切峰子は一九〇三年、東京生まれ。父親の萬壽之助《ますのすけ》は彼女の出生時には上海総領事だったが、一九〇五年に総領事を依願退職すると、横浜正金銀行の顧問に就任。翌一九〇六年の役員選挙では取締役に当選し、満洲総括店監理、清国支店出張所監理、対支特殊事務取扱、頭取席事務取扱などを歴任した。

父親の勤務の関係で日中を往来して育った峰子は、聖心女学院高等女学校、高等専門学校英文科を卒業後は満鉄に入社し、英語と中国語を含めて五ヵ国語を操る語学力を活かして、一九四五年の終戦までハルピンヤマトホテルのオフィスに勤務した。

こうした経緯から、上海で流行していた旗袍に魅せられた彼女は、学生時代には旗袍を日常的に着用するようになり、たまの帰京時にも旗袍で街中を歩いていたという。一九三四年、彼女が三十一歳のとき、父親の病気見舞いで二ヵ月間の帰京していた際に、安井を支援していた貴族院議員、細川護立《もりたつ》の紹介で〝支那服の似合う女性〟を探していた安井と出会い、五月二十七日から十回ほど、モデルとしてアトリエに通った。

六月末、彼女は満洲に戻ったが、その時点では作品は完成していなかったため、彼女は着ていた〝支那服〟を安井の元に残していった。しかし、同年八月、父親の行状が悪化し（萬壽之介は九月十二日に亡くなる）、再び東京に戻り、安井の作品の最後の仕上げにモデルとして参加した。完成した「金蓉」の鮮やかな旗袍の色は、このとき彼女が着用していたものだったという。

二科展で発表された「金蓉」は大いに評判を呼び、安井の代表作というだけでなく、〝現代写実主義の模範作〟として、昭和の洋画史を代表する名作の一つとされるほどになった。

さて、峰子が戻った後の大陸では一九三七年に支那

【図25】旗袍姿の宋美齢を取り上げた、1960年の台湾切手

事変が勃発する。これに伴い、物資の不足もあって旗袍も華美なものは避けられるようになったが、蒋介石夫人で英語の堪能な宋美齢【図25】が、旗袍を着て国際社会に抗日戦争への支援を求めたこともあり、布地を節約し、動きやすさを追求した〝短旗袍〟（しばしばズボンと組み合わせて着用された）も含めて、旗袍は〝国民服〟に近い扱いを受けるようになった。

【図26】1959年に中国が発行した『人民公社好（人民公社は良い）』の切手の１枚には、旗袍姿の商店の女性が描かれており、当時の共産中国では、まだ旗袍の着用が問題視されていなかったことがわかる。

一九四九年十月に中華人民共和国が建国された当初、旗袍の着用が特に規制されることはなかったが【図26】、大量生産による洋装の普及に加え、ソ連との蜜月関係だった時期にはロシア風ワンピースやレーニン服が流行したこともあり、オーダーメイドが主流の旗袍は徐々に衰退していった。それでも、一九六三年、劉少奇《りゅうしょうき》が国家主席として夫人の王光美《おうこうび》とともに東南アジア諸国を歴訪した際、王は〝中国の女性に最もふさわしい民族服〟として旗袍を着用している。

ところが、一九六六年に始まる文革では〝伝統文化（と紅衛兵《こうえいへい》から見なされたもの）〟はことごとく破壊され、旗袍もブルジョア的として攻撃の対象になった。特に、劉少奇夫妻への攻撃が激しさを増すなかで、王光美が外遊先で旗袍を着用したことで〝外国に媚びた〟としてつるし上げにあうと、紅衛兵の追及を避けるため、所有者が自ら古着の旗袍を秘かに廃棄するケースが相次いだ。

一方、台湾や香港など、中国大陸以外の中華世界では、従来通り、旗袍は中国人女性の民族服として評価されており、文革の惨状が正確に伝えられていなかった日本でも旗袍は中国人女性のシンボルとして受け止められていた。

こうした状況の下、一九七二年の日中国交〝正常化〟を経て、官民挙げて〝日中友好〟が叫ばれる中、一九七五年の切手趣味週間の題材には〝支那服の美しさ〟を表現した「金蓉」を取り上げようという計画が浮上する。

一九六四年二月二十日の郵便切手図案委員会で、翌一九六五年以降、切手趣味週間の切手の題材は近代日本の美人画から選ぶ方針が決められ、五年分の題材(日本画三回、洋画二回)として、上村松園の「序の舞」、藤島武治の「蝶」、小林古径の「髪」、黒田清輝の「湖畔」、土田麦僊の「明粧《めいしょう》」が候補として挙げられた(土田の作品は実際には「舞妓林泉《ぶぎりんせん》」が選ばれた)。これらの切手はいずれも好評を得たため、一九七〇年以降も引き続き、趣味週間切手の題材は近代美人画の中から選ばれていた。この流れでいえば、その芸術的な価値と合わせて、安井の「金蓉」が切手に取り上げられることは確実視されていたが、はたして、一九七四年六月、一九七五年の趣味週間切手の題材として「金蓉」を採用すべく、郵政省は一九五五年に亡くなった安井の遺族と接触したのである。

郵政省からの照会を受けた安井家は、郵政省との交渉を日本美術家連盟に一任。当然のことながら、連盟は作品を切手に用いる際には〝しかるべき使用料の支払い〟が必要と申し入れたが、郵政省は「(一九六五年以降の近代美人画を取り上げた趣味週間切手は)当初より各著作権者に無償使用を許諾してもらっているので、安井氏の場合に限り使用料を支払うことはできない。もし安井氏に支払うとすれば、過去に遡って全部支払わなければ不公平になる。無償でなければ使用を断念し、他の作品に変える」として、あくまでも無償での原画使用を主張し、連盟側の要求を無視し続けた。

それどころか、一九七四年十月一日には、川端龍子の「愛染」を取り上げた〝第六十一回列国議会同盟会議〟の記念切手【図27】が発行された。

【図27】川端龍子の「愛染」を取り上げた“第61回列国議会同盟会議”の記念切手

【図28】「松浦屏風」を取り上げた1975年の切手趣味週間切手

この切手について、郵政省は川端家の了承を得ているので問題ないとの立場であったが、連盟は激怒し、以後、連盟として関係者(会員及び遺族)の作品を切手に使用することは断固拒否するとの姿勢を明らかにする。この結果、明治以降の美術作品を切手に取り上げることは事実上不可能となり、一九七五年の趣味週間切手には江戸時代初期の作品で、著作権保護の対象外である「松浦屏風」【図28】が取り上げられた。

もっとも、一九七五年の時点では毛沢東はまだ存命で、文革を主導していた四人組も権力を維持しており、中国国内では旗袍を公の場で着用することが憚られていたから、日本側としては〝日中友好〟のつもりで「金蓉」の切手を発行したとしても、文革派によって中国国内でハレーションが生じた可能性も十分にあった。その意味では、結果的に趣味週間切手としての「金蓉」

が幻に終わったことは怪我の功名だったと言えるかもしれない。

その後、日本国内では近代絵画切手の復活を望む声が根強かったこともあり、郵政省は日本美術家連盟と改めて交渉を行い、最終的に、郵政省が切手に取り上げる作品の著作権者にしかるべき使用料を払うことなどで両者の合意が成立。一九七九年五月から近代美術シリーズが発行されることになり、その第三集として「金蓉」が登場したというわけである。

この間、中国では一九七六年の毛沢東の死に伴い文革も完全に終了し、鄧小平の復権を経て一九七八年には改革開放路線が開始された。そして、こうした時代の変化にあわせて、香港経由で西洋化された文化・風俗が堰を切って流入する中で、旗袍は復権を果たしていく。当然のことながら、このタイミングで日本が発行した「金蓉」切手についても、中国国内では批判的な声はほとんどなく、むしろ好意的に受け止められることになった。

対中ODA（政府開発援助）の始まり

中越戦争は、客観的に見れば、ヴェトナムに対する中国の侵略戦争であったが、西側世界はこれを強くは批難せず、日中関係にもほとんどダメージを与えなかった。それどころか、日中関係の安定を最優先に考えていた大平は、中国の近代化を支援するとの大義名分の下、中国への円借款供与を実現するための具体的な準備を開始する。

首相就任早々から対中経済協力を本格化させる方針を表明してきた大平は、いまだ中越戦争が停戦になっていなかった一九七九年三月十五日の時点で、自民党政調会長の河本敏夫に対して「中国が希望すれば海外経済協力基金の円借款供与も認める」と述べている。

当時の外務省は社会・経済体制の異なる中国との経済協力で合意が成立しうるのか不安視していたし、なにより、核保有国である中国への支援が日本の安全保障上の脅威になりかねないとの懸念があった。

しかし、過去の贖罪意識に加え、国交〝正常化〟交渉時の外相として中国が戦時賠償を放棄した〝善意〟を無邪気に受け止めていた大平は、賠償の代わりに円借款で埋め合わせをすることが中国との友好を増進させ、国益に寄与すると本気で信じていた。賠償を放棄するという〝恩〟を着せることにより日本に心理的な負い目を与え、延々と援助を引き出そうと狙っていた中国によって、これ以上、都合の良い相手はいない。

はたして、一九七九年九月三日、国務院副総理で国家基本建設委員会主任の谷牧《こくぼく》が来日し、中国として正式に円借款の供与を要請。大平は、日本としても予算上の制約があるとしたうえで、①軍事協力はしない、②対中協力は欧米諸国との協調に基づく、③アセアン諸国との関係を犠牲にしない、との〝大平三原則〟を提示し、十一月末に予定されていた自身の訪中までに何らかの結論を出すよう努力すると応じた。

大平の指示を受けて国内では省庁間の調整が行われたが、特に、通産省と外務省は激しく対立した。

すなわち、首相訪中の〝お土産〟として総枠十五億ドルという金額を示した方が良いと主張する通産省に対して、総枠を示すことで中国を特別扱いし、他の先進諸国やアセアン諸国を刺激するのは得策ではないと考えた外務省はその年ごとに供与額を決めるべきだと反対した。また、国内企業への配慮から資材の調達先を指定するタイド《ひもつき》形式にすべきとする通産省に対して、外務省は、タイド形式での借款は日本が中国市場を独占しようとしているとの警戒心を欧米諸国に抱かせるべきではないとして、原則としてアンタイド《ひもなし》形式の借款を主張した。

また、自民党内には中国が（すでに）軍事大国であることや、日ソ関係が悪化することへの懸念から対中円借款に反対する声もあったが、大平はそれらを押し切り、①借款総枠は明示しないが、中国から申請のあった六件・十五億ドルのプロジェクトについては、次年度以降も積極的に協力する、②借款は原則としてアンタイド方式にする、との判断を下した。

当初予定よりやや遅れて十二月五日に北京入りした大平は、同日夕、華国鋒（一九八一年六月二十九日までは形式的に党主席の地位に留まっていた）と会談。その際、華は「ヴェトナムの〝侵略行為〟の背景には〝ソ連の世界戦略〟があり、ヴェトナムがインドシナに留まらずアセアンを侵すようになれば、マラッカ海峡はソ連の手に落ちるから、米、日にとっても脅威となる」と、ヴェトナム戦争時の米国のドミノ理論そのままの発言を行った。これに対して、さすがの大平も、インドシナ情勢については平和的手段による解決すべきとして中国と距離をとったものの、「最近、ソ連は北方領土に軍事力を増強しており、わが国はこれに重大な関心を持っている」、「ソ連は講堂による平和を脅かしている」などと発言し、中国側の対ソ認識に同調している。

翌七日の鄧小平との会談では、鄧は「（近代化の目標は）中国の貧しく遅れている状態を変えることにある。つまり、人民の生活を向上させること及び国際社会でも中国にふさわしい貢献を行いたい」、「今世紀末になっても中国の個人所得はまだまだ非常に低いものであろう。一〇〇〇ドルに達するまでには並々ならぬ努力が必要である」と大平に説明した。

最終的に、大平の訪中時に発表された第一次円借

款プロジェクトは、以下の六件・総額五〇〇億円であった。（カッコ内は省名・一九七九年度の供与額）

①石臼所《せっきゅうしょ》港建設（山東省・七十億八五〇〇万円）
②兗州《えんしゅう》＝石臼所鉄道建設（山東省・一〇一億円）
③北京＝秦皇島《しんこうとう》鉄道拡充（北京市と河北省・二十五億円）
④廣州＝衡陽《しょうよう》間の鉄道拡充（廣東省と湖南省・四十九億一五〇〇万円）
⑤秦皇島港拡充（河北省・一一四億円）【図29】
⑥五強渓《ごきょうけい》水力発電所建　設（湖南省・一一四億円）

これら六件は、エネルギー輸入の多角化に重点を置く日本政府の方針に沿って、エネルギーの開発と輸送に関する案件となっており、たとえば、三井石炭鉱業など六社が共同開発する兗州炭鉱から②の兗州＝石臼所鉄道を通じて①の石臼所港に石炭を運び、そこから日本に向けて輸出するという構図になっていた。また、⑤の秦皇島港も日中が共同開発する大同《だいどう》地域などからの石炭の積出港として利用することを念頭に置いての拡充計画だった。

こうして日本の対中ＯＤＡがスタートした。北京の日本大使館のまとめによれば、一九九三年末までの対中円借款の総額は一兆三九九一億円にのぼり、このうちエネルギーの開発や輸送に関するプロジェクトには全体の七割を超える一兆九四一億円が投じられている。

これとは別に商品借款があり、日中友好のシンボルとして日本の資金・技術による病院建設も行われた。

【図29】日本のＯＤＡにより整備された秦皇島港

支那事変に対する贖罪意識を背景に、現代化路線を支援して中国の安定化を促すことが、日本の国益にもつながるとのロジックが、日本の対中外交の基本に据えられたのである。

第四章 〝愛国統一〟は諸刃の剣

ソ連軍のアフガニスタン侵攻と中国

一九七九年一月、米中間の国交が樹立され、三月には両国に大使館が開設された。八月には米副大統領のウォルター・モンデールが訪中。科学的・技術的・文化的交流や貿易に関する二国間条約が相次いで締結されたほか、米中間でも領事に関する慣習・海上船舶・民間航空機の定期便就航や織物の問題について協定が結ばれ、一九八〇年にはハイレベルな交流も本格化した。一九八〇年九月二十八日から十二月二十一日まで、従来の廣州交易会の移動巡回版として、サンフランシスコ、シカゴ、ニューヨークの三都市で〝中華人民共和国展覧会〟が開催されたのも【図1】、そうした時代の空気を反映したものだった。

【図1】1980年9月28日、米サンフランシスコで開幕した「中華人民共和国展覧会」の記念切手。同展はその後、10月25日から11月9日までシカゴ、12月6～21日までニューヨークを巡回した。

▲開幕を祝う

▲友好往来

一九七九年十二月二十七日、ソ連軍がアフガニスタンに侵攻すると、同三十日、中国の張海峰《ちょうかいほう》外交部副部長が北京駐在のソ連大使、イリア・シチェルバコフを呼び、アフガニスタンから直ちに撤収するよう強硬に抗議したほか、年が明けた一九八〇年一月二日には駐米大使の柴沢民《さいたくみん》がワシントンでソ連に対する対抗措置を呼びかけた。当然のことながら、中国政府としてはソ連の後ろ盾で成立したカールマル政権を〝不法〟なものとして承認せず、首都カブールの中国大使館は駐アフガニスタン中国代表部に格下げされ、ヴィザ発給など最低限の業務を行うだけとなった。さらに、七月十九日に開幕したモスクワ五輪では、中国は日米などと足並みをそろえて参加をボイコットする。

一九四九年の中華人民共和国の成立を受けて、国際五輪委員会(IOC)は、一九五二年のヘルシンキ五輪については、とりあえず、〝北京の全中国体育連盟〟と〝台湾の中国五輪委員会〟の双方の参加を認めることとしたが、台湾はこれを不服として同大会には参加せず、同大会には北京のみが参加した。

ヘルシンキ五輪後の一九五四年、IOC総会はあらためて〝台湾の中国五輪委員会〟の公認を継続したまま、(北京の)〝中華人民共和国五輪委員会〟を承認。これに対して、北京政府は「IOCが〝二つの中国〟を作り出す陰謀を持っている」として、一九五八年に脱退した。

その後、一九七〇年に中国とカナダの国交が樹立されたことから、一九七六年のモントリオール五輪の開催国カナダは中国の五輪復帰の途を模索したが、その際、中国への〝配慮〟から台湾に対して〝中華民国〟としての参加を認めなかったことで、台湾が大会参加をボイコットするという騒動に発展。中国の参加資格も認められなかった。

そこで、一九八〇年のレイクプラシッド(冬季、米ニューヨーク州で開催)、モスクワ(夏季)の両五輪を前に、一九七九年十月二十五日、中華人民共和国の五輪委員会が〝中国オリンピック委員会(中国奥林匹克委员会／Chinese Olympic Committee)〟として国際五輪委に〝復帰〟し、五星紅旗を国旗、「義勇軍進行曲」を国歌として使用する一方、中華民国の五輪委員会は〝中華オリンピック委員会（中華奥林匹克委員會／Chinese Taipei Olympic Committee）〟として残留するが、青天白日満地紅旗と「中華民国国歌」を国旗・国歌として使用しないことが決議された。

台湾側はこれを不服として一九八〇年のレイクプラシッド冬季五輪をボイコットしたが、中国は同五輪に参加して【図2】、五輪への復帰を果たした。

【図2】中国が発行したレイクプラシッド五輪の記念切手

【図3】中国が発行した国際五輪復帰１周年の記念切手

そして、同年夏のモスクワ五輪はボイコットしたうえで、十一月二十六日には〝国際五輪委員会復帰一周年〟の記念切手【図3】を発行している。

米国で開催された冬季五輪には参加して記念切手も発行しながら、ソ連のモスクワ五輪をボイコットし、五輪終了後、国際五輪委員会復帰の記念切手を発行するという中国側の姿勢は、まさに、主敵であるソ連と対峙するためには、かつて敵視していた米国や日本とも進んで連携するという、当時の中国のスタンスを雄弁に物語っているといってよい。

このように、露骨な反ソ姿勢をとる中国に対して、ソ連とその意を汲んだアフガニスタン政府は、当時、中国と対立していたヴェトナムを支援することで対抗した。

すると、中国は反ソ闘争を行うムジャーヒディーン（イスラム民兵）を支援し、米国から武器の支援を受けたムジャーヒディーンたちに新疆《しんきょう》ウイグル自治区での軍事訓練を提供することで、ウイグルに対する統制を強めた。

さらに、一九八〇年十一月までにソ連が中国・アフガニスタン国境地帯のワハーン回廊を制圧し、一九八一年四月までにミサイル部隊を配備すると、中国はこれを深刻な脅威と受け止め、同年十月以降、新疆生産建設兵団の再建に乗り出す。

ワハーン回廊の東北に位置する東トルキスタンの地域は、一九四九年年末までに中国人民解放軍が展開して中華人民共和国に統合されたが、その後も中国人民解放軍第二軍、第六軍、第十五軍の約十万人は中国本土には戻らずに東トルキスタンへの駐留を続け、一九五二年には開墾と辺境防衛任務を与えられた。一九五四年には彼らを母体に〝新疆軍区生産建設兵団〟が設立され【図4】、初代司令官には国民党政権時代の新疆警備総司令である陶峙《とうじ》岳《がく》が就任した。

【図4】中国が発行した「新疆生産建設兵団成立60周年」の記念切手

新疆生産建設兵団は、文革時代の混乱により新疆ウイグル自治区が荒廃した影響で、一時はほぼ壊滅状態に陥ったが、アフガニスタン、特にワハーン回廊の情勢が緊迫化したことで、一九八〇年、中国政府は組織の再建を決断。その後は中国による東トルキスタン支配が強化されていくのにあわせてその規模を拡大し、現在では、タクラマカン砂漠など辺境地域の開発、経済開発、社会の安定と調和の保証、東トルキスタン独立運動への弾圧などを担当する二五八万人余(その86%は漢族)という巨大組織に成長している。

『西遊記』とシルクロード

しかし、当時の国際社会で中国のウイグル政策が注目されることはほぼ皆無だった。というよりも、国交のない中国に一般人が渡航することが極めて難しく、現地の情報もほとんど入ってこなかった一九六〇年代から一九七〇年代前半にかけては、新疆は多くの日本人の視界に入っていなかったというのが正確なところだろう。

むしろ、一九七〇年代半ばまでは、イランやアフガニスタン、パキスタンなどの情勢が比較的安定していたこともあって、国交がなく、通常の日本人にとって入国の難しかった中国を飛び越え、そうした国々をシルクロードのイメージで語る人が多かった。

ところが、一九七九年にはイラン革命（パフラヴィー王制が倒れ、二月十一日にイラン・イスラム共和国が成立した）とソ連軍のアフガニスタン侵攻という世界的な大事件が発生する。

すでに一九七二年に日中の国交が回復し、一九七八年には平和友好条約も調印されていたことで、シルクロードのロマンを求める人々の興味・関心は徐々に中国、なかでもシルクロードともゆかりの深い〝西域〟へとシフトしていく。

こうした中で、一九七八年に日本テレビで放送が開始された『西遊記』とそのテーマソングとしてヒットした「モンキーマジック」や「ガンダーラ」は、一九八〇年代以降の本格的な〝シルクロード・ブーム〟への先鞭をつけることになる。

『西遊記』は、日本テレビ開局二十五年記念番組として企画・制作されたもので、一九七八年八月の日中平和友好条約調印と前後して、中国中央広播《こうは》事業局（現・国家広播電視総局）による〝協力〟の下で中国ロケが行われた。ドラマそのものは、古典文学の『西遊記』の内容を忠実に再現したものというよりは、『西遊記』の設定を借りた日本オリジナルの内容で、ドラマの主要なロケ地も千葉県鋸山《のこぎりやま》ないしは静岡県御殿場だった。〝中国〟の要素が明確なのは、北京の風景がタイトルバックで流れるくらいで、玄奘三蔵《げんじょうさんぞう》の実際の足跡をたどってロケが行われたわけではない。

しかし、〝中国ロケ〟というキャッチフレーズと玄奘三蔵の西域紀行というイメージが結びついたインパクトはかなり大きく、一九七八年十月一日から一九七九年四月八日まで、および一九七九年十一月十一日から一九八〇年五月四日まで、二期にわたって放送された番組の平均視聴率は約19・5%、最終回は24・7%で同日放送のNHK大河ドラマ『草燃える』の視聴率27・6%肉薄するなど大健闘した。

さらに、番組の英語吹き替え版も一九七九年十一月から翌一九八〇年二月まで、『Monkey《モンキー》』というタイトルで英国のBBCにて放送されて人気を博している。しかし、中国電視台で放送された際には、古典小説『西遊記』を題材に、特撮技術を用いたオリジナル作品というコンセプトが当時の一般的な中国人には理解されず、原作とかけ離れすぎだという批判が官民から上がり、三話で放送中止になった

一九七九年十二月、中国が〝中国古典小説〟と銘打って『西遊記』の切手【図5】を発行したのも、日本テレビの『西遊記』の人気にあやかって海外向けに切手を輸出するとともに、〝本来の『西遊記』〟がいかなるものかを知らしめようとの意図があったのかもしれない。

【図5】1979年に中国が発行した『西遊記』の切手

一方、日本におけるシルクロード・ブームの牽引役となったＮＨＫの『ＮＨＫ特集 シルクロード 絲綢之《しちゅうの》路《みち》』は、日中国交回復後まもない一九七四年からＮＨＫが中国当局と取材交渉を続けたものの、なかなか中国側のから許可が下りず、一九七八年十月に日中平和友好条約の批准書交換のために鄧小平が来日した際、東京から京都へ向かう新幹線の車中にＮＨＫの鈴木肇ディレクターが企画書を手に乗り込み、直談判することで撮影許可を獲得。一九七九年五月一日から八年間の取材協定を結んで撮影が開始され、一九八〇年四月七日の第一回放送にこぎつけた。

上海宝山製鉄所問題

一九八一年三月二十日から九月十五日まで、神戸市三宮から約三キロの海面を埋め立てて作られた人工島の神戸ポートアイランドで、神戸ポートピア博覧会（ポートピア'81。以下、ポートピア）【図６】が開催された。

【図６】神戸ポートピア博覧会の記念切手

会場内には、国内パヴィリオン二十七、外国パヴィリオン五（三十二ヵ国・市・団体）が出展し、南側の海に面した世界最大（当時）の観覧車がある神戸ポートピアランドや、中国から借り受けたジャイアントパンダ二頭が公開されて人気を集めた。

このほか、大展示場には中国天津《てんしん》展覧館が設けられ、天津在住の芸術家・工芸作家による約三千点の芸術工芸品をはじめとした大規模な展示即売が行われたほか、アイ・ビー・エム遣唐使館では、吉備大臣《きびのおとど》入唐《にっとう》絵巻《えまき》などの絵図を参考に建造した全長二十メートルの復元遣唐使船を中心に据え、背景には中国の風物や日本海・東シナ海の風景を投映するプログラムが展開された。また、〝アップ・トゥ・フューチャー〟と題したファッション関係のパヴィリオンでは、中国故宮博物院から展示された清王朝時代の真珠宝物三点が展示されている。このほか、会期中の四月二十九日からは、神戸を皮切りに、名古屋と東京を巡回する〝中華人民共和国切手展〟も開催され、中国側は記念切手【図7】も発行した。

【図7】神戸・名古屋・東京で巡回開催された「中華人民共和国切手展」

ポートピア・日本アイ・ビー・エム館では、乗って触れられる遣唐使船を復元した。（朝日新聞社）

このように、ポートピア博覧会だけを見れば、当時の日中関係はきわめて円満であったかのようにも見えるが、この時期、日中間には上海宝山《ほうさん》製鉄所【図8】を中心に、プラント輸出をめぐって深刻なトラブルが生じていた。

話は、一九七七年十一月、〝四つの現代化〟目標（51ページ参照）を達成するため、中国政府が二十二の重点項目をはじめとする一二〇の大型プロジェクトの実施を盛り込んだ〝国民経済十ヵ年計画〟を打ち出したことから始まる。

【図8】上海宝山製鉄所

この計画では、鉄鋼

に関しては、一九七七年の粗鋼《そこう》生産二三七四万トンを一九八五年には六〇〇〇万トンに増加させるとの目標が立てられ、新日本製鐵(以下、新日鐵)会長の稲山嘉寛に対して副総理の李先念が直々に新しい製鉄所建設への協力を要請した。稲山は一九五八年に訪中して周恩来と会見し、臨海一貫製鉄所建設(臨海部に広大な敷地を確保し、製銑、製鋼、鋳造・圧延を一貫して持つ大規模な設備を配置した製鉄所)の必要性を訴えていた過去があり、新日鐵は武漢製鉄所への一七〇〇ミリ熱延広幅鋼延圧機の導入で実績があった。

一九七八年二月、日中長期貿易取り決めが調印され、一九七八年における日中間のプラント取引は一年間だけで四十億ドルと、国交回復後の一九七二〜七七年の六年間の合計十一億ドルのほぼ四倍にまで達したが、上海市の北二十六キロ、長江右岸に位置する宝山地区での鉄鋼プラント(上海宝山鋼鉄総廠。以下、宝山製鉄所)がその第一号と位置付けられる。

同年十月、日中平和友好条約の批准書交換のため来日した鄧小平は、新日鐵の君津製鉄所を視察したうえで、「ぜひこれと同じものを作ってほしい」と新日鐵側に要請。これを受けて、新日鐵と中国の間で議定書と設備契約書が調印され、十二月には宝山で起工式が行われた。

ところで、日中長期貿易取り決めでは、当初、中国側の支払い条件は延べ払いが原則とされていたが、実際には、同年初から十一月まで急速にドル安が進行したこともあり、ドル建てドル払いの現金決済ベースが多かった。また、プロジェクトの早期完成を望む中国側の意向で、三十万トン規模の石油化学・エチレンプラント四基を同時に契約するなど、同業種・同規模のプラントを一時に複数契約するケースも少なくなかった。さらに、一九七八年のプラント輸入契約のうち、80%が同年の第四半期に、さらに67%が十二月に集中していた。

こうした契約のあり方は、明らかに当時の中国の外貨支払い能力からすると無謀なもので、中国の財政赤字も急激に膨らんだ。

このため、一九七九年以降、〝四つの現代化〟路線も一定の見直しが迫られ、以後三年間にわたる経済調整の「八字方針(調整、改革、整頓、向上)」を打ち出し、大規模なプラント導入計画は〝洋躍進〟と呼ばれて批判の対象となってしまう。

はたして、一九七九年二月、中国側の契約当事者である中国技術輸入公司は、日本から購入予定のプラント等の金額を再集計したところ、中国の外貨支払い能力を大幅に上回っていたことが判明したとして、一九七八年十二月中旬以降に調印した各種プラントの契約発効を一時見合わせたいと日本側関係者に申し入れた。その総額は二十六億ドル三〇〇〇万ドルで、うち宝山製鉄所関連が約十一億ドルあった。なお、この時点で、宝山にはすでに全国から六万人余の建設参加者が集結し、関連工事も全面的に展開されている。

実は、中国と欧米諸国とのプラント契約に関しては中国政府の認可を条件とするような条項は含まれていなかったが、日本との契約についてのみ、「契約はそれぞれの政府の認可を受けて発効する」などの文言が含まれており、それが契約発効の延期を申し入れる根拠となっていた。

しかし、その後、中国側の経済調整計画が固まってきたことに加え、日本輸出入銀行と市中銀行による中国向けローン供与の合意が成立したことなどから、国務院財政経済委員会主任の陳雲が宝山製鉄所問題の責任者となり、「(宝山製鉄所の建設計画は)準備不足の状態で立案された」としながらも、〝再検討〟の結果として、同年六月十五日、資金不足の問題は事実上先送りしたまま、政治判断により契約の発効が承認された。これを受けて、翌十六日、建設プロジェクトは上海市政府から中央政府の冶金部《やきん》に移管されて続行することとなり、宝山製鉄所も中央政府直轄の国家重点企業と位置づけられる。また、他の大半のプラントはドル建て現金ベースの条件が維持されたが、宝山製鉄所関連に関しては現金決済から、円・ドル折半、五年間の延べ払い方式に変更されている。

ところが、一九八〇年八月に開かれた第五期全人代第三回会議では、経済調整を一段と強化し、基本建設投資はさらに大幅に削減される方針が確認され、プラント建設の中でも最大規模の宝山製鉄所のプロジェクトは〝国のお荷物〟、〝底なしの穴〟として、改革開放路線に批判的な保守派の代表たちから集中攻撃を受けた。実際、一九八〇年末の時点で、宝山製鉄所は施工費だけでも約十億元も予算をオーバーしており、プロジェクト全体における当初の投資総額一四〇億元の予算に対して、さらに百億元の追加投資が必要となっていた。

このため、一九八〇年十二月二十三日、ついに中央政府は工事の一時中止命令を出した上で、製鉄所の建設規模を三百万トンに縮小し、建設工事を〝一期〟と〝二期〟に分けることで問題解決を図ることを決断。一九八一年一月末、契約を結んだ中国技術輸入公司の名義で、南京・勝利の石油化学コンビナートおよび北京の東方紅煉油廠《とうほうこうれんゆしょう》のプラント輸出を受注した日本企業に対して、プラント建設中止を一方的に宣告。上海宝山製鉄所に関しても、二期工事の中止と熱間圧延設備の契約履行停止が一方的に通告された。

ただし、高炉一基、転炉三基、分塊《ぶんかい》工場、ユーティリティーと輸送関係とあわせて西ドイツ提供のシームレスパイプ工場（生産能力約五十万トン）に関しては〝一期工事〟とされ、半年におよぶ政府の再検討を経て、一九八一年八月七日に認可が下り、工事が再開された。また、技術輸入公司の通告後も、実際には、中止命令が徹底されることはなく、設備の保管保全に必要という名目で、工場の建設は（表向きは秘かに）続けられ、設備の据付け工事も可能な限り進められていたため、〝建設中止〟によるダメージは最小限に留まったという。

最終的に、日中プラント契約問題は、①円借款の一部を転用した商品借款、②日本輸出入銀行の資金を利用する民間延べ払い輸出、③市中銀行による円建てシンジゲートローンの組成、などによる総額三〇〇〇億円の資金を日本側から中国側に提供することで、一九八一年九月にはおおむね解決した。

プラント事業をめぐる混乱に日本側が嫌気し、日本からの資金が止まってしまえば、〝四つの現代化〟と改革開放路線の挫折は避けられない。中国側が神戸ポートピアという機会をとらえ、日本国内の日中友好ムードを盛り上げ、中国への批判を和らげようとしたのも当然のことであった。

なお、一九八一年九月二十五日の魯迅《ろじん》生誕百周年にあわせて、中国は前年の一九八〇年から記念切手の発行を計画していたが【図9】、その一枚には、日本留学時代の詰襟姿の魯迅の肖像を描いた版画が取

【図9】魯迅生誕100周年の記念切手

▲日本留学当時の魯迅

▲晩年の肖像

り上げられている。

この題材からは、中華人民共和国建国以来の〝軍民二元論〟、すなわち、「明治以来の日本政府や軍の中枢は常に対中侵略を企図してきたが、その一方で、民間には中国革命に共感する〝友〟や中国人留学生に温かく接する〝師〟も少なからずいた」という物語に加え、魯迅の時代と同じく〝日本に教えを乞う中国〟のイメージを強調することで、プラント契約をめぐる混乱はあったが、日本からの技術支援を継続していきたいという意図を読み取ることができる。

（第一次）教科書問題

一九八二年六月二十六日、日本のマスコミ各社は、高校の歴史教科書の検定で、文部省が(中国への)〝侵略〟を〝進出〟に書き換えさせたといっせいに報じた。

これを受けて、中国と韓国が日本政府に抗議し、国際問題にまで発展した。以後、日本の歴史教科書の記述をめぐっては、しばしば、わが国と中国・韓国等の間で対立が生じることになった。ちなみに、一九八六年に生じた二度目の教科書問題と区別する必要から、このときの騒動を第一次教科書問題、一九八六年の騒動を第二次教科書問題と呼んで区別することがある。

一九八二年時点での日本の教科書検定は、密室で、極秘裏に行われていた。文部省側は、検定済の見本の教科書を一組(一五〇冊)、記者クラブに置くだけで、説明も「××冊検定、××冊合格」、「音楽にビートルスの曲が」、「技術家庭の教科書が大判に」といった程度しか行われず、検定内容の取材については、一切ノーコメントの姿勢をとっていた。

このため、記者たちは執筆者に取材し、彼らから調査官とのやりとりを聞き、場合によっては、原稿を見せてもらって検定の実際を判断するしかなかった。こうした取材の過程で、執筆者が〃侵略〃という原稿を提出していたにもかかわらず、実際の教科書で問題の箇所が〃進出〃となっていたために、検定によって記述が変えさせられたのではないか、という報道につながったのである。

実際には、教科書会社の側が、文部省の意を汲んで(文部省は以前から、〃侵略〃の表記は変更するのが望ましいとの検定意見をつけていた)、執筆者に無断で〃侵略〃を〃進出〃と書き換えており、問題の教科書に関する限り、文部省側の介入はなかった。その意味では、一連のマスコミ報道は誤報であった。

当初、中国政府の対日批判は抑制的だったが、七月二十三日、中央政治局委員としてマス・メディア、文化、イデオロギーおよび宣伝工作を主管していた胡喬木《こきょうぼく》の主導により、「日本の中国侵略史を改竄《かいざん》させてはならない」として〃歴史歪曲《わいきょく》〃に対する激しい批判が開始される。ちなみに、前日の二十二日には、国際経済対策特別調査会の江崎真澄会長を団長とする自民党の代表団が台湾を訪問し、台湾当局と公式に接触し、会談で〃両国〃との語を用いており、中国側は教科書問題と併せて批難している。

ただし、中国の対日批判の論調は時間の経過とともに微妙に変化している。七月中は、〃過去の軍国主義〃を現在の政府機関が〃美化〃することへの批難だった彼らの論調は、八月に入ると、日本政府による〃軍国主義復活〃(国交回復以降、中国はこの表現の使用を控えていたが、ここで復活する)の傾向への批難へと変わり、八月半ば以降は「日本人民も日本軍国主義と侵略戦争の被害者である」としたうえで、日本政府は過ちを認めており、一部の軍国主義者に惑わされた政府関係者(=文部省)に対して一般国民と知識人は反対しているとの構図をもとに論を展開するようになっている。

　もっとも、中国側も本音では、日本の〝軍国主義〟が物理的に復活するとは考えていなかったようだ。実際、一九七九年五月、鈴木善幸（後の首相。当時は自民党総務会長）が訪中した際、鄧小平は鈴木に対して、尖閣諸島の領有権問題の棚上げと日中両国による海底資源の共同開発の提案と併せて、「土地を提供するから共同で中国国内に兵器工場を作ろう」と持ち掛けている。これに対して鈴木は「日本としては対米関係などを考えると大変なことで、出来るわけはない。私は、日本は日本国憲法の趣旨から言って諸外国とそういう面での共同の仕事は基本的に出来ないし、考えてない、と即座に断った」と応じている。また、この件について、鈴木は「この話は単なる外交上の駆け引きとして出してきたという印象ではなかった。真剣だった。今思うに当時、中国としても軍備の近代化を考えていたんだろう。」と回想しており、中国側が日本の軍事（技術）力を利用しようとさえ考えていたことが伺える。

中国・北京の人民大会堂で、鄧小平副首相（右）と会談する鈴木善幸代議士（左）。（朝日新聞社）

　さらに、一九八〇年四月に中曽根康弘（後の首相。当時は無役）が訪中した際には、副参謀総長の伍修権《ごしゅうけん》が「防衛費をGNPの2％まで引き上げても日本経済に大きな影響はないのではないか」とも語っている。

　それにもかかわらず、中国が教科書問題、特に〝軍国主義復活〟の傾向を声高に非難したのは、中国の

【図10】第12回中国共産党大会の記念切手

国内で〝愛国統一〟が重要なテーマとして浮上してきたからである。

中国共産党第十二回党大会【図10】で中央委員会総書記（党主席ポストの廃止に伴い新設）に就任した胡耀邦《こようほう》が公式に〝愛国統一戦線〟を提起して〝（台湾との）祖国統一〟を訴えたのは一九八二年九月のことだったが、すでに、一九七九年六月、鄧小平は「わが国の統一戦線はすでに、労働者階級の支配する労農同盟を基礎とした社会主義労働者と、社会主義を擁護する愛国者との広範な同盟になった」として、〝愛国統一戦線〟の概念を提起し、その延長線上で台湾の〝祖国復帰〟を実現するとしていた。毛沢東の死とその後の改革開放路線の採択により、建国の理念であった毛沢東主義や社会主義イデオロギーの権威は急落を余儀なくされたことを受けて、新たな国家統合の理念が必要になったからである。

実際、第一次教科書問題が発生した一九八二年は、四月に新疆ウイグル自治区で大規模な暴動が発生したことに加え、一九九七年の香港返還を控えて九月にはサッチャーが訪中し、香港返還に関する英中間の具体的な話し合いが始まった年で、〝民族統一〟を強調する必要性が生じていた。また、改革開放路線を進めるうえで、海外の富裕な華人・華僑から資金を集めるためにも、彼らに〝祖国愛〟を訴えることが有効だと考えられた。

台湾問題に関しても、一九八一年一月に発足した米国のレーガン政権は、中国に対しても兵器輸出を行うことを条件に台湾にFX戦闘機の売却することを検討しており（最終的にFX戦闘機の売却は行われなかったが）、中国側は対米戦略を見直す必要に迫られていた。その一方で、一九八二年三月二十四日、ソ連共産党書記長のブレジネフはタシケントで演説し、中ソ関係の改善を呼びかけており、ソ連包囲網を構築するために米国や日本との連携を強めるという外交の前提が大きく変化した。このため、日本との関係を決定的に悪化させないことを前提に、国交〝正常化〟以降、控えられてきた対日批判を復活させる余地も生じた。

この文脈に沿って、〝抗日戦争〟における国民党の歴史的評価も、「国民党は抗日よりも反共を優先して日本との戦いには不熱心で、戦後は米帝国主義の援助に頼って内戦を引き起こした」というものから、「国共合作に加え、民族を問わず全中国の人民が参加したことで、抗日戦争は全民族の戦争に発展した」という内容へと変化していく。抗日戦争の意義として、国民党に対する共産党の優位や共産党の支配の正統性の根拠というだけでなく、〝全民族〟の一致団結（による勝利）の先例と、その先例に倣った台湾統一工作という側面が加えられたのである。

そうした愛国統一戦線を国民に浸透させるうえで、教科書問題と日本の〝歴史改竄〟を批難するキャンペーンは絶好の機会だったのである。

この点に関して、騒動最中の一九八二年八月十日、鄧小平は「（日本の文部省は）非常に良い教育機会を提供してくれた」、「我々の子供たちは友好だけを知っているのではなく、歴史もわかっていなければならない。人を教育するのは最も大切なことで、そこには日本人の教育も含む」と語っている。

一方、日本の文部省は、教科書問題はあくまでも内政問題との態度をとっていたが、教科書問題を通じて抗日戦争史の再教育を進めようとしていた中国からすれば、文部省のそうした姿勢はむしろ好都合でさえあった。

結局、八月二十三日、鈴木首相が「我が国の戦前の行為が国際的には『侵略』であるとして批判があるのも事実であり、政府としてもこれを十分認識すべきである」と発言。同二十六日には「『歴史教科書』についての官房長官談話（宮澤談話）」が発表され、「我が国としては、アジアの近隣諸国との友好、親善を進めるうえでこれらの批判に十分に耳を傾け、政府の責任において是正する」として、〝政府の責任〟による教科書の記述の〝是正〟を明言したことで、中国側は矛を収め、九月に入ると、外交部第一副部長の呉学謙《ごがくけん》が「日本側の今後の行動を見守り、これについて評論する権利を留保する」と回答し、第一次教科書問題はとりあえず収束した。

そのうえで、九月二十九日の日中国交〝正常化〟十周年に合わせて、二十六日に鈴木首相が訪中すると、国務院総理の趙紫陽《ちょうしよう》は「鈴木総理が中日共同声明の精神を守ることを重ねて表明したことと、その責任において教科書問題を確実に是正するという内容の談話を高く評価したい」と発言した。

ちなみに、日中両国は国交〝正常化〟十周年の記念切手を九月二十九日に同日発行している。

当時の日本では、周年記念の切手は最低でも二十五周年以上の年回りにするとの原則があり、当初、昭和五十七年度の記念特殊切手の発行計画では、日中国交〝正常化〟十周年の記念切手は含まれていなかった。ところが、六月一日になって、急遽、記念切手の追加発行が発表されている。その理由は明らかにされていないが、中国側が同年四月、九月二十九日に国交正常化十周年の記念切手を発行すると発表したことや、五月十五日に〝沖縄復帰十周年〟

の記念切手が発行され、十周年でも記念切手を発行することへの郵政内部の抵抗が弱まったことなども要因として挙げられるだろう。

日本側の記念切手【図11】には、梅原龍三郎の「雲中天壇《うんちゅうてんだん》」が取り上げられた。

梅原は、一九三九年に第二回満洲国美術展の審査員として大陸に渡ったが、その帰路、支那事変下で日本軍が占領していた北京（ちなみに、当時の中華民国による呼称は〝北平〟であり、現地を占領した日本軍が〝北京〟と改称）に立ち寄り、その景観に魅せられた。

【図11】日中国交正常化10周年に際して日本が発行した記念切手「雲中天壇」。

以後、梅原は一九四三年まで毎年のように北京を訪れ、中国の風景・風俗を題材に多くの作品を残しているが、「雲中天壇」もその初期の代表的な作品のひとつで、一九三九年に制作された。

日本の郵政省が〝日中国交正常化十周年〟の記念切手を発行すると発表したのは一九八二年六月一日。その後、同月二十六日に第一次教科書問題の発端となる新聞各紙の報道があり、日本の過去の〝侵略〟が問題視されたことは上述の通りだが、そうした中で、日本占領時代の北京で日本人画家が制作した作品を〝国交正常化十周年〟の記念切手に取り上げることはかなり挑戦的とも言えるが、この点が日中間で問題視された形跡はない。

こうしたことからも、中国にとっての教科書問題と日本の〝歴史改竄〟への批判は、（少なくともこの時点では）国内に〝愛国〟を浸透させるための方便であり、必ずしも日本そのものが真のターゲットになっていたわけではないという、中国側の本音が透けて見えるように思われる。

一方、中国側では、瑞雲と天壇と法隆寺五重塔を描いたフレームの中に、中国を象徴する題材として、關山月《かんざんげつ》の「梅花」を取り上げた八分切手と、日本を象徴する題材として、蕭淑芳《しょうしゅくほう》の「扶桑」を取り上げた七十分切手【図12】が発行された。關、蕭ともに、当時の中国を代表する伝統絵画の名手で、今回の切手のために新たな原画を制作した。

国交〝正常化〟十周年の各種行事が無事に終了してから二ヵ月後の十一月十六日、日本国内では、「近隣のアジア諸国との間の近現代の歴史的事象の扱いに国際理解と国際協調の見地から必要な配慮がなされていること」とする〝近隣諸国条項〟が教科書の検定基準に追加された。

▲梅花　▲扶桑（木槿）

【図12】同じく、中国側が発行した記念切手

これにより、中国は〝歴史問題〟を使って日本に揺さぶりをかけ、一定の譲歩を引き出すという先例を確保する。そして、その結果、中国国内が動揺し、その沈静化のために〝愛国〟を強調する必要が生じるたびに、中国政府は、国民の不満をガス抜きするための便利な安全弁として〝歴史問題〟を使っていくという構図も生み出されたのである。

〝戦後政治の総決算〟は〝日中友好〟を志向した

一九八二年十一月の自民党総裁選で中曽根康弘が当選し、同月二十七日、中曽根内閣が発足した。二ヵ月前の九月に中国共産党の総書記に就任した胡耀邦は、中曽根が首相に就任する以前の一九八〇年に訪中した時からの親交があり、二人の個人的な関係によって、一九八〇年代半ばの日中関係は良好だった。

たとえば、一九八三年九月、日本社会党代表団を率いて訪中した石橋政嗣(当時の社会党委員長)は、胡耀邦をはじめ中国要人との会見で「中曽根内閣は歴代自民党政府がとってきた憲法と安保の枠を踏み越え、戦後政治の総決算として軍事大国化の道を歩んでいる」、「米国の世界戦略・核戦略に協力し、軍事大国化への道を真しぐらに突き進む姿が顕著になっている」などと中曽根内閣批判を繰り返した。おそらく、中国共産党と日本社会党の過去の友好関係や、前年の第一次教科書問題での中国の日本政府批判などから、石橋は自らの中曽根批判が無条件に中国の賛同を得られるものと思っていたのだろう。

しかし、胡は「日本の各派の主張に意見を言うことは差し控える。日本は自民党政権であり、中国は日本政府と友好関係をもっている」として、まともに取り合わなかった。

ついで、同年十一月二十三日から三十日まで日本を訪問した胡【図13】は、前年の教科書問題を踏まえて、「一部に軍国主義復活を望む者がいる」ものの「(中曽根を含む)日本の指導者はすべて日中の平和友好関係を希求しているものと信じる」と述べただけでなく、「日本が経済的に繁栄し、政治的には平和を愛する自衛力を備えた大国となることを希望し、日本がこの目標に向かって進むことを支持する」とも語った。

胡のいう〝平和を愛する自衛力を備えた大国となることを希望し〟とは、ソ連がアジア・極東において中距離弾道ミサイルSS－20の増強を図っている状況の下で、日本も防衛力を強化して中国と連携することが望ましいということである。また、胡は改革開放政策が今後も維持されるのかどうかという日本側の不安に対して、全く問題ないと明確に断言。一方、中曽根は、韓国からの要請を受けて、韓国に対中関係改善の意向があることを中国に伝達している。

また、中曽根が胡との会談で中国からの青年招聘計画を拡充させたいと述べたことを受けて、中曽根主催の歓迎晩餐会の席上、胡は「三千人の日本の青年を明年（＝一九八四年）九〜十月、中国の費用負担でお招きしたい」と提案した。

一九八四年三月二十三日から二十六日まで、今度は中曽根が訪中。趙紫陽との会見では、趙は「中曽根内閣の防衛政策は理解している。胡総書記訪日後は、特にそうである。中曽根内閣の政策を軍国主義政策とは考えていない」と述べた。また、胡耀邦も「たとえ中ソ関係が改善するとしても、中国は対日友好協力関係を放棄しない。もしも、中ソ関係に重大な変化がある際は、われわれは直ちに友人（＝日本）に通報申し上げる」、「貴国の経済、技術のご支援に非常に感謝する」、「中国はあなた方の熱い友情を決して忘れることはないだろう」などと語っている。

これに対して、中曽根は「中国との間に友好協力関係を発展させることはアジア・太平洋地域の安定

【図13】訪日した胡耀邦と中曽根。

に役立つものであり、自分としては関係を発展させるため生命ある限り努力して参りたい」と応じたが、その流れで、つい「日本の対中経済協力につき謝意表明があったが、かえって恐縮しており、対中協力は戦争により大きな迷惑をかけた反省の表れであり、当然のことである」と口にしてしまう。そして、そのうえで、一九八四年度より、交通・港湾・発電所を中心として七年間に四七〇〇億円の円借款を供与すると約束する。大平訪中時の五年間で三千億円の円借款に比べて、これは金額・期間ともに大幅に拡大した数字だが、中曽根は「これは、自分自身で増額するよう指示した結果である」と中国側に説明した。

戦後政治の総決算を掲げた中曽根からすれば、〝日中友好〟は支那事変の過去を清算するうえで避けられないということになるのだろう。その点で、社会党委員長の石橋政嗣による〝戦前回帰〟、〝軍国主義復活〟という中曽根批判が全くの的外れであり、中国側の賛同を得られなかったのは当然である。

しかし、その一方で、日本の野党から〝戦前回帰〟、〝軍国主義復活〟と攻撃されていた中曽根でさえ、〝日中友好〟に疑問を抱かず、過去への反省のしるしとして中国への経済協力は当然であると明言してしまうのを目の当たりにして、中国側が「日本与し易《くみやす》し」と理解するのは必至だった。

はたして、三月二十五日の鄧小平との会談では、鄧は「現在、日中間には差し迫った問題はない」としたうえで、ソ連という共通の敵を前にした日中連携の重要性を力説した。

こうした日中の蜜月関係を反映して、九月末、胡耀邦は前年の訪日の際に中曽根に約束した通り、〝日中青年友好交流〟として、日本から三〇〇〇人の若者を建国三十五周年の国慶節に招待【図14】。一行は九月二十八日に北京入りし、国慶節前日の九月三十日には、北京で日中青年友好交流歓迎大会が大々的に開催された。さらに、国慶節当日には、天安門広場で大交歓会が開催されたほか、日本人の若者たちは十五年ぶりに行われた人民解放軍の軍事パレードに招待され、ソ連と対峙する人民解放軍の〝雄姿〟を目の当たりにする。ただし、状況の変化によっては、その軍事力の矛先が日本に向かってくる可能性があることを指摘する声は、〝日中友好〟の熱気の中ではほとんどかき消されてしまった。

▲大雁塔と唐招提寺

▲“友情の木”を植樹する両国の女性

▲友好交流の象徴

【図14】日中青年友好交流での訪中団の北京到着を前に、1984年9月24日に中国側が発行した記念切手

靖國問題の発生

このように、一九八四年十月一日の国慶節でピークに達した〝日中友好〟だったが、翌一九八五年、中曽根の靖國神社参拝をめぐって暗転し始める。

明治以降の日本の戦争・内戦において政府・朝廷側で戦歿《せんぼつ》した軍人らを祀った靖國神社では、もともと、宗教行事としては春と秋の例大祭が重要であり、〝終戦の日〟とされる八月十五日に宗教上の特別な意味が付与されていたわけではなかった。

しかし、一九七五年、党内基盤の弱かっ

た三木武夫首相が、党内の保守派への配慮から、首相として初めて八月十五日に参拝。これを、〝私的参拝〟と称して、憲法違反との批判をかわそうとした。

一九七八年にはいわゆるA級戦犯が〝昭和殉難者〟として合祀され、一九七九年にはそのことが新聞各紙で批判的に報じられた。それでも、大平正芳、鈴木善幸の二人が総理在任中に靖國神社に参拝した際には、そのことが政治問題化することはなかった。

ちなみに、〝戦犯〟として処刑された人々の慰霊については、一九七五年、真言宗醍醐派品川寺僧侶の仲田順和がローマ教皇パウロ六世に彼らのためのミサを行うことを依頼し、教皇がミサを約束。一九八〇年には教皇ヨハネ・パウロ二世がパウロ六世の遺志を引き継いでサン・ピエトロ大聖堂でミサを行い、一六一八柱の位牌が納められた五重塔が教皇に奉呈されている。当然のことながら、諸外国同様、中国もこれに抗議をしなかった。

終戦40年の節目となる1985年8月15日、靖國神社を公式参拝する中曽根康弘首相と藤波孝生官房長官。(時事通信社)

こうした経緯を踏まえて、戦後四十年の節目に当たる一九八五年の終戦記念日に、中曽根も靖國神社に公式参拝するのだが、それに先立ち、自派で日中協会理事長の野田毅を北京に派遣し、中国側の了解を得ようとした。

しかし、事前に靖國参拝の是非を問われた以上、中国側がA級戦犯(なかでも、中国側が特に問題視していたのは東條英機だった)が祀られている施設への公式参拝に〝是〟と返答するわけにはいかない。中曽根としては誠意を見せようとしたのかもしれないが、完全に藪蛇でしかなかった。

はたして、八月十四日には、中国外交部の報道官が「中曽根首相ら日本の閣僚がもし靖國神社に参拝すれば、世界各国人民、特に、軍国主義の大きな被害を被った中日両国人民を含むアジア各国人民の感情を傷つけることになろう」と牽制した。

それでも、中国側は、彼らにとっての戦勝四十周年の記念日にあたる九月三日【図15】までは事態の

▲盧溝橋の中国軍兵士

▲八路軍の兵士

【図15】中国が1985年９月３日に発行した「抗日戦争と反ファシズム戦争勝利40周年」の記念切手。


早期に収拾することを考えていたようで、八月二十八日には、社会党書記長の田辺誠が訪中して「日本国民の大多数は歴史を繰り返してはならないと考えており、それを具体的に表したのが平和憲法である」、「閣僚のヤスクニ参拝には多数の人が反対であるとし、社会党はこの問題を近く国会で厳しく取り上げる」と胡耀邦に対して得意気に語ったのに対して、胡は「その点は日本の内政になるので発言を控える」と軽くいなしている（その一方で、胡は「国民党の戦没者の墓に参拝するのは問題ないが、親日派政権の指導者だった汪兆銘《おうちょうめい》の墓に行くことはできない」との趣旨の発言もしているが…）。

さらに、胡は、北京駐在の日本大使だった中江要介に対して「また参拝があったら大変なことになる。国家指導者としての立場が極めて難しくなる…、戦犯が二千人もいる靖國神社に参拝して問題になって

いるものを、このまま収めては中国の人民を納得させることはできない」と語っている。また、胡はA級戦犯とBC級戦犯の区別については理解していなかったが、中江や作家の山崎豊子から「BC級戦犯は戦争の犠牲者」との説明を聞き、周恩来以来の〝軍民二元論〟を援用して、A級戦犯（＝一部の軍国主義者）だけでも取り除けないかと提案した。中江からの報告を受けた中曽根は、その後、A級戦犯分祀の可能性を模索するが、ある神社の神霊を分けて新設した別の神社に〝分祀〟された後も、元の社にあった神霊はそのまま残り続ける（＝除去されるわけではない）ので、このプランもいつしか沙汰止みとなった。

　なお、公式参拝に伴う摩擦を最小限に食い止めたかった胡は、中江に対して「もう靖國神社の問題は両方とも言わないことにしよう。靖國の問題というのは、黙って八十五年でも百年でも両方で騒がずに静かにして自然消滅を待つのが一番いい」と解決策を提案したが、中江は「もし今黙っちゃったら、日本ではああ、もうあれでよかったんだと思ってしまう人が出るかもしれない」などと応じ、中国側に靖國問題を問題視し続けるよう促し、日本の大使でありながら、日本政府を自ら窮地に追いやったこと（同時に、それが〝国益〟に適うという特殊な思考回路の持ち主であること）を、後に自ら国会の場で証言している。

　はたして、第一次教科書問題の前後から、〝愛国統一〟のイデオロギーが強調されていた中国国内では、中曽根の靖國参拝に刺激を受けた北京大学の学生たちが、九月十八日の柳条湖《りゅうじょうこ》事件（満州事変の発端となった鉄道爆破事件）記念日に合わせて「中曽根内閣打倒」の壁新聞を掲示し、天安門広場で自発的なデモを行った。

　中国政府としても、自ら仕掛けた〝愛国教育〟の成果として学生が自発的にデモを行った以上、これを評価せざるを得ず、外交部として「我々は、日本の指導者が、日本は再び軍国主義の道を歩まないとの公約を厳格に履行し、中日友好を強固にし、かつ、発展させアジア及び世界の平和を守るため、自ら貢献することを希望する」との談話を発表する。

さらに、一九八五年は、秋以降、〝愛国統一〟の文脈で重要な周年記念事業が相次いで予定されていた。たとえば、九月一日には、一九六五年のチベット自治区成立二十周年【図16】、十月一日には、一九五五年の新疆ウイグル自治区成立から三十周年【図17】を迎え、それにあわせて、チベットと東トルキスタンが〝中華人民共和国〟の領土であることを改めて確認するための各種の記念行事が行われ、記念切手も発行された。

また、〝愛国統一〟の先例として、抗日戦争中の民族統一戦線の歴史を顕彰するという視点からは、十一月五日に生誕九十周年を迎えた鄒韜奮《すうとうふん》の記念切手【図18】が発行されたほか、十二月九日には〝一二・九運動〟の五十周年【図19】を記念して盛大な記念イベントも行われている（いずれも次ページ）。

鄒韜奮は一八九五年、福建省生まれのジャー

【図16】チベット自治区成立20周年の記念切手。「歓喜」を象徴する図案。

【図17】新疆ウイグル自治区成立30年の記念切手のうち、民族服姿のウイグル女性と伝統的な水差し、瓜とモスクを描いた１枚。近年、同自治区では中国政府によるモスクの破壊が進められており、この切手の元になったような風景もなかなか見られなくなっている。

【図18】鄒韜奮生誕90周年の記念切手

【図19】「12・9運動」50周年の記念切手

ナリストで、一九三一年の満州事変後、いち早く抗日の団結を呼びかけた。しかし、蒋介石の〝安内攘外（日本軍への抵抗よりも、まずは共産党討伐を優先する政策路線）〟に失望し、蒋介石や中国国民党を激しく批判。このため、一九三六年十一月二十二日、国民政府に逮捕され、蘇州の江蘇高等法院看守所に収監された。翌一九三七年に抗日戦争が勃発すると、同年七月三十一日に釈放され、上海、武漢などで日本への抵抗を呼びかける言論活動を展開した。一九四四年没。なお、一九九一年から一九九八年まで副総理を務めた鄒家華《すうかか》は、彼の息子である。

一方、一二・九運動は、一九三五年十二月九日、燕《えん》京《けい》大学や清華《せいか》大学の学生らが内戦の停止や抗日運動の弾圧反対を掲げて数千人規模のデモを行った事件。政府側の弾圧でデモ隊はいったん解散したものの、十六日には大規模なデモが再燃し、中国各地の主要都市に波及した。なお、このときに学生たちが唱和していた「義勇軍行進曲」が、後に中華人民共和国の国歌となる。

九月十八日に発生した学生デモは、政府の煽動による官製デモではなく、学生の自発的なデモであるがゆえに、彼らの暴走によって「国家指導者としての立場が極めて難しくなる」との危機感を胡耀邦に抱かせた。実際、一二・九運動五十周年の機会をとらえて、改革開放に否定的な保守派が、中国の誰もが反対できない〝愛国〟を理由に学生を扇動し、同運動の再現として〝対日宥和派〟の胡耀邦を攻撃して、胡を失脚させる動きが生じる可能性は大いにあった。実際、毛沢東思想という中国人民にとっての〝神の言葉〟を利用して大衆を扇動し、劉少奇を筆頭とする〝実権派〟を追い落とした文化大革命の禍々しい記憶は、当時の中国社会ではあまりにも生々しく、胡が大衆の暴走(とその背後にある保守派の煽動)に神経をとがらせていたことは間違いない。

指桑罵槐が政治文化の特色となってきた中国社会では、〝愛国〟は、まさに毒にも薬にもなりうる劇薬であり、靖國問題を通じて、胡耀邦はその諸刃の剣の危険性を実感したのだろう。しかし、指桑罵槐という発想の薄い日本の政治家・官僚には、胡が感じたそうした恐怖は理解できなかったのではないか。

胡耀邦の失脚

さらに、靖國問題の〝自然消滅〟を待ち望んでいた胡耀邦にとって追い討ちをかけるように、一九八六年二月二十五日、フィリピンでマルコス政権が崩壊する〝ピープル・パワー革命〟が発生した【図20】。

一九六五年にフィリピンの大統領に就任したフェル

【図20】「ピープル・パワー革命達成」の記念切手。群衆の頭上に、大統領のコラソン・アキノと副大統領のサルバドール・ラウレルの肖像が掲げられている。

ディナンド・マルコスは一九七二年九月二十一日に戒厳令を布告。独裁傾向を強め、野党の有力政治家だったベニグノ・アキノ(ニノイ)を政府転覆の陰謀と武器の不法所持、殺人などで逮捕した。ニノイは一九七七年に死刑判決を受けたが、マルコス政権も、国民的な人気のあったニノイを実際には処刑できず、一九八〇年、米国で手術を受けさせるとの名目で、彼を国外追放処分にした。

米国でも、ニノイはフィリピン民主化運動の闘士として反マルコス運動の先頭に立っていたが、一九八三年八月二十一日、逮捕覚悟で帰国したところ、飛行機を降りた直後に暗殺された。暗殺事件の容疑者としては、国軍参謀総長のファビアン・ベール大将らが容疑者として起訴されたものの、一九八五年には無罪判決が下ったことで、国民の反マルコス感情が爆発した。

そこで、国民の不満解消とあわせて国際社会からの非難をかわすため、マルコスは任期半ばの一九八六年初頭に大統領選挙を行うことを発表。選挙には、野党候補としてニノイ未亡人のコラソン・アキノ(コリー)が立候補した。投票は二月七日に行われたが露骨な開票操作が行われたため、フィリピン各地でコリーのシンボルカラーの黄色のシャツを着た人々による反マルコス・デモが発生。二月二十二日には、軍首脳もマルコスから離反したことで、米国もマルコスを完全に見放した。その後、同月二十五日、コリーが大統領就任宣誓を行い、マルコス夫妻は米軍のヘリコプターで国外に脱出し、マルコス政権は崩壊した。

(支持・不支持は別として)米国の庇護下で安定的な独裁体制を維持してきたマルコス政権が〝ピープル・パワー〟によって打倒されたという現実は中国の指導部にも大きな衝撃を与えた。そして、中国でも〝愛国〟が体制批判に転じ、そこから共産党の一党独裁体制を揺るがす事態に発展しかねないとの懸念が中国指導部、特に改革開放路線に不満を持つ保守派幹部の間に広がったとしても不思議はなかった。

これに対して、一九八六年五月、胡耀邦は「百花斉放《ひゃっかせいほう》・百家争鳴《ひゃっかそうめい》」を再提唱して言論の自由化を推進する立場をとった。前年（一九八五年）、ソ連のミハイル・ゴルバチョフが〝ペレストロイカ（再構築・再革命）〟を表明し、一定の民主化を進めていたことも踏まえ、経済の改革開放路線を推進する以上、中国でも一定程度の民主化と自由化は避けられないとの判断からだった。そうした胡の柔軟路線は、〝開明の指導者〟として国民の期待を集めたものの、鄧小平を含む長老グループは、中国共産党による一党独裁を揺るがすものとして大いに警戒した。

さらに、一九八六年五月末、元国連大使の加瀬俊一を議長とする〝日本を守る国民会議（現・日本会議）〟が編集した高校教科書『新編日本史』（原書房）での記述について、中国や韓国から批判が浴びせられる〝第二次教科書問題〟が発生する。

『新編日本史』は、内容的には最終審査にあたる内閣本審査で合格し、文部大臣の海部《かいふ》俊樹（後の首相）が「（教科書検定）制度は、左翼の教育支配に対する唯一の防波堤である」と主張し、中曽根も「日本の歴史教科書の中に、右寄りのものが一つぐらいあっても良いのではないか」と事態を楽観視していたが、内閣官房長官の後藤田正治の主導により「この教科書の執筆者、あるいは発行者をして取り下げせしめる」との方針が採択され、文部省は〝超法規的措置〟で中国、韓国関連を中心とする四十ヵ所に修正を要求し、三十八ヵ所を書き直させたほか（たとえば、文部省の要求により、いわゆる〝南京事件〟については、もともとはなかった〝大虐殺〟の字句が追加された）、外務省アジア局長の藤田公郎が出版元の原書房に出版断念を要請する一幕もあった。

前年の靖國参拝問題が学生デモにつながったことを深刻に受け止めていた中国指導部は、第二次教科書問題についてはきわめて抑制的な姿勢をとり、国内の各報道機関に対してはこの問題について大々的な報道を禁止する措置をとり、反日キャンペーンを行わせなかった。

七月七日、中国大使の中江は中国外交部副部長の劉《りゅう》述卿《じゅつけい》を訪ねて教科書の修正を報告し、中曽根首相以下、文部省、外務省は「最大限の努力を行った」と述べ、劉が「日本の関係者が最大限の努力を行ったことを称賛し、全貌についてはは公表されたところで研究したい」と応じ、第二次教科書問題はとりあえず収束した。

その前日の七月六日、日本国内では衆参同日選挙が行われ、自民党が圧勝。これを受けて二十二日、中曽根は内閣改造を行い、海部俊樹に代わって藤尾正行が文部大臣に就任した。

就任後まもない七月二十六日の記者会見で、第二次教科書問題について問われた藤尾は「東京裁判が客観性を持っているのかどうか。勝ったやつが負けたやつを裁判する権利があるのか」と発言。これが『朝日新聞』などにより報じられると、中国・韓国が不快感を示している。

こうした状況の中でも、中曽根は前年に続いて靖國参拝を行う意欲を示していたが、七月半ばに訪中した稲山嘉寛（86ページ参照。一九八六年まで経団連会長を務めたが、訪中時は退任していた）を通じて中国側に参拝への了解を求めたところ、胡耀邦は「もし、今年参拝があれば、中国人民を抑えきれない」と応じている。ここに至り、中国にとっての靖國問題は外交問題ではなく、胡と胡の開放路線を好ましく思わない保守派との権力闘争の具と化していることを理解した中曽根は、靖國参拝の〝自粛〟を決断した。

さらに、終戦の日を過ぎた九月六日、同月十日発売の『文藝春秋』十月号で、文部大臣の藤尾が東京裁判や靖國神社についての自説を展開し、韓国併合については「韓国側にもやはり幾らかの責任なり、考えるべき点はあると思う」と語ったことが、日本の新聞各紙により「藤尾文相が問題発言」、「日韓併合、韓国も責任」などの見出しと共に大々的に報じられた。藤尾は発言の撤回や辞職を拒んだため、『文藝春秋』発売の前々日に罷免される。

これに対して、韓国側は外相協議の延期も辞さないとの強い反発を示したが、外交部副部長の劉述卿は、藤尾の罷免を〝毅然とした賢明な措置〟と評価した。ただし、劉は「(今後も)藤尾発言のごとき誤った考えや言論に対し、中国としては厳然たる態度で臨む覚悟である」と付け加えることも忘れず、一連の経緯を通じて、歴史カードを使うことで中国が対日外交で優位に立つという構図が改めて確認された。

一方、胡耀邦に批判的な保守派は、胡の〝対日宥和〟が事態を悪化させたとして胡を攻撃。これにより、胡の指導力は急激に弱まり、一九八六年九月の第一三期六中全会では保守派の巻き返しにより、彼の提起した政治改革案は棚上げにされてしまう。それどころか、会議では保守派主導の「精神文明決議」が採択され、胡は保守派、八大元老(長老グループ)らの批判の矢面にさらされることになる。

そうした胡の凋落を知ってか知らずか、一九八六年十一月八日、中曽根が訪中して胡耀邦と会談。日中青年交流センターの定礎式に出席し、翌九日には趙紫陽、鄧小平とも会談。一九八三年の訪中時に自ら提起した「平和友好、平等互恵、長期安定、相互信頼」の日中四原則を確認し、第三次円借款の検討を約束して帰国する。

中曽根と日本政府は、これで、靖國、教科書、藤尾と歴史に絡む日中間の懸案事項を乗り切ったと考えていたが、一九八六年十二月五日、安徽省合肥《ごうひ》市の中国科学技術大学の学生たちが、市の人民代表の選挙に際しての学生代表の取り扱いをめぐる不満から大規模デモを敢行。これをきっかけに学生デモは北京、上海など全国に波及した。方励之《ほうれいし》、劉賓雁《りゅうひんがん》、王若望《おうじゃくぼう》らの党員知識人が学生デモを積極的に支持する一方、十二月三十日、鄧小平は、胡耀邦、趙紫陽、万里《ばんり》、李鵬《りほう》らを集めて学生デモに対して怒りを爆発させた。

さらに、同日、鄧小平は、中曽根内閣が防衛費の対ＧＮＰ比１％枠の撤廃を閣議決定したことに対して「中国人民は敏感だ。特に若い学生がそうだ」と述べて警戒感を示した。一九八〇年四月の中曽根訪中時の「防衛費をＧＮＰの２％まで引き上げても日本経済に大きな影響はないのではないか」という伍修権（副参謀総長）の発言（92ページ参照）は、鄧小平の認識と対立するものではなかったはずだが…。

一九八六年夏頃まで、鄧は一九八七年十一月に予定されていた第十三回党大会で中央顧問委員会主任を引退し、胡耀邦に後を継がせて世代交代を図ろうとしていたとされるが、秋以降は胡の解任は既定の路線となっていたという。そして、顧問委員会が主催した民主生活会で、胡耀邦は〝ブルジョア自由化〟傾向への対応が軟弱であること、一九八四年に日本青年三千人を招いた〝日中青年友好交流〟が党中央の正式な許可を得ていなかったことなどが問題視され、一九八七年一月十六日、政治局拡大会議で総書記を解任された。

胡の解任後、会議は全会一致で趙紫陽を総書記代理とすることを決定。十一月には趙紫陽が総書記に正式に選出される。一方、失脚後の胡は政治局常務委員に留まり、党内改革を呼びかけたものの、一九八七年十一月の中共十三期一中全会で政治局員に降格となり、その政治的影響力は完全に失われた。

第五章

和平演変《わへいえんぺん》と（第二次）天安門事件

光華寮裁判と東芝ココム事件

一九八七年一月十六日、〝ブルジョア自由化〟傾向への対応が軟弱という理由で胡耀邦を中国共産党主席・総書記から解任することに成功した鄧力群《とうりきぐん》、胡喬木ら党内の保守派は、この時期、〝ブルジョア自由化反対闘争〟を展開し、巻き返しを図っていた。

胡耀邦の後継者となった趙紫陽は、鄧小平と共に、改革開放路線を維持するためにも保守派に対する一定の譲歩を余儀なくされていたから、一九八七年一月二十九日の春節祝賀会や同年三月の宣伝関係会議などの機会をとらえて、〝ブルジョア自由化反対〟はあくまでも党内のイデオロギー運動に限定されるべきで、経済改革・農村改革に結びつけてはならないと述べて運動の鎮静化に必死だった。

こうした国内事情では、胡耀邦の〝（過度の）対日宥和〟路線をそのまま継承することは、趙にとっても命取りになりかねない。

そんな状況下で、一九八七年二月、京都市左京区の中国人留学生寮〝光華寮《こうかりょう》〟をめぐる裁判で、寮の所有権が〝台湾〟にあるとする大阪高裁の判決が下された。

光華寮は戦前の一九三五年から一九四四年にかけて日本政府が賃借した物件で、京都大学が中国人留学生の宿舎として管理していた。戦後、京都大学が賃料を支払えなくなり、日華平和条約締結後の一九五二年十二月八日、中華民国（台湾）の所有となったが、実際の寮生は中華人民共和国（中共）支持の者が多く、中華民国大阪総領事館の管理を無視していた。

このため、一九六七年九月六日、台湾は中華民国

1931年（昭和6）建設。現在は無人で老朽化が進み、廃墟然となっている光華寮。（zh:User:Ellery）

特命全権大使の名義で寮生八名の立ち退きを求める訴訟を起こした。

ところが、第一審途中の一九七二年九月二十九日、日中共同声明により、日台間の国交が断絶してしまったため、断交後も台湾が日本の裁判の当事者となりうるのか、さらに、寮の所有権は国府と中共のどちらに属するかが争点となった。

一九七七年九月十六日の一審判決（京都地裁）では、台湾は裁判の当事者となりうるが、日台断交後は〝中国〟の公有財産である光華寮の所有権も中共に移転するとして、寮生の立ち退きを認めなかった。

これを受けて、台湾は直ちに控訴。一九八二年四月十四日、大阪高裁は「台湾当局が事実上国家形態を維持している以上、公有財産と権利がすべて消滅したと考えるのは不当」として原判決を破棄し、京都地裁に差し戻した。その結果、一九八六年二月四日京都地裁で下された差し戻し審判決も大阪高裁の判断を踏襲したため、今度は寮生側が控訴していたが、一九八七年二月二十六日、大阪高裁は、原告の表記を〝台湾〟と改めたうえで、台湾当局には原告たる資格があり、光華寮の所有権も認められるとして京都地裁の原判決を踏襲して、控訴を棄却した。

寮生側は最高裁に上告したが、憲法判断（の変更）が必要な事例や、事実認定に重要な変更がない限り、最高裁で高裁判決が覆る可能性は極めて低いため、光華寮に関する法律上の判断はこの時点でほぼ確定したといってよい。

この判決に対して中国政府は〝二つの中国〟を肯定し、日中共同声明と日中平和友好条約に違反するものと激しく批難。このため、日本政府は、光華寮裁判はあくまでも民事裁判であり、三権分立の立場から日本政府は司法の判断に介入できないと説明したが、中国側は納得しなかった。

さらに、一九八七年五月十五日、東芝機械が対共産圏輸出統制委員会(ココム)の輸出規制対象となっている工作機械を偽造文書によりソ連に輸出していた事件で、通産省が東芝機械に対して一年間の対共産圏輸出停止の行政処分を下したため、中国が同社との間で締結していた民間用機械設備の購入契約も履行が不可能になった。また、これを機に、それまで〝日中友好〟の名の下に、実質的に例外扱いされてきた対中輸出・技術供与についての審査や禁輸制限も強化された。

矢野訪中と韓国民主化宣言

こうした状況の中で、一九八七年六月四日、公明党書記長の矢野絢也が訪中。鄧小平は矢野に対して、防衛費のGNP比1%枠の撤廃や光華寮裁判の判決を批難したうえで、光華寮裁判については「日本の三権分立と米国のそれとでは違いがある。日本政府がなすことがないというほどではない、と思う」と善処を求めた。

また、経済問題についても、対日貿易赤字が拡大し、日本からの技術移転が進まない現状について、「率直にいうと、日本は世界のどの国よりも中国に対する借りが一番多い国であると思う。国交回復のとき、われわれは戦争の賠償の要求をもち出さなかった。両国の長い利益を考えてこのような政策決定を行った。東洋人の観点からいうと、情理を重んじているのであって、日本が中国の発展を助けるために、もっと多くの貢献をすべきだと思う」と不満を述べた。中国側が国交回復時の賠償放棄を日本に対する〝貸し〟と認識していることが最高指導者によって明言されたのはこれが最初であり、以後、中国側は、日本の〝軍国主義復活（への懸念）〟とセットで、そうした本音を日本に対して露骨にぶつけてくるようになる。

さらに、鄧・矢野会談当日、外務事務次官の柳谷謙介が「（鄧小平は）雲の上の人になってしまったのではないか。下からの報告が届いているのか」と発言したことについて、中国語では〝雲上人〟の語が日本語とは異なり〝痴呆老人〟とのニュアンスを持つことから、中国側はさらに反発した。

すでに述べたように、この時期の鄧小平・趙紫陽ラインは〝ブルジョア自由化反対闘争〟を掲げる保守派との攻防の最中にあり、改革開放路線を継続するためには、日本に対しては強硬姿勢を示し、大幅な譲歩を獲得する必要があったが、特に、鄧・矢野会談が行われた六月には韓国情勢の緊迫化という外部要因も大きな影響を及ぼしていた。

一九七九年の朴正熙《パク・チョンヒ》大統領暗殺後、一九八〇年の光州事件《こうしゅうじけん》（光州市を中心に、軍事政権反対と民主化を要求した学生・市民の蜂起）を武力で制圧し、大統領に就任した全斗煥《チョン・ドゥファン》【図1】は、日米との連携を強め経済の活性化に努めた。この結果、全が大統領に就任した一九八〇年、経済成長率マイナス4・8％、物価上昇率42・3％、貿易赤字四十四億ドルという危機的な状況にあった韓

【図1】1980年、大統領就任時の全斗煥

国経済は、一九八七年には経済成長率12・8％、物価上昇率0・5％、貿易黒字一一四億ドルと、劇的に改善された。その一方で、メディアを統制して政府批判を封じただけでなく、反政府活動の取り締まりを強化し、大学生の副業の禁止や卒業の制限、学生運動に関連した学生を強制的に入営させて密告を奨励させる〝緑化事業〟を行うなど、強権的な統治を行った。

一九五〇年に勃発した朝鮮戦争に際して、中国は北朝鮮の崩壊を防ぐために人民志願軍を派遣して、韓国軍・国連軍と戦った。このため、中朝関係は〝血の盟約〟とも呼ばれており、中国にとっては、朝鮮半島の南北両政府が互いに相手を非合法政府として対立しているのであれば、北朝鮮を支援することは自明の理であった。その一方で、一種の宗教思想ともいうべき主体《チュチェ》思想（最高指導者・金日成《キム・イルソン》に対する個人崇拝を含む、朝鮮労働党の指導理念）を掲げて経済建設に失敗し、貧困にあえぐ北朝鮮に対して、典型的な開発独裁体制下で経済発展を実現した韓国は、イデオロギーを抜きにした経済・社会開発という点では、中国にとっての理想的なモデルであったといってよい。

全斗煥政権下の韓国は、中韓と日朝が同時に国家承認する計画を立て、日本の中曽根首相に中国への仲介を依頼。このため、一九八六年に訪中した中曽根は、胡耀邦に対して、①中国との国交樹立、②通商代表部の設置、③韓国も加えた朝鮮戦争休戦協定当事国との四者会談、④一九八八年のソウル五輪への中国の招待、という全斗煥の意向を伝えるとともに、日本として日朝貿易も行う用意があると述べた。ただし、この時点で、胡は韓国の対中姿勢を評価しつつも、北朝鮮の反発を理由にこの提案には否定的だった。

一方、韓国の国内では、一九八六年二月に野党勢カが大統領の直接選挙（当時の韓国では、憲法の規定で大統領は国会議員による間接選挙になっていた）を要求して一〇〇〇万人署名運動を開始していた。韓国政府は、従来同様、そうした民主化運動を取り締まっていたが、その過程で、同年四月の清渓《せいけい》被服労組合法化要求デモに参加していたソウル大学生の朴鍾《パク・ジョン》哲《チョル》が逮捕され、七月に懲役十ヵ月、執行猶予二年の判決を受けた。

その後、朴鍾哲は釈放されて学生生活を送っていたが、一九八七年一月十三日、民主化推進委員会を結成した容疑で指名手配中の朴鍾雲《パク・ジョンウン》（朴鍾哲の大学の先輩にあたる）の捜査のため、下宿先から治安本部に連行された。朴鍾哲は取り調べに対して黙秘したため、翌十四日、拷問を受けて死亡した。

警官による朴鍾哲の拷問死事件に抗議して、ソウル大学で行われた学生のデモ行進。（時事通信社）

当初、警察と検察は朴鍾哲の死は〝持病による心臓発作〟として拷問の事実を隠蔽しようとしたが、早くも一月十五日には『中央日報』が「捜査中の大学生ショック死事件」として通報し、十六日には『東亜日報』が遺体に拷問の痕跡が確認されたことを報じたため、十九日には警察も事実を認めざるを得なくなり、二人の警察官のみを逮捕して事件の鎮静化を図った。

これに対して、野党や民主活動家が政府を激しく批判し、警察発表に信頼性がないとして真相究明のため国政調査権発動の決議案を提出。二月七日には全国で追悼集会が開かれ、釜山《プサン》でのデモを主導したとして、弁護士時代の盧武鉉《ノ・ムヒョン》と文在寅《ムン・ジェイン》（いずれも後の大統領)を含む七九八人が警察に連行された。その後もソウルを中心に抗議デモが行われ、大統領の直接選挙を求める改憲運動と相まって全国に拡大する。

このため、四月十三日、全斗煥は〃護憲措置〃(発表の日付から四・一三措置とも呼ばれる)を発表。憲法改正とその焦点となる大統領直接選挙制について論議の延期を表明し、問題を先送りしようとしたが、野党はその内容に強く反発し、五月二十七日には〃護憲反対・民主憲法奪取国民運動本部(以下、国民運動本部)〃を設置して政府との対決姿勢を強めた。

そこで、六月十日、全は大統領の後継候補として、陸軍士官学校時代の同期生で腹心の盧泰愚《ノ・テウ》を指名し、自らは一期で退陣する意向を明らかにして事態の鎮静化をはかった。ところが、同日、国民運動本部が組織した〃ソウル大学生拷問死糾弾　四・一三措置撤回〃の大集会を警官隊が阻止し、学生らと激突したため、野党側はこの事件を〃軍事独裁体制〃を象徴するものとして糾弾し、情勢は一挙に緊迫化する。

翌十一日に韓国全土で行われたデモには、のべ七十万人が参加。さらに、六月二十六日には民主化運動はピークに達し、全国三十七都市で一八〇万人が参加する国民平和大行進が行われた。

民主化運動の高揚に対して、全斗煥は戒厳令を施行することも考えていたという。しかし、政府・軍の大勢は、戒厳令の施行には反対であった。戒厳令の施行で〃軍事独裁〃の対外イメージが強まれば、それを口実に翌一九八八年に予定されていたソウル五輪への参加をボイコットする国が現れる可能性があったし、最悪、韓国が国際的に孤立してオリンピックの開催返上に追い込まれるおそれもあったためである。また、韓国の後見役ともいうべき米国も、民主主義世界の盟主という立場から、戒厳令の施行には断

【図2】盧泰愚

固反対であった。

こうしたことから、六月二十七日、全は戒厳令の施行を断念。これを受けて、与党の大統領候補となった盧泰愚【図2】は、六月二十九日、「国民大和合《わごう》と偉大なる国家への前進のための特別宣言」（民主化宣言）を発表し、与党の政治家として、大統領直接選挙制と言論の自由化を提案。韓国は民主化に向けて大きく動き出すことになった。

台湾の戒厳令解除

さらに、七月十五日には台湾で一九四九年五月以来の戒厳令が解除される。

一九七八年に中華民国総統に就任した蔣経國《しょうけいこく》は父

蔣經國。1985年撮影。
（國民大會秘書處）

親の蔣介石から継承した絶大な権力を維持し、強権的な統治を継続していたが、一九八〇年代も中盤に差し掛かると、経済成長に伴い民主化を求める〝党外勢力（一九四九年以降の台湾の政治体制は中国国民党の一党独裁体制だったため、国民党に属さない政治勢力はこう呼ばれた）〟が実力を蓄えてきたことに加え、米国からの外圧、中国からの統一攻勢・外交攻勢などを前に、政治体制の抜本的な見直しは避けられなくなっていた。あるいは、重篤な糖尿病を患っていた蔣経國は、一九八三年に奇跡的に持ち直したことで、自分が影響力を行使できるうちに台湾民主化の道筋をつけておきたいとの思いがあったともいわれている。

こうして、蔣経國は、一九八六年三月の国民党第十二期三中全会で政治革新を決議させ、翌四月には国民党中央常務委員会内に政治革新小組を設置した。しかし、政治革新小組での論議は遅々として進まなかったため、党外勢力は民主進歩党(民進党)の結成を宣言。以前の強権的な体制であれば、民進党は〝非合法政党〟として弾圧の対象となったが、蔣経國は民進党の存在を黙認したうえで、一九八六年十月七日、①中華民国憲法の遵守、②反共国策の支持、③台湾独立派と一線を画す、の三条件(蔣経國三条件)を守りさえすれば新党の結成は可能であるとの見解を示した。これを受けて、十月十五日の国民党中央常務委員会では、新規に国家安全法を制定して戒厳令を解除し、政治活動規制法規を改正して新党結成を認めるとの政治改革小組の提案が了承された。

これまで、台湾の国民党政権と北京の共産党政権は、いずれも、一党独裁体制を敷いており、そのうえで自分たちこそが〝中国〟の正統政権であると主張してきたが、台湾の側が複数政党制に踏み出したことで、一党独裁の共産党が台湾を〝回収〟するうえで新たなハードルが設定されたことになる。

当然のことながら、国民党保守派の間には、こうした蔣経國の改革に対する反発もあったが、蔣はこれを抑えきり、一九八六年十二月、台湾史上初の複数政党による選挙として、立法院の増加定員選挙が実施され、新政党である民進党が当選者数を伸ばした。

選挙後の立法院では、〝台湾自決〟を綱領とする民進党が蔣経國三条件に激しく反発したが、蔣経國はこちらもなんとか抑え込み、一九八七年六月下旬、蔣経國三条件を書き込んだ国家安全法が立法院で成立。これを受けて、一九八七年七月十五日、三十八年間続いた戒厳令は解除された。さらに、蔣は〝報禁の解除（メディアの部分的自由化）〟を表明し、それは一九八八年一月一日から実行に移された。

国交〝正常化〟十五周年と〝日中間〟の賃借

このように、前年のフィリピンのピープル・パワー革命から韓国の民主化宣言を経て台湾の戒厳令解除にいたる一連の流れは、中国指導部の目から見れば、共産党の一党独裁体制を根幹から揺るがす〝民主化ドミノ〟の脅威が迫りくるようにしか見えなかったに違いない。彼らとしては、経済発展のための改革開放路線を維持するためにも（実際、趙紫陽は秋の党大会をにらんで、五月以降、メディアで改革開放の重要性を強調し続け、保守派に対する巻き返しを行っていた）、そうした潮流が中国に及ぶことだけは何としても阻止しなければならない。逆にいえば、そうした民主化ドミノに対する〝防御力〟に不安があったからこそ、胡耀邦は放逐されたのであり、鄧と趙は胡の〝親日〟路線とは明確に一線を画していることを示さねばならない。

そうした渦中にわざわざ訪中した公明党の矢野書記長（115㌻参照）は、まさに中国国内の政治闘争におけるプロパガンダの格好の餌食として、鄧小平から厳しい言葉を浴びせられたのである。

こうした中国側の一連の対日強硬姿勢に対して、日本側が態度を硬化させ、対中支援を全面的に見直していたら、あるいは、また別の局面が生じたかもしれない。しかし、日中友好を〝戦後政治の総決算〟の重要な要素と考えていた中曽根内閣は防戦一方だった。八月十五日の首相の靖國神社公式参拝が前年に続いて見送られたほか、九月十日の衆議院本会議では「日中国交正常化十五周年にあたり、日中友好関係の促進に向けての政府の一層の努力を求める」決議が、自民、社会、公明、民社の四党の賛成で採決された。

経済面でも、九月、懸案となっていた第三次円借款のプロジェクトと金額について、中国側は第二次円借款の二・五倍にあたるプロジェクト三十一件、総額一兆一八六九億円を要求し、さらに、その実施を二年前倒しするよう求めた。

これに対して、日本政府は対中関係の改善を最優先するとして、第三次円借款に積極的に対応する方針を固め、九月二十八日、日中国交〝正常化〟十五周年祝賀パーティーの挨拶で、中曽根が「中国の近代化建設に協力することはわが国の基本政策」として、実施中の第三次円借款とは別に、一〇〇〇億円を目途に輸出振興のための特別資金を中国に提供することを明らかにした。

さらに、ココム規制に関しても、九月十七日、中曽根は対中輸出問題については別枠扱いとし、規制面で配慮する意向を表明。これを受けて、東芝機械以外の九億ドルの契約のうち、中国の主張する〝重点プロジェクト〟については〝行政特例案件〟とされ、十二月八日には、東芝機械が処分前に中国と契約した十一億円について、審査の上、認めることを決定している。

この結果、一九八七年後半になると、中国国内では改革重視の勢力が息を吹き返し、十一月二日には趙紫陽を主席とする新指導部が正式に発足した。

同時に、国交〝正常化〟の際の〝貸し〟をちらつかせて恫喝すれば、日本は容易に屈するという経験を積み重ねた中国は、日本の資金を吸い上げて改革開放を推進するという方針を、より強化していくことになる。

平山郁夫の登場

一九八七年十一月二日の第十三期一中全会で、すでに党総書記代行となっていた趙紫陽が、正式に党総書記、党中央軍事委員会第一副主席に選出された。さらに、日本では、十月二十日に自民党総裁に選出された竹下登の内閣が、十一月六日、正式に発足する。

新体制のスタートは、中曽根内閣末期にこじれた日中関係の仕切り直しには格好の機会ととらえられ、十一月三日、鄧小平は「竹下政権の誕生で中日関係が新たな局面に入ることを望みます」と述べ、政権発足から一ヵ月後の十二月六日には駐日大使の章曙《しょうしょ》が首相官邸を訪ね、翌年の竹下訪中を正式に要請した。

この一九八八年の竹下訪中と前後して、日本画家、平山郁夫の存在がクローズアップされることになる。

平山は、一九三〇年、広島県豊田郡瀬戸田町生まれ。旧制広島修道中学(現・修道中学校・高等学校)在学中に、広島での被曝体験がある。東京美術学校(現・東京藝術大学)に入学後は前田青邨に師事し、一九五二年、大学卒業と同時に師である青邨の推薦で、同校の副手《ふくしゅ》(助手の下での仕事や研究の補助役)に採用された。その後、被爆の後遺症に悩まされながら、一九五八年に日中文化交流協会が開催した中国敦煌芸術展に触発され、翌一九五九年、玄奘三蔵をテーマとする『仏教伝来』を第四十四回院展に出品して注目を集めた。

さらに、一九六二年、第一回ユネスコ・フェローシップにより、「東西宗教美術の比較」というテーマで欧州留学した経験から〝仏教〟を強く意識するようになり、一九六六年、東京藝術大学第一次中世オリエント遺跡学術調査団の一員としてトルコ・カッパドキア地方の洞窟修道院での壁画模写に参加したことで、〝オリエント〟に傾倒していく。

帰国後は法隆寺金堂壁画の再現模写事業に参加し、盛唐様式の仏教美術の技法を体得。一九六八年には、二年分の年収をつぎ込んで、アフガニスタン、ソ連、パキスタンへの取材旅行に出かけた。

この時の旅行では、旅行会社のトラブルにより、出発三日前になって飛行機の予約が取れていなかったことが判明したが、平山は外務省を訪ねて問題を解決しただけでなく、現地大使館に便宜供与を依頼している。

▲香淳皇后の作品「海の彼方」を原画とした、昭和天皇皇后訪欧記念の切手。1957 年以降、前田青邨が指導役をしていた。

実は、平山の師である前田青邨は香淳皇后に絵を教授しており、その関係で政界の有力者ともつながりが深かったが、その縁で、平山も当時の外相、三木武夫に水墨画の手ほどきをしていた。そのコネが問題解決に役立ったわけだが、この経験から、平山は〝政治〟を強く意識するようになったのではないかと思われる。

帰国後、平山は日本橋三越で「平山郁夫シルク・ロード風物スケッチ展」を開催。この展覧会では作品が全て売れるなど、商業的にも成功を収めたことから、以後、彼は毎年のようにインド、カンボジア、イラン、イラク、トルコ、シリア、ヨルダンといったアジア諸国に出かけ、帰国後は現地体験に基づくスケッチなどの展覧会を開催することを繰り返すことで、〝シルクロードの画家〟として認知されていった。

そうした平山にとって、一九七二年の日中国交回復後、シルクロードの〝空白区〟になっていた中国を訪問するのも必然的な流れであった。

はたして、一九七五年六月、平山は日中文化交流協会の主催した〝日本美術家代表団〟の一員として、中川一政、加山又造らと北京、大同、西安、上海を訪問した。

おそらく、中国側は、このときの訪中団のメンバーについて実地に観察し、誰を〝友好人士〟として取り込むべきか検討し、平山に白羽の矢を立てることを決定したのではないかと思われる。

実際、一回目の訪中から一月後の同年七月には、平山は日本文物美術家友好訪中団の団長として二回目の訪中を果たしているが、平山よりも二十五歳年長で、平山の学生時代に東京藝術大学教授だった美術史家の谷信一も訪中団に加わる中、谷ではなく平山が団長を務めることになったのも、日本側の事情というより、中国側の意を汲んでの人選とみるのが自然だろう。

一九七六年四月、平山はそれ以前のシルクロードへの旅と、前年の二回の訪中の成果をまとめて、東京、大阪、京都、名古屋、横浜、広島を巡回する「平山郁夫シルクロード展」を開催。同展は多数の入場者を集め、第八回日本芸術大賞を受賞し、一般社会での知名度も飛躍的に上昇する。

中国の〝代弁者〟、日本政界に食い込む

これに伴い、中国にとっての平山の利用価値も飛躍的に高まり、一九七七年四～五月には、『日本と中国』（日中友好協会・正統の機関誌）創刊一〇〇〇号記念代表団にも加わり、チベット入りした。この代表団は、第二次大戦後、中国経由で正規の旅券・査証を使って日本人がチベット入りした最初のケースで、平山は十日間の滞在中に多数のスケッチを制作し、同年秋には「平山郁夫・チベット素描」展を開催し

た。当然のことながら、彼の描いたチベット人は〝中国共産党の下で幸せに生活する人々〟というモチーフとなっており、中国政府による苛烈な人権侵害を感じさせる要素は完全に除去されていた。

　また、チベットから帰国した平山は、一九七七年秋、大平正芳（当時は自民党幹事長）の勉強会〝大雄会〟に招かれて参加。これを機に、平山は大平との親交を深め、中国は平山を通じて日本の政界にも、プロパガンダを拡散させるルートを確保したといってよい。

　さらに、一九七七年、平山が薬師寺の玄奘三蔵院伽藍に、玄奘の〝求法《ぐほう》の旅〟を題材とした作品を描くことが決まると、中国側は、『日本と中国』代表団の団長として、外国人は解放されていなかった新疆ウイグル自治区に平山を招待。平山は、ウルムチ、トルファン、ベゼクリク千仏洞《せんぶつどう》、クチャ、カシュガルなど玄奘の足取りをたどっている。

薬師寺の玄奘三蔵院伽藍画殿で、「大唐西域壁画」の「須弥山西方浄土」に、最後の筆入れを行う平山郁夫（左）。右は薬師寺の松久保秀胤住職。（時事通信社）

　もちろん、その過程で、中国政府による人権侵害の痕跡は完全に覆い隠され、それを無批判に受け入れた平山は、帰国後、中国政府のプロパガンダ通りの新疆ウイグル自治区のイメージを積極的に垂れ流していく。

　たとえば、一九八八年に刊行された平山の著書『敦煌歴史の旅 シルクロードに法隆寺を見た』には、以下のような記述がある。

◆

トルファンに着いた夜は、ウイグルの人たちから歌や踊りの歓迎を受けました。赤、青、黄、緑など原色の、色彩豊かなイヤリングやネッカチーフを身に着けた女性たちが民族舞踊を披露してくれます。

ウイグルの人たちは陽気で明るい。旅人をもてなすことが好きなのだと聞きました。はるか昔から、砂漠の中で長旅を続けてきた旅人が、疲れ果てて辿りついたとき、ウイグルの人々の陽気でやさしい歓迎を受けて、どれほど生き返った気持がしたことでしょう。

◆

中国共産党の一党独裁体制の下、外国人の立ち入りが厳しく制限されている地域のウイグル人が、平山ら訪中団に民族舞踊を披露したのは、いうまでもなく、中国政府の指示によるものであり、ウイグル人の自発的行動ではあり得ない。そうした事情を知らなかったはずのない平山が「ウイグルの人たちは陽気で明るい。旅人をもてなすことが好きなのだ」と証言し、これに沿ったかたちの映像がＮＨＫの「シルクロード」（84ページ参照）で放送されて拡散していく構図は、新疆ウイグル自治区での人権侵害が全世界から批難されてきた歴史と現状に照らしてみると、実に罪深い所業であったと言わざるを得ない。

こうした〝功績〟が認められ、一九七八年の日中平和友好条約を経て、一九七九年九月、平山は北京と廣州で「平山郁夫日本画展」と題して個展を開催する。特に、北京での個展に際しては、現職首相の大平が祝賀メッセージを寄せ、中国駐在の吉田健三大使がそれを代読している。

大平としては、中国とのパイプを持つ平山を取り込んでおこうとしたのであろう。もちろん、平山自身もそのことを十分に理解しており、「一画家のために、一国の総理大臣がメッセージを下さることは、

【図3】莫高窟を取り上げた2020年の切手シート。敦煌・莫高窟は龍門、雲崗と並ぶ中国三大石窟の1つで、鳴沙山(めいさざん)東麓の断崖に南北約1,600mにわたり、700ともいわれる石窟がある。敦煌が前秦の支配下にあった五胡十六国時代の366年、仏教の修業の場として拓かれ、以後、元代まで約1000年にわたって石窟の造営は続けられた。石窟内には、極彩色で彩られた壁画や、2,400余体もの色鮮やかな彩色塑像が安置されている。

よほどのことと感激した」と述べることで、中国側に対しても、自分には十分な〝利用価値〟があることをアピールしている。

大平は一九八〇年六月、衆参同日選挙の期間中に病に倒れて亡くなるが、その後、平山を取り込んだのが竹下登だった。

竹下は、一九八三年の議員在職二十五年表彰に際して、国会内に飾られる自らの肖像画を平山に依頼する。当時、文化勲章を受章した画壇の重鎮の画料は一号（二十二×十六センチ）あたり二百万円が相場と言われていたが、当代きっての人気画家だった平山の画料は一号八五〇万円と突出していた。文化勲章クラスの画家たちの四倍以上の金額を支払ってでも、竹下が平山に肖像画を依頼したのは、肖像画そのもののもさることながら、平山と彼の持っていた中国とのパイプを買い取ろうとの意図があったことは容易に想像がつく。

はたして、平山は中曽根政権に対しても日中文化交流の重要性を訴え、外務省による日中文化交流促進代表団の一員として訪中し、外交部長、文化部長、副主席などの中国側要人に対して、至急、敦煌の保存に取り組むべきことを訴えていた。その甲斐もあって、一九八四年九月、国連総会に合わせてニューヨークで行われた日中外相会談で、敦煌・莫高窟《ばっこうくつ》【図3／前ページ】の修復・保存について、両国が共同で調査研究を進めることが合意されている。

その後、一九八七年十一月に政権の座に就いた竹下は、翌一九八八年八月に訪中するが、それに先立ち、同年五月、訪問先のロンドンで演説し、国際協力の三本柱として、「①平和のための協力強化、②国際文化交流の強化、③政府開発援助の強化」を打ち出した。

この国際文化交流の具体的な計画として、竹下の訪中を前に敦煌・莫高窟の修復・保存が持ち上がり、敦煌研究院からは修復・保存技術の提供や史料館・展示館の建設など九項目について二十五〜三十億円の資金援助の要請が、平山を通じて日本政府に〝非公式に〟伝えられた。

平山は、竹下訪中に先立つ一九八八年六月、敦煌遺跡の保護支援事業を目的とする〝文化財保護振興財団〟を立ち上げ、日本商工会議所会頭の石川六郎を理事長に据えたうえで、自ら二億円を寄付するとともに、財界からの協力金を併せて十億円を準備。そのうえで、不足分は募金活動を通じて集めるということにして日本政府に話を持ち込んだ。これを受けて、日本政府は敦煌に研究センターを建設する資金として十億円を無償で提供する方針を固め、訪中した竹下は、経済協力に加えて文化交流も重視したいとして、中国首相の李鵬に対して莫高窟の修復・保存事業への支援を申し出た。

　一九九九年から二〇〇〇年にかけて日本で発行された〝二十世紀デザイン切手〟の第十六集は〝昭和から平成へ〟と題して一九八六年から一九九三年までのトピックが取り上げられている。その中には、「平山郁夫 世界遺産等の文化財保護にも活躍」と題して、平山の作品である「敦煌鳴沙《めいしゃ》」と「斑鳩《いかるが》の里朝陽《ちょうよう》 法隆寺」が取り上げられている【図4】。

【図4】20世紀デザイン切手第16集のうち、平山郁夫の「敦煌鳴沙」と「斑鳩の里朝陽 法隆寺」を取り上げた切手

　切手発行当時の郵政省の報道資料では、平山の肩書を〝ユネスコ親善大使〟としたうえで、「画家平山郁夫は、文化財保護に尽力し、また世界遺産を題材とした作品を数多く描いています。中でも『敦煌』を題材とした作品や、一九九三年に文化遺産として『姫路城』とともに日本で初めて世界遺産に登録された『法隆寺』を題材とした作品等は代表作の一つとなっています」と説明している。

　もちろん、その説明自体は誤りではないのだが、「シルクロードに法隆寺を見た」との平山の主張や、彼がユネスコ親善大使に就任したのは竹下訪中のあった一九八八年であったことなどを併せて考えると、平山が牽引役となったシルクロード・ブームの時代に相当する一九七〇年代後半から一九八〇年代前半にかけての時期ではなく、一九八〇年代後半の出来事として〝平山郁夫の活躍〟が取り上げられているのは、なかなか意味深長である。

天安門事件

一九八九年四月八日、胡耀邦は政治局会議で熱弁を振るった直後、心筋梗塞のため倒れ、一旦は意識を取り戻したものの、二回目の発作を起こして四月十五日に亡くなった。

胡耀邦を追悼する花輪を持って、天安門広場に集った数千人の学生や市民たち。(https://www.sensusnovus.ru/)

胡は、ゴルバチヨフのペレストロイカに始まる世界的な〝民主化〟の潮流に沿った政治改革を目指しながらも挫折した。国民の間ではいずれ彼が復権し、中国でも一定の民主化が進められるのではないかと期待する者も少なくなかったが、胡の死によりその可能性も潰えてしまった。

このため、胡が亡くなった翌日の四月十六日、北京で中国政法《せいほう》大学を中心とした民主化推進派の学生たちが、小規模な追悼集会を開催。集会は十七日にも行われ、十八日には北京の複数の大学の学生を中心に約一万人の学生が北京市内で民主化要求デモを行ったのち、天安門広場に面する人民大会堂前で座り込みのストライキを開始した。その後も、民主化を求める学生と市民の行動は続き、四月二十一日夜には天安門広場のデモは十万人規模にまで拡大する。

翌二十二日、人民大会堂で胡耀邦の追悼大会が行われたが、同日、北京ではデモ隊が国務院総理の李鵬を〝保守派の中心人物の一人〟と名指しして面会を要求したほか、抗議行動は西安《せいあん》や長沙《ちょうさ》、南京などの一部の地方都市にも拡大。西安では車両や商店への放火が、武漢では警官隊と学生との衝突が発生した。

鄧小平をはじめ党の長老は、いずれも、文革の時代に紅衛兵から攻撃を受けた経験があり、彼らの目には一連の抗議行動はその再来としか映らなかった。このため、四月二十二日の時点で、党指導部はデモを〝動乱〟として強硬に対処する方針で一致し、二十六日には、鄧小平の指示により『人民日報』に「旗幟鮮明《きしせんめい》に動乱に反対せよ」と題する社説(四・二六社説)が掲載された。

【図5】五四運動70年の記念切手

一方、民主化運動に一定の理解を示していた首相の趙紫陽は、五月三日の〝五四運動〟七十周年記念式典【図5】で、学生・市民の改革要求(この日、北京では約十万人が民主化を求めるデモと集会を行っていた)を〝愛国的〟であると評価し、翌四日にはアジア開発銀行理事会総会で「学生たちの理にかなった要求を民主と法律を通じて満たさなければならない」「我が国の法制度の欠陥と民主的監察制度の不備が腐敗をはびこらせてしまった」などと演説した。これに対して、北京市長の陳希同《ちんきどう》は、八日の政治局常務委員会会議で、趙の発言は〝四・二六社説〟の精神と一致しないと指摘したが、趙は「間違っていたら責任を取る」と反論する。

緊張が高まる中、五月十三日、民主化を求める学生側がハンガーストライキに突入したことから当局は態度を硬化させる。そして、これに反発するかたちで、中国全土から天安門広場に学生・労働者などのデモ隊が集結し、その数は五十万人近くに膨れ上がった。

　両者のにらみ合いが続く中で、五月十五日、ソ連共産党書記長のミハイル・ゴルバチョフが訪中する。ゴルバチョフは、一九八六年七月のウラジオストク演説で、ソ連もアジア太平洋の国であるとして、中国に対しては、ソ連側の譲歩による領土問題の解決と、中ソ国境に配備したソ連軍の兵力削減の意志を示し、中国との関係改善を呼びかけていた。

【図6】　天安門前での民主化要求を訴えるコンサートに集う若者たち

　一九八九年の訪中は、実務者間の協議を経て、北京で中ソ対立の終結を宣言するためのものだった。しかし、各国はソ連の民主化を進めるゴルバチョフの訪中と、中国における一連の民主化運動を絡めた報道を行い、天安門広場をはじめ、北京市内の要所が民主化を求めるデモ隊で溢れ、当局による交通規制さえ不可能となった状況が、世界中に配信された【図6】。

　メンツを完全につぶされた中国政府は、ゴルバチョフ帰国後の五月十九日、北京に戒厳令を布告。すると、二十三日には戒厳令布告に抗議するため、北京市内で百万人規模のデモが行われ、三十日には天安門広場の中心にニューヨークの自由の女神を模した〝民主の女神〟像が作られるなど、緊張が高まっていった。そして、六月三日深夜から四日未明にかけて、北京の天安門広場前に集まっていた学生・市民に対して人民解放軍が無差別に発砲し、民主化運動は力ずくで鎮圧された。

いわゆる（第二次）天安門事件である（以下、単に〝天安門事件〟という場合は、第二次事件のことを指す）。

事件後の六月二十三・四日、第十三期四中全会が開催され、趙紫陽は「動乱を支持し、党を分裂させた」「党総書記就任直後から四つ基本原則（①社会主義の道、②プロレタリア独裁、③共産党の指導、④マルクス・レーニン主義、毛沢東思想）から逸脱し、ブルジョア自由化に寛容だった」との理由で党の全職務を解任され、中央政治局委員兼上海市党委員会書記の江沢民《こうたくみん》が後任の党総書記・中央政治局常務理事に抜擢された。

もともと、江は、趙紫陽ら改革派と李鵬ら保守派との中間的な立場とみられていたが、〝四・二六社説〟を受けて、胡耀邦追悼の座談会を報じた『世界経済導報』を停刊処分としたことが陳雲や李先念らに注目され、趙紫陽の後任候補として急浮上したのであった。

中国国内では、事件については現在なお徹底した言論統制が敷かれており、一般の国民にはその実態は明らかにされておらず、事件の存在はタブーになっているが【図7】、人民解放軍によりデモ隊が蹂躙される様子が全世界にリアルタイムで発信されたこともあり、国際世論は中国政府の対応を厳しく指弾し、中国は国際的な孤立に追い込まれた。

【図7】1992年7月25日、中国が発行したバルセロナ五輪の記念小型シート。ランナーのゼッケンの番号が、左から、“64”、“9”、“17”となっているが、切手発行当時、この“64”は天安門事件の起こった日付（6月4日）を、“17”は1＋7＝8で、“9”と入れ替えると“89”となり、天安門事件の起こった年（1989年）を、それぞれ意味しており、デザイナーによる中国当局への無言の抗議を暗示しているのではないか、と話題になった。

湾岸危機・湾岸戦争よりも〝日中友好〟が優先

当然のことながら、日本国内でも国民世論の大多数は事件に批判的で、日本政府（当時は宇野宗佑内閣）も渡航自粛や対中ODAの凍結などの処分を決めたものの、中国からの〝偽装難民〟が退去して九州などに押し寄せていたこともあり、早々に、中国の国際的孤立を回避するという対中宥和論にかじを切ってしまう。

【図8】フランスが開催国として発行した「アルシュ・サミット」の記念切手

このため、七月十四日から十六日まで開催された先進国首脳会議〝アルシュ・サミット〟【図8】では、日本以外の参加国が中国を厳しく批難し、日本の対中宥和姿勢も批判の的になったが、中国自身に改革開放を再開させ、国際的孤立を回避する努力と国際社会との協調関係に復帰することを促す、との文言を入れることで、日本と他の西側諸国の妥協が成立した。

サミット後の八月九日に発足した海部俊樹内閣は、サミットを経て他の西側諸国の理解が得られたとの理由で、早くも八月十八日に北京以外への渡航自粛勧告の解除を決定しただけでなく、九月二十五日には中国に対する渡航自粛勧告を完全に解除してしまう。

さらに、事件後凍結されていたODAについても、一九九〇年一月、国家計画委員会主任の鄒家華が訪日したのをきっかけに協議が再開され、三月二日には外相の中山太郎が、日中関係を事件以前の状態に戻す努力が双方ともに必要だとの見解を表明。四月に入ると蔵相の橋本龍太郎（後の首相）が、凍結解除に向けて、他の西側諸国に〝抜け駆け〟とみなされないよう、アンタイド援助とすることを支持している。そして、アルシュ・サミットから一年後の七月十六日には外務審議官の小和田恒が訪中し、ODAの段階的凍結解除の方針を中国側に伝達した。

この間にも、加藤紘一（元防衛庁長官）、渡邊美智雄（元自民党政調会長）、宇野宗佑（前首相）、山口鶴男（社会党書記長）、三塚博（前外相）、宮澤喜一（元副総理）、桜内義雄（衆院議長）、金丸信（元副総理）、竹下登（元首相）、保利耕輔（文相）ら与野党の大物政治家が相次いで訪中。一九九〇年六月に中国で中日投資促進委員会が発足するよりも早く、同年三月には日中投資促進委員会が立ち上がっている。

こうして、日本側関係者の異常ともいえる〝熱意〟により、中国への制裁解除が進められ、十一月二日、日本政府は第三次ODAの凍結解除を正式に決定。翌十二月には日中長期貿易取り決めの五年間延長も決められ、一九九一年一月八日の橋本蔵相の訪中をもって、日中関係は全面的に修復されたとされた。

ところで、一九九〇年八月二日、イラク軍がクウェートに軍事侵攻し、八日にはクウェート全土を占領・併合した。いわゆる湾岸危機である【図9】。

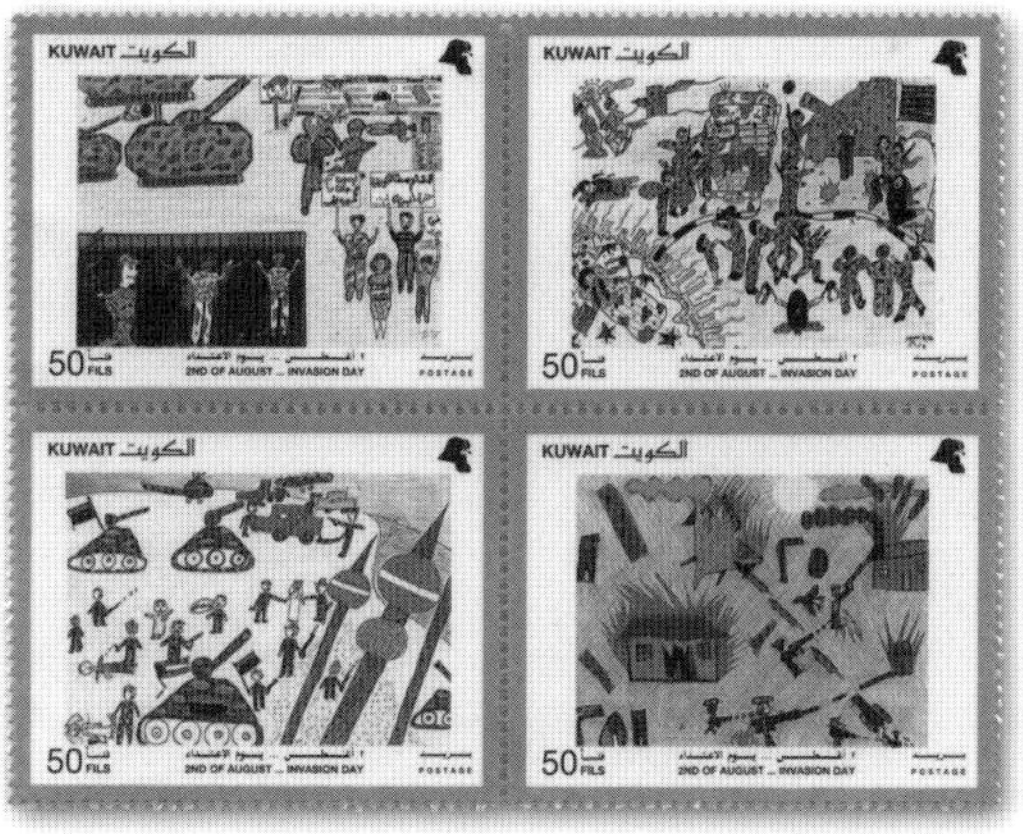

【図9】イラク軍のクウェート侵攻を題材にした児童画を取り上げたクウェートの切手

現在のイラク国家の領域は、旧オスマン帝国の分割過程で、バスラ州・バグダード州・モスル州を継承したとされているが、もともとバスラ州の一部だったクウェートはそこから分割され、英国の保護国とされた。「歴史的に見てクウェートはイラクの一部である」というイラク側が主張していたのはこのためである。

また、イラクは、対イラン戦争で湾岸諸国を革命イランの脅威から守ったと自負しており、戦後復興には湾岸諸国からの資金援助を望んでいたが、クウェートはイラクの要請をことごとく一蹴した。それどころか、戦後復興の資金を得たかったイラクは、原油価格維持のために産油国による生産調整を主張し、大半のOPEC（石油輸出国機構）加盟国もイラクを支持したが、クウェートとアラブ首長国連邦はOPECの定めた国別生産割当量を無視して増産を続けた。しかも、クウェートは、かねてからイラクが領有権を主張しているルマイラ油田からも石油を採掘していた。

こうして、イラクとクウェートの関係が極端に悪化する中で、一九九〇年七月三十一日、サウジアラビアが関係修復のための交渉を仲介したが決裂。さらに、イラクがバグダード駐在米国大使に対して、武力行使を含む問題の当事者間解決を示唆したところ、米国はこれを黙認すると取られかねないような反応をイラク側に示したとされている。

こうしたことが絡み合い、イラク軍はついにクウェートに侵攻したのだが、いかなる事情があったにせよ、隣国に軍事侵攻して全土を占領することは国際秩序への挑戦となるから、国連安保理は即日イラク非難決議を採択してイラクに制裁を課し、一九九一年一月十六日までにクウェートから無条件で撤退することを要求。イラクが期日までに撤退しなかったことを理由に、翌十七日、米国を中心とする多国籍軍がイラクに対する空爆を開始し、湾岸危機は湾岸戦争へと発展した。

湾岸危機発生後の一九九〇年十月十六日、海部俊

樹内閣は自衛隊の派遣を可能にするため「国連平和協力法案」を国会に提出したが、当時は自衛隊の海外派遣には慎重論が根強く、廃案となった。このため、二月二十八日の停戦までに、自衛隊は多国籍軍の後方支援や医療支援にも参加できないまま、総額一三〇億ドルの資金援助をするにとどまった。

こうした日本の対応に対して、国際社会からは「カネは出すがヒトは出さない」との批判が起こったが、中国はこの機を逃さず、自衛隊の海外派遣への懸念を繰り返し日本政府に伝えて、戦後の掃海艇の派遣【図10】さえ、慎重に対応するよう要求する。

【図10】1991年4月24日には、湾岸戦争でイラク軍が敷設した機雷を除去するため、自衛隊の掃海部隊がペルシャ湾に派遣された。その際、部隊の補給艦「ときわ」の船内に設置された郵便局の消印（中川進氏提供）

一九九一年一月八日に蔵相の橋本龍太郎が訪中したのは、このように湾岸危機への対応をめぐって日本の政治が混乱していた最中のことだった。当時の日本の外交政策は、湾岸危機・湾岸戦争への対応よりも、天安門事件後、日本以外の西側諸国から制裁を受けていた中国との関係修復を優先させるというグロテスクなものだったのである。

さらに、停戦後の三月二十一日には通産相の中尾栄一が、四月五日には外相の中山太郎が、同三十日には元首相の中曽根康弘が、五月二日には同じく元首相の竹下登が訪中した。中国側からは五月八日に外交経済部長の李嵐清《りらんせい》が、六月二十五日には外交部長の銭其琛《せんきしん》が来日。ここで海部首相の訪中が決定するとともに、中国側は天皇訪中を要請する。

はたして、八月十日から十三日まで首相として訪中した海部は、李鵬との会談で第三次ＯＤＡの平成三（一九九一）年度分一三〇〇億円の一括供与を決定。これに対して、中国側は日本が中国と西側諸国の関係修復に努力したことを〃評価〃（感謝ではない）し、日本の要請に応じるとして、通常兵器の移転に関する国連への報告制度について参加を検討することや核拡散防止条約への原則参加を表明した。さらに、海部は江沢民の訪日も要請する。

海部が訪中から帰国した直後の八月十九日、ソ連では保守派のクーデターが発生した。

【図11】ゴルバチョフとジョージ・H・W・ブッシュ（父／米大統領）が、東西冷戦の終結を宣言したマルタ会談の記念切手

一九八五年にソ連共産党書記長に就任したミハイル・ゴルバチョフは、いわゆるペレストロイカとグラスノスチ《情報公開》の改革を推進し、一九八九年には東西冷戦の終結を導いたが【図11】、改革路線に対する守旧派の反発も強く、国内の経済再建は事実上頓挫していた。

そこで、ゴルバチョフは、ソ連を構成する各主権共和国をソ連から独立させたうえで新たな連邦を構成し、連邦大統領（ソ連では一九九〇年三月に大統領制が導入され、ゴルバチョフが初代大統領に就任した）が外交、軍事を統括する新連邦条約を締結することで事態を打開しようとした。しかし、新条約によってソ連の解体が進むことを恐れた保守派は、条約への大統領の署名予定日前日の一九九一年八月十九日、休暇中のゴルバチョフを軟禁し、副大統領のゲンナジー・ヤナーエフへの全権委譲と非常事態宣言の受入れ、大統領辞任を要求した。

一方、モスクワでは、同日早朝、クーデター側の組織した国家非常事態委員会の名義で「ゴルバチョフ大統領が健康上の理由で執務不能となりヤナーエフ副大統領が大統領職務を引き継ぐ」との声明が発表され、モスクワ中心部に戦車が出動しモスクワ放送は占拠された。

これに対して、ロシア共和国大統領で急進改革派のボリス・エリツィンは、「クーデターは違憲、国家非常事態委員会は非合法」との声明を発表。自ら戦車の上で旗を振り、ゼネストを呼掛け、戦車兵を説得した。市民もこれに呼応してロシア共和国最高会議ビル周辺にバリケードを構築し、銃や火炎瓶を手に戦闘に備えた。

1991年8月のクーデター未遂。赤の広場に停車する戦車。(derivative work: ST)

結局、守旧派のクーデターは国民の猛反発を招き、八月二十一日には完全な失敗に終わった。以後、ソ連共産党の権威は完全に失墜し、八月二十八日には活動停止に追い込まれる。

事件後、ゴルバチョフに代わって実権を掌握したエリツィンは、十二月八日、ウクライナ大統領のレオニード・クラフチュク、ベラルーシ最高会議議長のスタニスラフ・シュシケビッチとともにベラルーシのベロヴェーシの森で会談し、これら三国のソ連からの離脱とEUと同レベルの国家の共同体の創設を宣言。これを受けて、同十六日にはカザフスタンが独立を宣言し、二十一日には、カザフスタンの当時の首都、アルマ・アタ(現アルマトイ)でソ連を構成していた共和国の首脳が会談し、独立国家共同体(CIS)の創設が決定された。

この結果、ソ連はその存在意義を失い、十二月二十五日、ゴルバチョフはソ連大統領を辞任。この時点でソ連は消滅したが、翌二十六日、最高会議が公式にソ連の解体を宣言し、ソ連は完全に崩壊した。

すでに、天安門事件直前にゴルバチョフが北京で中ソ対立の終結を宣言したことで、ソ連という共通のために日米と連携するという中国外交の前提は完全に消滅した。

南巡講話（なんじゅんこうわ）から天皇訪中へ

一九八九年十一月のベルリンの壁崩壊から冷戦終結を経て、一九九一年のソ連の解体に至る過程で、中国指導部は、経済成長の前に政治改革を行い、民主や自由の味を国民に覚えさせることは、一党独裁体制にとって致命傷になることを理解した。

また、そうした時流に乗って、（日本を除く）西側諸国からの民主化圧力は、フィリピン、韓国、台湾と続いた〝民主化ドミノ〟を押し付け、中国共産党の一党独裁体制を転覆させる〝和平演変（平和的転化）〟とみなされ、その脅威が強調されるようになる。

こうした風潮の中で、保守派の発言力が強まり、改革開放路線にブレーキがかかることを懸念した鄧小平は、一九九一年一月から二月にかけて、武漢、深圳《しんせん》、珠海《しゅかい》、上海などを視察し、〝南巡講話〟と総称される重要な談話をあいついで発表する【図12】。

【図12】鄧小平没後１周年の追悼切手のうち、南巡講話時の鄧小平を取り上げた１枚

たとえば、「敢えて、大胆に突破する必要がある。纏《てん》

足《そく》女のようではダメだ」、「今が発展のチャンスだ。チャンスを逃がすな」、「計画が社会主義で、市場が資本主義という見方は誤っている。計画と市場はともに経済手段である。資本主義にも計画があるように、社会主義にも市場があってもおかしくはない」、「〝姓社姓資（問題は社会主義か資本主義か）〟論争をしてはいけない。物事の是非の判断は①生産力の発展、②総合国力、③人民の生活向上に有利か否かを基準とせよ」などと述べ、市場化を積極的に推進して国力を充実させてこそ、共産党の体制も維持されると説いた。

この結果、三月に開催された全人代の政治活動報告では、李鵬が市場経済の必要性を強調するに至り、改革開放の最大の障壁となっていた保守派の重鎮、陳雲も「過去に有効だった方法は既に適用できなくなった」として自己批判を行い、経済政策に関する保守派の抵抗は完全に封じ込められ、同年十月の第十四回党大会【図13】では〝社会主義市場経済〟が公式に掲げられることになる。

【図13】中国共産党第14回党大会の記念切手

改革開放路線の維持が確定したことで、外国企業の対中投資も増え、一九九二年から一九九五年まで、直接投資の増加により、中国の経済成長率は前年比10％超の好景気が到来した。

好調な経済状況を背景に、中国は外交的にも攻勢に出る。

一九九二年四月六日から十日まで江沢民が訪日し、宮澤喜一首相（宮澤内閣の発足は一九九一年十一月五日）と会談し、天皇訪中を正式に招請。江は七日に天皇に拝謁する。さらに、五月には全人代常務委員長の万里が訪日して天皇に拝謁した。

【図14】日本で発行された「日中国交正常化20周年」の記念切手

その後、五月から九月にかけて、竹下登、田中角栄、中曽根康弘の歴代首相が訪中し、八月二十五日には国交〃正常化〃二十周年【図14】にあたる一九九二年中の天皇訪中が閣議決定された。

この間、八月二十四日に、中国は韓国と国交を正常化する。

一九八九年に東欧の社会主義政権が相次いで崩壊すると、その後の新政権はこぞって韓国を承認。一九九〇年に韓ソの国交も樹立され、一九九一年末にはソ連そのものが消滅した。

この間、一九九一年九月に韓国と北朝鮮が国連に同時加盟を果たし【図15】、同年末、韓国と北朝鮮が相互の存在を認め合う合意書に調印すると、中国にしても、韓国の存在を否認する理由はなくなり、両国間では水面下の交渉が本格化する。

【図15】南北の国連同時加盟に際して、韓国が発行した記念切手

この時期、中国が外交方針を大きく転換した背景には、東欧の新政権を中心に台湾が積極的な外交攻勢を展開していたという事情がある。

当時の台湾は、中国と国交を結んでいたニジェールとの復交と、旧ソ連諸国、ポーランド、ベトナムなどへの代表部設置に動いていた。また、南北朝鮮の国連への同時加盟を踏まえて、将来の国連復帰をめざす方針も決定している。こうした台湾側の動きは、

〝一つの中国〟論を掲げる中国政府にとっては容認できないものであり、そのためには、台湾を韓国との断交に追い込み、国際的に孤立させる必要があった。

もちろん、経済発展を遂げた韓国との国交正常化が、発展途上にあった中国経済に好影響を及ぼすということも考慮されている。

韓国側にしてみれば、一九九二年末の大統領選挙を前に、盧泰愚政権としてはそれまで追求してきた〝北方外交（社会主義諸国との関係改善）〟の総仕上げとして、当時残っていた唯一の社会主義大国、中国との国交正常化は絶好の花道になるものであった。

こうして、八月二十四日、韓国の外相、李相玉《りそうぎょく》が中国を公式訪問し、国交樹立の議定書に調印した。韓国が台湾と断交する代償として、中国は、一九六一年の中朝友好協力相互援助条約に関して、その効力は否定しないものの、北朝鮮への軍事支援は北朝鮮が武力侵攻を受けた場合に限ることを強調。朝鮮戦争のような北朝鮮による対外侵攻には一切協力しないことを公言した。

これに対して、中韓の国交正常化は（いずれ避けられないものの）早くても一九九二年末と考えていた北朝鮮は中国の対応に不満であったが、すでにソ連という支援国を失っていたこともあり、中韓国交正常化の現実を受け入れる以外の選択肢はなかった。

一方、西側諸国の大半は天安門事件以降の中国に対する警戒感を緩めず、一九九二年七月、一九九七年の〝返還〟前最後の香港総督として赴任したクリストファー・パッテンは、返還後の〝中国香港〟への置き土産として香港の民主化を促し、一九九七年以降も英国の香港に対する影響力を維持しようとする英本国の方針に従い、香港立法評議会の全議席を実質的に直接選挙とする民主化案を提示。中国の圧力に屈せず、一九九四年六月末の立法評議会で民主化案を原案通り可決させた。

　一九九二年九月には米国のブッシュ（父）大統領が台湾へのF16戦闘機一五〇機の売却を決定し、十月にはフランスもミラージュ戦闘機の台湾への売却を決定。さらに、同年十一月の米大統領選挙では、人権・民主化問題で中国を批判していた民主党のビル・クリントンが当選している。

【図16】北京で天皇ご夫妻を出迎える李鵬

　こうした国際環境の中で、一九九二年十月二十三日から二十八日にかけて、天皇ご夫妻が訪中された【図16】。
　当然のことながら、日本国内には、天安門事件をもちだすまでもなく、中国が共産党の一党独裁国家であり、彼らが〝天皇〟を政治的に利用することは火を見るよりも明らかだったから、両陛下の訪中については根強い反対論があった。実際、当時の外交部長だった銭其琛は、後年、「天皇訪中は（天安門事件などで）孤立した中国を国際社会に復帰させるため、（西側諸国で）最も弱い環である日本を使うための政策であった」と証言している。
　すでに、天安門事件から三年以上が経過し、〝社会主義市場経済〟の定着により外国企業による直接投資が増加しており、中国は半ば国際社会に復帰しつつあったとはいえ、西側世界の警戒感は必ずしも緩んだわけではなかった。そうした中での天皇訪中は、中国にとっては国際社会への完全復帰のための〝禊《みそぎ》〟の役割を果すことになったといってよい。

第六章
二つの危機・朝鮮半島と台湾海峡

中国の領海・接続水域法と新軍事戦略方針

　天皇訪中に先立つ一九九二年十月十二日から十八日、中国共産党第十四回党大会が開催され、党総書記の江沢民が、軍の使命として「領海の主権と海洋権益の防衛」に初めて言及した。これを受けて、一九九三年初、「世界の戦略構造が多極化に向かいつつあり、軍事領域で革命的な変革が起きた」という新情勢に基づく〝積極防御戦略思想の重大発展〟として、新軍事戦略方針が制定された。

　もともと、中共の事実上の国軍である中国人民解放軍（正確には中国共産党の軍事部門）は、その名のとおり、人民戦争、すなわちゲリラ戦争理論を背景としてきた。したがって、当初の人民解放軍はあくまでも陸軍が中心であり、海軍はあくまでも陸軍を補佐し、本土を防備するためのものという位置付けになっていた。実際、一九七〇年代までは、建国直後の一九五〇年八月に開かれた海軍建軍会議で定められた「海軍の主たる任務は地上軍との協力であり、このため多数の軽快小型艦艇を装備する」との方針が忠実に守られていたため、中共海軍は外国の沿岸警備隊程度と揶揄されることも少なくなかった。

　当然のことながら、この時代の中国には海洋進出という発想はほとんど存在しない。

　中国が海洋進出を意識するようになったのは、一九六九年、東シナ海に海底油田があることが判明してからのことで、ヴェトナム戦争末期の一九七四年一月、中国は海洋進出の手始めとして、西沙《せいさ》群島西半分（東半分は一九五六年以来、中国が支配下に置いていた）の南ヴェトナム軍を排除し、諸島全体を占領している。
一九七六年、毛沢東が亡くなり、文化大革命が完全に終結すると、華国鋒は「解放前、帝国主義は何度も海からわが国に侵入した。現在祖国の神聖な領土台湾を解放し、南沙《なんさ》群島などの島嶼を取り戻すわれわれの願いはいまだに実現していない。ソ連覇権主義国は狂気のように砲艦外交を推し進め死にもの狂いになって海上覇権を争っている。わが国を滅ぼそうとしているソ連修正主義者の野望は消えていない。これらすべての事態に直面して、我が海軍は一層発展し強

▲航海史の業績　▲貿易・交流使節　▲平和使節　▲鄭和

【図1】1985年に中共が発行した「鄭和の西洋渡航580年」の記念切手。「平和使節」はインド、「貿易・交流使節」はペルシャ、「航海史の業績」はアフリカのイメージを背景としている。

大にならなければならず」と述べ、海軍を強化する方針を明らかにした。この方針に沿って、中共海軍を沿岸海軍から外洋海軍へと脱皮させる具体的な新ドクトリンが示されたのが一九八五年のことだった。

こうした政策転換を反映したと思われるのが、一九八五年に発行された〝鄭和《ていわ》の西洋渡航五八〇年〟の記念切手【図1】である。

鄭和は明代の宦官で、一四〇五年七月、永楽帝の命を受けて六十二隻・二万七八〇〇名の大船団を率いて蘇州を出発。以後、チャンパ（ヴェトナム）、スマトラ、パ

レンバン（ともにインドネシア）、マラッカ（マレーシア）、セイロン（スリランカ）を経て、一四〇七年初にカリカット（インド）へ到達し、明と東南アジアとの交易の端緒を開いた。その後も、一四三三年に亡くなるまで計七回の大航海を行い、その船団はカリカットを超えて、ペルシャ湾のホルムズ（イラン）やアラビア半島のアデン（イエメン）、アフリカ大陸東岸のマリンディ（ケニア）にまで到達した。彼の死後、莫大な費用がかかることもあって中国船による大航海は行われなくなったが、その大航海はスペインやポルトガルよりも七十年ほど先んじていたことから、鄭和は『史記』の作者・司馬遷《しばせん》、紙の発明者とされる蔡倫《さいりん》とならび、宦官の三大英雄に挙げられている。

中国海軍の練習艦「鄭和」（Indian Navy）

一九八五年に発行された記念切手は〝五八〇周年〟という半端な年回りだが、これは、中国海軍が遠洋海軍から外洋海軍への転換を開始するにあたり、中国は近代以前から海洋進出に積極的であったことをアピールしようという、プロパガンダ的な意図があったためと考えられる。なお、一九八七年に就役した中国海軍の練習艦が〝鄭和《チェンホー》〟と命名されている。

一方、改革開放路線の進展とともに中国経済が急成長を遂げるようになると、石油などの海底資源や漁業資源を獲得し、諸外国との交易のための海上交通路を確保するという経済的な動機も重要になってくる。

はたして、一九八八年、海軍副司令員（中共海軍のナンバー2）の張序除《ちょうじょじょ》が「（海軍の任務は）国家の主権と海洋権益を守るものである」と述べたほか、海軍司令員（中共海軍の実質的トップ）の張連忠《ちょうれんちゅう》も「海洋はすでに改革・解放政策の前進基地、貿易の主要ルート」であり、「海軍は沿岸地区の改革・解放と経済特区の建設を支えてきた。海洋権益と海上の良好な環境を守り、シーレーンの防衛を任務とする」と述べている。

さらに、一九九一年の湾岸戦争で、米軍が海上からイラク軍を攻撃し、大いに戦果を挙げたことを目の当たりにした江沢民政権は、現代戦争における海軍の重要性を力説。日本の海上自衛隊や在日米軍、台湾海軍と対峙する東海艦隊、ロシア海軍を主たる仮想敵とする北の北海艦隊、ヴェトナム、インドネシアなど東南アジア諸国との対抗に備える南の南海艦隊という三大主力部隊を中心に、外洋進出を活発化させていくことになった。

その一環として、一九九二年二月に発表された「中華人民共和国領海・接続水域法」第二条では、「中国大陸及び沿岸諸島、台湾および釣魚島《ちょうぎょとう》）を含む付属島嶼、膨湖《ほうこ》列島、東沙《とうさ》群島、西沙群島、南沙群島、その台湾の中国に属する島嶼が含まれる」との条項が明記された。ここに挙げられている〝釣魚島〟はわが国固有の領土である尖閣《せんかく》諸島に属する魚釣島《うおつりじま》のことで、一九五八年九月の人民代表大会で採択された「中華人民共和国領海に関する声明」には記載されていなかったにもかかわらず、一九九二年以降、新たに〝中国領〟と主張されたものである。

中国が魚釣島（を含む尖閣諸島）の領有権を本格的に主張するようになったこと受けて、ある切手収集家が、日本・中国・台湾が〝尖閣諸島宛〟の郵便物をどう扱うか、実際に那覇から葉書を差し出して実験した例があるので、紹介したい。

まず、〝日本国沖縄県八重山郡尖閣列島内魚釣島〟

宛の葉書【図2】だが、こちらは、一九九二年七月二十七日に差し出されたものの、尖閣諸島が日本の実効支配下にある無人島であることを踏まえ、八月一日から十月十八日まで、最寄りの八重山局で葉書を保管した後、受取人が保管期間内に現れなかったとして差出人に返戻する措置をとっている。

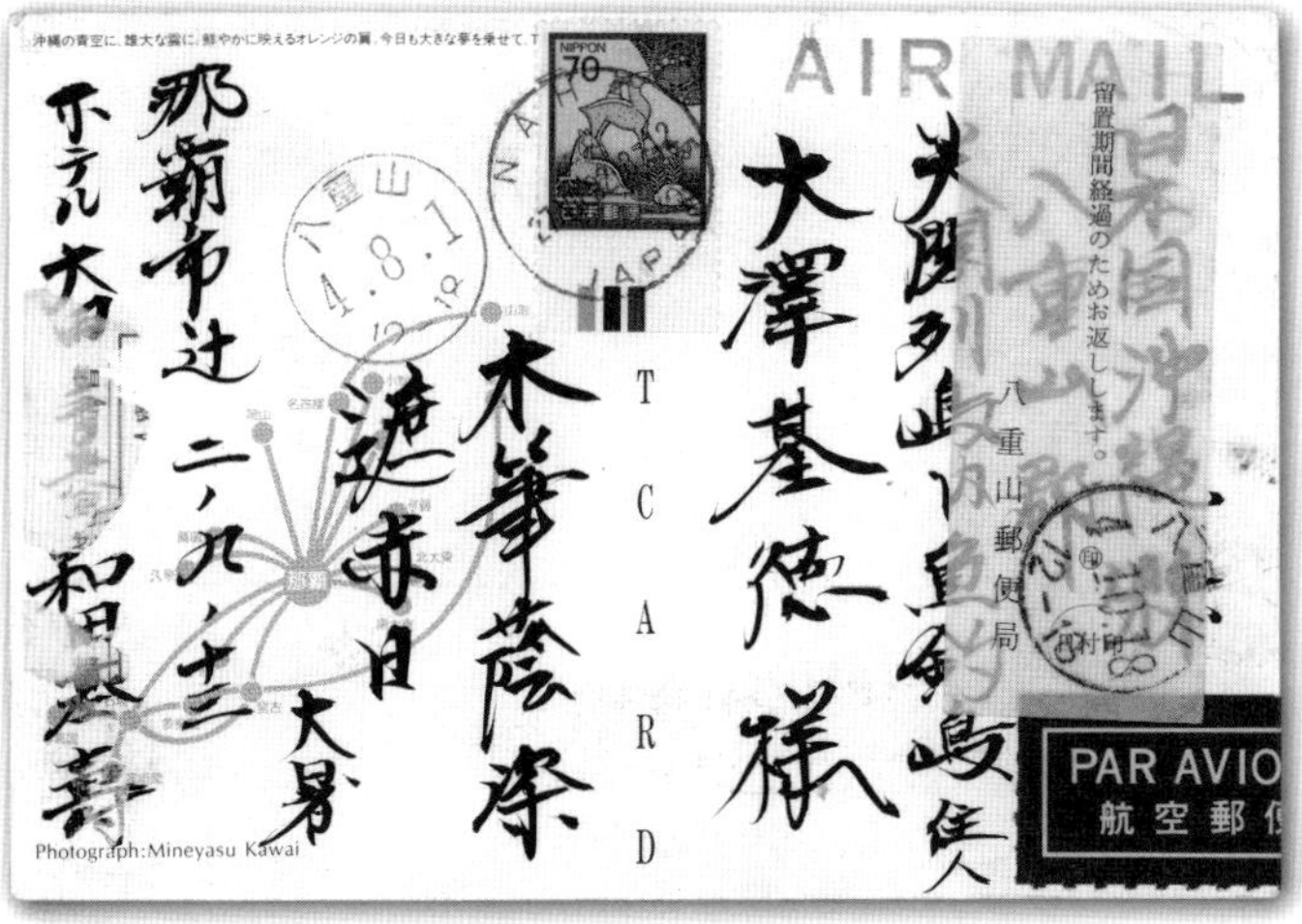

【図2】那覇から"日本国沖縄県八重山郡尖閣列島"宛の葉書

ついで、"中華民国台湾宜蘭《ぎらん》県尖閣列島内釣魚島"宛の葉書【図3】は、那覇の消印の日付が不鮮明で読みづらいが、台湾側は"釣魚臺列嶼（尖閣諸島の台湾側の呼称）"が行政上は宜蘭県に属しているとの建前

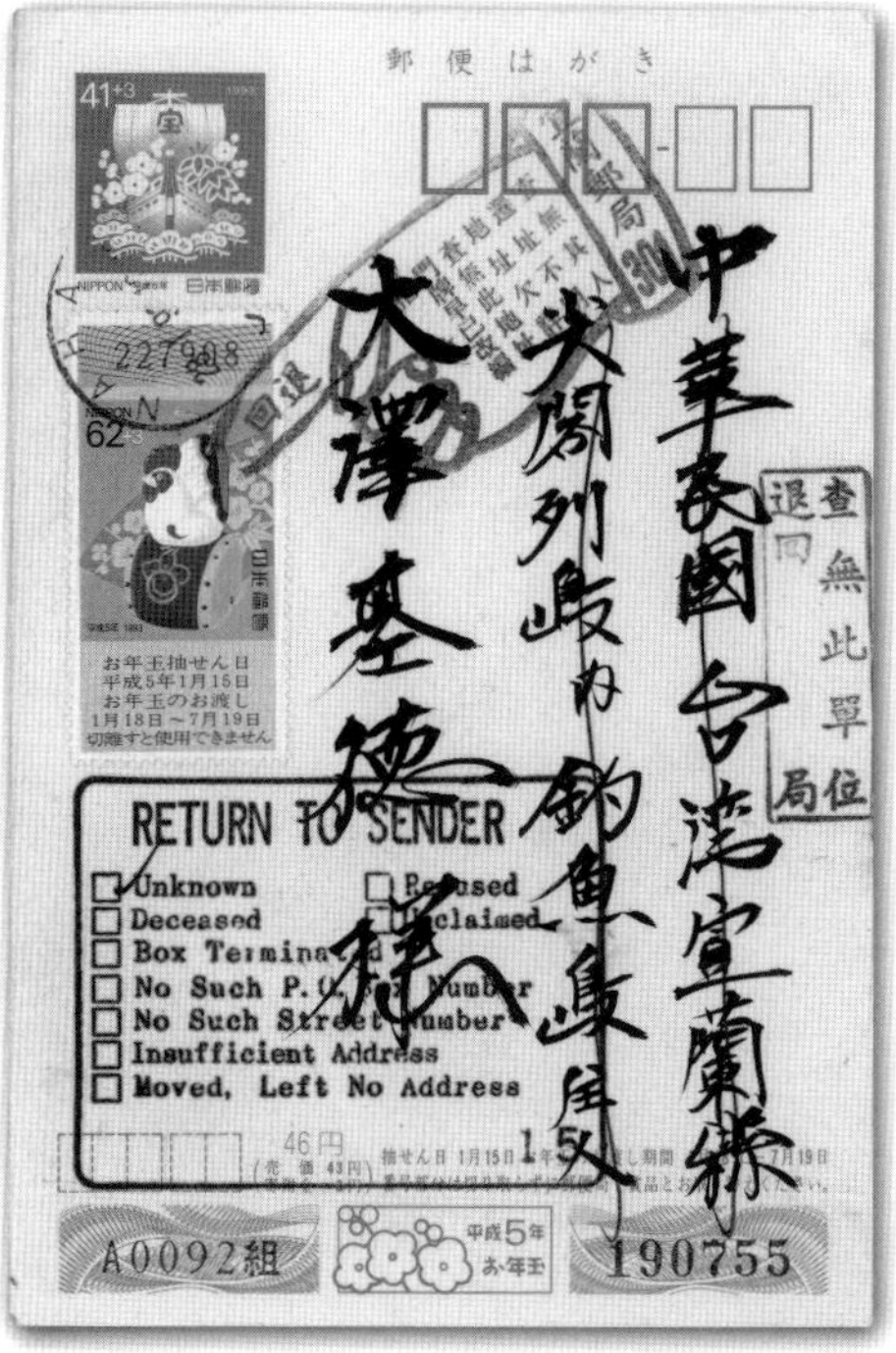

【図3】同じく"台湾宜蘭県尖閣列島"宛の葉書

に沿って、葉書を宜蘭局まで運んだ後、名宛人不明で差出人に返戻している。台湾側は〝尖閣諸島〟の地名を認めていないが、〝釣魚臺列嶼〟が自国領であるとの主張に沿って、所轄の宜蘭局が調査したというかたちである。

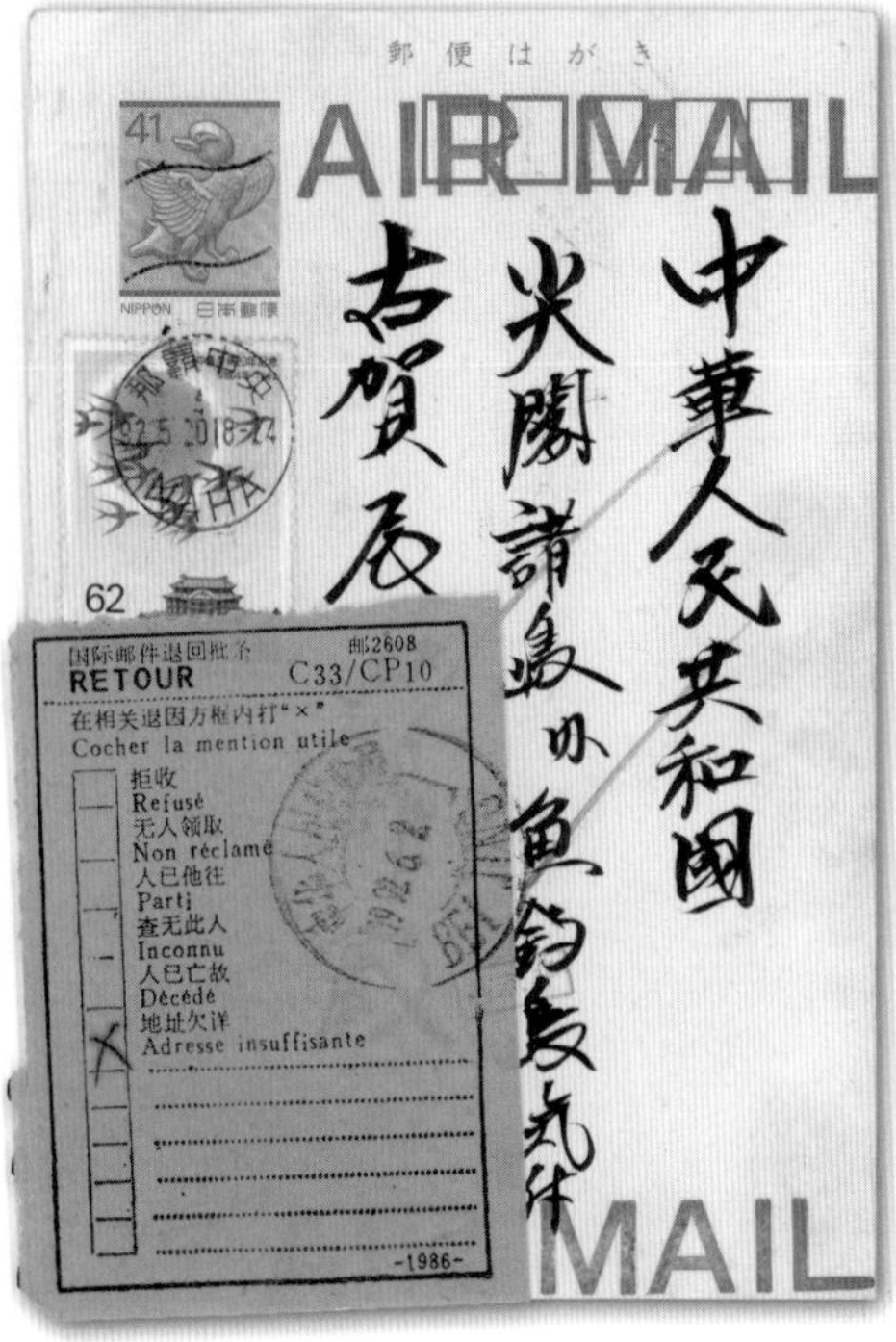

【図4】同じく〝中華人民共和国尖閣諸島内魚釣島〟宛の葉書

これに対して、〝中華人民共和国尖閣諸島内魚釣島〟宛の葉書【図4】は、一九九二年五月二十日に那覇から差し出されたものの、北京で留め置かれ「宛先不十分」との理由で返戻《へんれい》されている。これは、「〝尖閣諸島〟はあくまでも日本名で、かの島々は〝釣魚群島〟であり、尖閣という地名表示は認められない」というニュアンスを含んでいるのかもしれない。ただし、葉書には北京から先に逓送された形跡がないことから、当時の中国は、「釣魚群島は中国領である」と主張とは裏腹に、尖閣諸島の近隣に近づくことも難しいのが実情だったとみてよいだろう。

それでも、一九九二年に約三〇〇万平方キロの管轄海域を一方的に主張した中国は、以後、わが国を含む周辺諸国とのトラブルを頻繁に起こすようになり、一九九〇年代末になると、尖閣諸島に対する脅威も深刻なものになっていく。

朝鮮半島危機

一九九三年六月十八日、政治改革関連法案（実態は選挙制度改革法案）の提出を断念した宮澤喜一内閣に対する不信任案が可決され、七月十八日に行われた総選挙で自民党は単独過半数を大きく割り込み、八月九日、日本新党の細川護熙を首班とする非自民七党一会派の新政権が発足した。

新政権の発足に中国は戸惑いを見せたが、細川が支那事変を〝侵略戦争〟と認定し、所信表明演説で「過去の我が国の侵略行為や植民地支配などが多くの人々に耐えがたい苦しみと悲しみをもたらしたことに改めて深い反省とお詫びの気持ちを申し上げる」と述べたため、日中の基本的な関係に大きな変化は生じなかった。

細川内閣発足と前後して、北朝鮮の核開発（疑惑）が深刻な問題として浮上する。

北朝鮮では、一九七〇年代以降、金日成から金正日《キム・ジョンイル》への権力世襲が進められていたが、一九九〇年代に入ると、その最終段階として、一九九一年十二月の朝鮮人民軍最高司令官就任、一九九二年四月の元帥称号獲得、一九九三年四月の国防委員会委員長就任など、軍に対する金正日の指導権を確保するための措置が採られていった。

一九八〇年代までの北朝鮮外交は、東西冷戦下での中ソ対立を利用し、中ソ両国のどちらにも偏《へん》しないことで両国から経済支援や技術援助を最大限に引き出すことを基本戦略の一つとしていた。もともと、ソ連の衛星国として出発した北朝鮮は、朝鮮戦争で国家存亡の危機に陥った際にほとんど支援の手を差し伸べなかったソ連に対する不信感を抱き、朝鮮戦争に人民志願軍を派遣した中国とは〝血の盟約〟を結んでいたが、中国の歴代諸王朝が朝鮮を属国として扱ってきた歴史も決して忘れていたわけではなく、中国も決して信用できる相手ではないと認識していたからである。ちなみに、北朝鮮の国家理念とされる〝主体〟は、朝鮮語では〝事大《じだい》（大国におもねる）〟の対義語で、自主独立の意味である（117ジペー参照）。

ところが、一九九一年末にソ連が消滅したことで、北朝鮮の中ソ等距離外交路線は、抜本的な見直しを迫られることになる。ソ連なき後、中国のみに依存する状況が続けば、いずれ北朝鮮が（実質的に）中国に飲み込まれるのは必至だから、中国に対する新たなカウンターとして、米国を引きずり出すことが至上命題となったのである。

その際、米国が否応なしに北朝鮮を相手にせざるを得なくなる大義名分が〝核〟だった。

北朝鮮は、一九八五年に核不拡散条約（NPT）に加入していたが、条約の義務である国際原子力機関（IAEA）との査察取り決めを締結していなかった。そこで、一九九二年一月、IAEAは北朝鮮と保障措置協定を締結し、北朝鮮を査察した結果、彼らが申告していた情報との不一致が発覚する。

こうして核開発疑惑が浮上すると、北朝鮮は金日成の主導により、それを逆手に取って一挙に対外強硬路線に転じた。一九九二年四月の金正日の朝鮮人民軍最高司令官就任を経て、同年五月、板門店《はんもんてん》で越境銃撃事件を起こす。さらに、一九九三年二月、IAEAが申告されていなかった二施設に対する特別査察を要求すると、翌三月、北朝鮮は「準戦時体制」の宣布（同年の米韓合同軍事演習、チーム・スピリットに対応したものと見られている）、ついで核拡散防止条約（NPT）からの脱退を宣言し、五月には弾道ミサイル〝ノドン一号〟を日本海能登半島沖に向けて発射実験を行うなど、米国との直接交渉の機会を得るため、あえて対外強硬政策を展開するという瀬戸際外交を展開した。

【図5】1993年7月に北朝鮮が発行した“祖国解放戦争（北朝鮮における朝鮮戦争の呼称）勝利40周年”の記念切手シート。取り上げられている写真は、前年の1992年4月25日、朝鮮人民軍の創建60周年を記念して平壌中心部で行われた大規模軍事パレードの際に撮影されたもので、“戦勝40周年”の記念パレードが軍事パレードとして計画されていたことが伺える。

ノドン一号の発射後、金日成は東アジアの緊張が〝必要以上に高まりすぎた〟ことを懸念し、一九九三年六月には金正日の朝鮮労働党政治局常務委員・党書記の資格を一時的に停止するとともに、七月二十七日の〝祖国解放戦争（北朝鮮における朝鮮戦争の呼称）勝利四十周年〟【図5】の記念パレードも「金正日最高司令官を最高主権者として推戴する大軍事パレード」から軍事色を薄めた「平和的市民パレード」へと変更されたほか、主席壇上の金日成の両脇には、当時、国連と米国の意向を受けて和平推進路線を採っていたカンボジア国王のシアヌークとPLO議長のアラファトが招待され、金日成が国際社会との協調・和平の意思を示す演出が採用された。また、同年十二月には、金日成が自ら（第三次）七ヵ年計画の失敗を公式に認めるなど、対外強硬路線の修正も試みられた。

しかし、緊張の緩和により米国を交渉に引きずり出すという当初の目標が遠ざかったため、一九九四年三月、南北特使交換の実務代表協議の席上、北朝鮮側代表が「制裁を加えようとしたり、挑発したりするなら、我々は即時断固たる措置をとるだろう」、「戦争が起きればソウルは火の海になるだろう」などと発言し、瀬戸際外交を再開。これにより、朝鮮半島情勢が再び緊張の度合いを高めたため、同年六月、米元大統領ジミー・カーターが訪朝し、金日成と会談する。

こうして、カーター訪朝という成果を得た北朝鮮は、それまでの強硬姿勢を一変させ、金日成は金泳《キム・ヨン》三《サム》（当時、韓国大統領）との最高首脳会談（南北首脳会談）の開催を提案。訪朝後、韓国入りしたカーターは、「いつ、どこでも、無条件で、早い時期に金大統領と会いたい」との金日成の口頭メッセージを韓国側に伝え、金泳三もこれを受け入れた。これを受けて、南北間で調整が行われ、同年七月二五日から二七日まで、平壌《ピョンヤン》で両国首脳が会談することで合意が成立したが、首脳会談直前の一九九四年七月八日、金日成が亡くなり、北朝鮮が三年間の〝服喪期間〟に入ったため、首脳会談の計画も頓挫した。

北朝鮮による瀬戸際外交の目的は、あくまでも米国との交渉の席に着かせることにあり、米国との全面対立を企図していたわけではなかったが、緊張の高まりにより（偶発的にせよ）朝鮮有事も想定されたため、日米は安全保障の枠組みを根本的に見直さざるを得なくなる。

この間、日米の安全保障協力を円滑に行いうる能力に欠けていることが露呈した細川内閣は一九九四年四月に退陣に追い込まれ、新生党の羽田孜《つとむ》を首班とする短命政権を経て、同年六月三十日、日本社会党の村山富市を首班とする自民・社会・さきがけの三党連立政権（自社さ政権）が発足した。

七月二十日の国会での所信表明演説で、村山が「自衛隊合憲」、「日米安保堅持」を明言し、自らが委員長を務める社会党の従来の政策を転換し、日米安保体制を継続することを確認。これを受けて、九月に国防次官補に就任したジョゼフ・ナイを中心に、同年秋から日米安保体制の基盤確立に向けた作業が開始され、一九九五年二月、「東アジア戦略報告書」が作成された。

同報告書は、日米安保体制を東アジアならびにグローバルな安全保障に貢献するものと位置付けたうえで、中国に対しては、近隣諸国が中国の軍備増強を警戒しているとしつつも、「中国が安定し、近隣諸国と友好な関係を発展させることは、アジア太平洋地域の平和と安定、そして経済成長にとって不可欠である」、「中国が今後さらに強力になったとき、そしてそれは確実にそうなると見てよいが、中国が日米を競い合わせるようなことになれば、日米間の摩擦が激化するだけでなく、中国が責任ある大国にならないことを意味する。そうさせないため、そして中国をより責任あるパワーとして東アジアに組み込むため、日米は協力するのが望ましい」との認識を示していた。

一九九三年一月の政権発足当初、クリントン米大統領は人権問題などを理由に中国に大して強硬な姿勢をとっていたが、中国の経済成長(中国のGDPは大統領選のあった一九九二年に前年比14・2%、クリントン政権が発足した一九九三年に14・0%、翌一九九四年に13・1%と高成長を記録していた)を目の当たりにして、一九九四年以降、人権とビジネスを切り離す方針に転換しており、「東アジア戦略報告書」にもそれが反映されていたのである。

原爆切手と村山談話

一九九四年六月三十日、思いがけず自社さ政権の首相に就任していた村山富市は「衆議院で僅《わず》か七十議席程度しか持っていない社会党の委員長が総理に選ばれたことは、憲政の常道から考えてあり得ないことだが、こうした内閣が生まれてきたことには何らかの必然性があり歴史的な役割が課せられているのではないか。ちょうど戦後五十年の節目であり自民党政権では解決できなかった過去の戦争の歴史認識問題など内外の諸課題にけじめを付ける」として、新政権樹立の三党合意事項に「過去の戦争を反省する決議を行う」との内容を盛り込み〝五十年問題プロジェクト〟を立ち上げた。

村山は、内閣発足直後の一九九四年八月にASEAN諸国を歴訪した際、「アジア各国は日本に対して表向きは良い顔をするが、実際は経済大国になった国は再び軍事大国になるのではないか、日本は過去の戦争の後始末を付けていないではないか、また過ちを繰り返さなければいいが、という疑念を言外に感じた」と述べており、同プロジェクトもそうした認識の下に進められ、被爆者援護法(一九九四年十二月十六日公布)や〝女性のためのアジア平和国民基金〟設立(一九九五年七月)、「戦後五十周年の終戦記念日にあたって」と題する村山談話(一九九五年八月)などが行われた。

この間、日米間では、一九九四年末、いわゆる〝原爆切手問題〟が発生している。

一九九四年十二月一日、米郵便公社(USPS)は一九九五年の切手発行計画を発表。九月に発行予定の第二次世界大戦五十年シリーズ第五集の一枚として、広島・長崎への原爆投下を象徴するキノコ雲を

00
USA
Atomic bombs hasten war's end, August 1945
【図6】米国が第二次世界大戦50年シリーズの１枚として1995年に発行を計画したものの、発行が撤回された「原爆切手」の報道資料。

描き、その下に「原爆（投下）が戦争終結を早めた」との説明をつけた〃原爆切手〃【図6】が含まれていることが明らかになった。

米国では、第二次大戦参戦五十年にあたる一九九一年から毎年一回、五十年前の重要な出来事十件をとりあげたシリーズ切手を発行していた。ちなみに、その最初の出来事として取り上げられているのは〃（中国支援のための）ビルマロード〃【図7】である。

29
USA
Burma Road, 717-mile lifeline to China
【図７】第二次世界大戦50年シリーズのうち、「ビルマロード」を取り上げた１枚

これは、「自分たちにとっての第二次大戦は日本の侵略を受けた中国を支援することから始まった」との米国の歴史認識を示すとともに、中国との友好関係を強調する意思があったことはいうまでもない。

米国の第二次大戦五十シリーズは、第二次大戦が米国にとっての〃正義の戦争〃を表現しようとしたものであり、それゆえ、原爆の投下についても、戦争終結を促し、米国の犠牲者を最小限に食い止めるうえで、やむをえない正当な行為であったという文脈で表現されるであろうことは、シリーズの始まった一九九一年の時点で十分に予想できたはずだった。

ところが、米国の切手発行政策にはほとんど無関心だった日本政府・外務省は、一九九四年十二月一日のＵＳＰＳの発表に狼狽。十二月二日の閣議後の記者会見では、副総理兼外相の河野洋平、厚相（被爆者の援護は厚生省の所管）の井手正一が不快感を示し、首相の村山富市も「国民感情を逆撫でするようなことは困る。適切な方法で日本政府の考えを（米国に）伝えなければならない」と述べ、日本政府としての考えを米国に伝える意向を表明した。

これに対して、当初、ＵＳＰＳは「切手の図案は民間人を含む切手諮問委員会や第二次大戦五十年委員会に諮るなど、十年以上も前から検討を加え、国務省や国防総省の専門家の意見も聞きながら大戦全体として図案を決定した」もので、「それぞれの切手は史実に基づき、大戦への米国のかかわりを示している」と主張。そのうえで、今回の発行は「総合的な歴史事象を（切手として）提供するのが目的であり、それに対する価値判断は加えていない」のだから、「原爆の使用のような歴史的に重大な出来事を省けば怠慢となろう」として、予定通り原爆切手を発行する意向を示した。

しかし、日本側の強い反発に対して、ホワイトハウスもこの問題に強い関心を寄せ、〝真珠湾追憶の日（同年から制定）〟にあたる七日（現地時間）、大統領報道官のマイヤーズは記者会見で「原爆投下が戦争終結を早めたという事実には同意する」としながらも、「この事実（原爆投下）を表現するにしても、他にもっと適切な方法があったのではないか」と述べ、原爆切手の図案に反対する意向を正式に表明。すると、発行計画の変更を拒否していたＵＳＰＳも態度を一変。十二月八日、公社総裁のラニヤンが「米国の外交政策に議論が高まってきているときであり、日米関係の重要性に考慮した。また

32
USA
Truman announces Japan's surrender, Aug. 14, 1945
1995
【図８】「原爆切手」との差し替えで実際に発行された切手には、日本の降伏を発表するトルーマン大統領が取り上げられた。

大統領がデザインの変更が妥当であるとの見解を示した」との理由で、原爆切手の発行撤回を正式に発表した【図8】。

一方、十二月二十四日、中国共産党機関紙の『人民日報』は原爆切手問題に関連し「民族感情を尊重するよう他人に求めるなら、まず自らが他人の感情を尊重せよ」とする論評を掲載し、翌年の〝戦後五十年〟を機に、歴史認識で日本側に攻勢を強める姿勢を隠そうとしなかった。

一九八九年の天安門事件以後、江沢民は〝愛国〟を強調することで国民の再統合を図ろうとしたが、その際、中国は自らを戦争の勝利者ではなく犠牲者であると強調した。〝民主化ドミノ（と中国指導部が認識しているアジア諸国の動き）〟や西側諸国からの人権批判・民主化圧力に対抗するためには、列強による被害を強調することで、西側世界に対する国民の警戒感を高める必要があったからである。

中国共産党中央は、〝戦後五十年〟をその格好の機会ととらえ、前年の一九九四年八月、「愛国主義教育実施綱要」を交付し、青少年に対して「民族の愛国主義関連の教育を徹底すべきである」との方針を打ち出し、一九九五年以降、〝抗日戦争教育〟が徹底され、抗日戦争関連の報道やテレビドラマが急増し、国民の対日イメージに大きな影響を与えた。

また、一九九三年以降、経済成長の副作用として社会の流動化が一挙に進み、失業者が急拡大する一方（都市部の登録失業者数は一九九三年には三六四万人だったが、一九九六年には五五三万人に急増した）、汚職が蔓延し所得格差も拡大。このため、改革開放に批判的な勢力は、〝愛国教育〟を逆手に取って、政権批判の暗喩として反日ナショナリズムを活用し始める。

こうして、中国の政治文化の特色である指桑罵槐の〝桑〟としての役割を反日ナショナリズムが固定的に担っていく（逆説的にいえば、〝抗日〟さえ題材にしていれば、それ以外の内容は、共産党の言論統制をかいくぐって、かなり自由な表現が許されるという風潮が広まっていく）ことになるのだが、当時の日本政府の対応は結果的にそれを後押しするものだった。

一九九五年五月に訪中し、現職総理大臣で初めて盧溝橋と中国人民抗日戦争記念館を訪れた村山は、帰国後、過去の日本が行った侵略と植民地支配を謝罪する「歴史を教訓に平和への決意を新たにする決議」（終戦五十年決議）を衆参全会一致で採択することを目指した。

1987年に北京市・盧溝橋の東側に開館した、中国人民抗日戦争紀念館。（Fanghong）

六月九日、衆議院本会議で採決された決議には、「世界の近代史上における数々の植民地支配や侵略的行為に思いをいたし、我が国が過去に行ったこうした行為や他国民とくにアジアの諸国民に与えた苦痛を認識し、深い反省の念を表明する」、「我々は、過去の戦争についての歴史観の相違を超え、歴史の教訓を謙虚に学び、平和な国際社会を築いていかなければならない」との文章が入り、日本の加害責任への反省を明確に謳っていた。

決議の最終的な文面は、〝自虐史観〟に反発する自民党内の保守派と〝より率直に謝罪を表明する表現〟を求める社会党左派や共産党との板挟みで成立した妥協の産物だったが、それでも、全会一致で可決されることの多いこの種の決議としては、与党議員七十人を含む二四一人が欠席するという異例の事態の中、二五一人が出席し、二三〇人の賛成（起立採決）により可決された。なお、参議院では、自民党参議院幹事長の村上正邦らが強硬に抵抗したため、同種の決議は提出さえ見送られた。

しかし、決議が全会一致でないことに不満だった村山は、八月十五日に総理として「戦後五十周年の終戦記念日にあたって」と題する談話の発表を決断する。

談話は、五十嵐広三官房長官を中心に複数の学者などが、村山が過去の演説で発言した内容などを盛り込んだ形で談話の文案を作成。その後、村山が通産大臣で日本遺族会会長の橋本龍太郎通産大臣に根回しの意味で談話の文章を見せると、橋本が「文章の中で終戦と敗戦を使われているが敗戦で統一した方が良いのではないか」と指摘し村山も賛成した。

こうして、一九九五年八月十五日、村山は「社会党の委員長が総理になった以上この程度の談話が出せなければ意味がない」として、閣僚に対して異議を認めないとの姿勢で閣議に臨み、談話は満場一致での閣議決定を経て発表された。いわゆる村山談話である。

談話には「わが国は、遠くない過去の一時期、国策を誤り、戦争への道を歩んで国民を存亡の危機に陥れ、植民地支配と侵略によって、多くの国々、とりわけアジア諸国の人々に対して多大の損害と苦痛を与えました。私は、未来に誤ち無からしめんとするが故に、疑うべくもないこの歴史の事実を謙虚に受け止め、ここにあらためて痛切な反省の意を表し、心からのお詫びの気持ちを表明いたします。」との文章があり、終戦五十年決議よりも踏み込んだ内容となっていた。

村山は談話の発表当時「当然のことを言ったに過

ぎない」と述べていたが、結果的に、この談話は日本政府の公式の歴史認識としてその後踏襲されていくことになる。そして、日本政府が自らの加害責任を認めたものとして、中国（および韓国、北朝鮮）の反日ナショナリズムに結果的にお墨付きを与えるものとなった。以後、一部の閣僚や保守系議員などが村山談話とは見解を異にする内容の発言をすると、その度に中国（および韓国、北朝鮮）の政府が反発し、日本批判を展開するということが常態化していく。

〝抗日戦争と世界反ファシズム戦争勝利五十周年〟の記念切手

一方、日本の〝終戦の日〟から約半月遅れて九月三日に戦勝記念日を迎えた中国では、同日、〝抗日戦争と世界反ファシズム戦争勝利五十周年〟の記念切手八種が発行された。

切手の題材は、〝七月七日の戦火（盧溝橋事件）〟【図9】、〝台児荘《たいじそう》の勝利〟【図10】、〝百団大戦《ひゃくだんたいせん》〟【図11】、〝ゲリラ戦〟【図12】、〝芒友会師《モンユかいし》〟【図13】、〝華僑の献金〟【図14】、〝台湾光復〟【図15】、〝偉大な勝利〟【図16】である。

このうち、中国共産党による戦闘は百団大戦と（普通名詞としての）ゲリラ戦だけで、盧溝橋、台児荘、芒友で日本軍と戦ったのは国民党軍である。

百団大戦は、一九四〇年八月から十二月にかけて、山西省《さんせい》・河北省周辺一帯で中国共産党の八路軍が四十万の兵力を動員して行った大規模攻勢のことで、中国側の主張によると、彼らは日本側拠点二九三三カ所を攻略して、日本兵二万六四五人と満洲国軍はじめ親日諸政権軍将兵五一五五人を死傷させたことになっているが、日本側の史料では（損害の全体像を網羅しているわけではないものの）、最大の損害を受けた独混第四旅団の記録でも戦死者は二七六人にとどまっており、両者の主張には大きな隔たりがある。

さらに、この百団大戦の経験から、日本の北支那方面軍は戦術を転換し、捕捉困難な共産党軍の追撃はせず、その代わりに日本側支配地の村落や鉄道などをトーチカや塹壕で防衛し、そこを拠点に共産党支配下の解放区に対しては徹底した掃討作戦を展開。その結果、日本占領下の華北諸都市の治安は著しく改善され、一九四一年から一九四二年にかけて、中国共産党は大きな打撃を受けた。このため、百団大戦を指揮した彭徳懐は、後に毛沢東の大躍進政策を批判して失脚した際、本作戦により八路軍の手の内を曝露してしまったことが〝罪状〟の一つにあげられているほどだが、現在の中国政府の公式見解では、「百団大戦は中国全土に衝撃を与えて日本軍を恐怖させた」と評価されている。

戦勝五十年記念切手のうち、

【図9】盧溝橋事件

【図10】台児荘の勝利

【図11】百団大戦

【図12】ゲリラ戦

【図13】芒友会師

【図14】華僑の献金

【図15】台湾光復

【図16】偉大な勝利

〝華僑の献金〟の切手は在外華僑・華人の〝愛国心〟に訴えて対中投資を呼びかけていた、中国政府の方針とも合致する。

〝偉大なる勝利〟の切手は、一九四五年九月二日のミズーリ号上での対日降伏文書調印時の写真を基に図案が制作されている。中国共産党員が誰一人参加していなかった降伏文書調印の場面を切手に取り上げた中国側の意図が、米中は共に日本と戦い、勝利したということを強調し、日米を離間させたうえで米国との協調を訴えることにあったのは容易に想像がつく。

【図16 部分】「偉大な勝利」に描かれた、重光葵らの拡大図。

また、切手の中央には、日本側全権・外務大臣として署名を行った重光葵《まもる》の姿も確認できる。

重光は、一九三二年一月に発生した第一次上海事変の停戦協定を駐華公使としてまとめ、調印を残すだけとなっていた同年四月二十九日、上海の虹口《ホンキュウ》公園での天長節祝賀式典で、朝鮮人テロリストの尹奉吉《ユン・ボンギル》【図17】の爆弾テロによって重傷を負い、以後、義足を着用していた。尹による爆弾テロ事件は、独立後の韓国においては〝(独立運動の)義挙〟とされ、一九六二年、韓国政府は彼に建国勲章大韓民国章(一等級)を追贈し、尹を義士として公式に認定した。したがって、尹の〝義挙〟の象徴ともいうべき重光の姿を、日本の降伏という文脈で登場させることは、〝歴史認識〟において韓国とも共闘しようとの意図のあらわれとみてよい。

【図17】尹奉吉を“義士”として讃える韓国切手

台湾海峡危機

しかし、戦勝五十年の記念切手の中で、当時の現実政治の文脈においてより重要な意味を持っていたのは〝台湾光復〟であろう。

一九八八年一月十三日、蒋経国の死を受けて台湾の副総統から総統に昇進した李登輝《りとうき》は、当初こそ、政権基盤が脆弱だったが、一九九〇年三月の総統選挙を経て党内を掌握し、一九九一年五月には戒厳体制を完全解除するとともに、中華民国憲法を改正し、中華民国の国家権力の正統性が台湾人民のみに由来することを明確にして、共産党が中国大陸の合法的な支配者であることを事実上認めた。

さらに、憲法改正によって国民大会と立法院を解散し、国民政府が台湾に遷移した一九四九年以来の〝万年議員（それまでの台湾では、大陸反攻の実現まで立法院の改選は行わないとされていたため、一九四七～四八年に選出された議員の任期は、事実上、無制限となっていた）〟は全員退職することになった。

一九九三年に側近の連戦《れんせん》を行政院長に据え、行政院の主導権も握って一層の民主化を推進し、一九九二年には刑法百条の修正により〝台湾独立〟などの主張を公にすることを可能にした。その結果、海外に亡命し、欠席裁判で有罪判決を受けていた独立活動家らも無罪になった。

また、国連への復帰を外交の最重要課題に据え、

1988年1月13日、任期中に蒋経国総統が病死し、副総統だった李登輝が総統に就任した。
（中華民國總統府）

一九九三年末から一九九四年初にかけて、李登輝や行政院長の連戦が〝休暇外交〟と称して、断交したままの東南アジア諸国を歴訪している。

一九九四年三月三十一日、中国の浙江《せっこう》省杭州市淳《じゅん》安《あん》県にある千島湖《せんとうこ》の遊覧船が中国人武装強盗に襲われ、台湾人観光客二十四名と遊覧船乗員六名の三十名全員が殺害され、遊覧船が放火される〝千島湖事件〟が発生。当初、中国の地元当局と公安機関の報道管制により被害者家族に対しても事件の詳細が知らされなかったこともあり、台湾世論は沸騰した。

李登輝は、四月九日、事件について「中共の行為は土匪《どひ》（集団をなして、掠奪・暴行などを行う賊徒）と同じだ。人民はこんな政府をもっと早く唾棄すべきだった」、「（中国への〝配慮〟を求める声に対しては）こんなときはガツンとやるに限るんだ。そうすると中国人はおとなしくなる。下手に出るとつけあがるよ。日本は中国に遠慮して、つけあがらせてばかりじゃないか」と述べ、中国を激しく批判した。ちなみに、日本統治時代の一九二三年に台湾で生まれ、京都帝国大学を卒業した李は、日本は日清戦争後の下関条約により、台湾を正当な手続きの上に獲得したのであり、日本の植民地支配こそが台湾の経済発展の基礎になったと主張していた。また、台湾は歴史的に常に〝外来政権〟によって支配されてきたが、国民党政権もその例外ではなかったというのが、彼の持論である。

事件後、台湾で独立支持の世論が急上昇するなかで、李登輝は総統直接選挙の実現に向けて動き出す。当初、国民党が提出した総統選挙草案は、有権者が選出する代理人が総統を選出するという米国式の間接選挙方式を提案していたが、李は直接選挙にこだわり、一九九四年七月の国民大会において、第九期総統より直接選挙を実施することが賛成多数で決定され、あわせて総統任期を「一期四年・連続二期まで」とする規定も定められた。

こうした台湾の〝民主化〟は中国を苛立たせたが、千島湖事件後の台湾人の対中感情の極端な悪化ということもあり、一九九五年一月三十日、江沢民は〈江八点〉として〝一つの中国〟は絶対に譲ることのできない原則で、中国が主権を有する領土を分割することや〝台湾独立〟は許容しえないとしたうえで、「この原則を認めれば中国と台湾の〝平和的統一〟に向けての交渉は可能である」、「中国人は中国人を攻撃せず〈中国人不打中国人〉、我々は台湾同胞への武力の行使を望まない」などとする八項目の提案を行った。

この提案は、江沢民と中国共産党の認識ではかなり台湾に対して宥和的な内容であったが、同年四月八日、李登輝は①台湾海峡の両岸が異なる政府によって統治されているという現実〈両岸分治〉を踏まえて、中国統一を追求する、②中華文化を基礎として両岸の交流を促進する、③両岸の経済的な交流を増進させることで互いに経済発展を目指す、④中台は共に等しく国際組織に加盟し、両国政府はこれが自然な状態であることを国民に周知する、⑤中台はあらゆる問題について平和的手段で解決する方針を堅持し、武力行使を行わない、⑥香港・マカオの繁栄を維持するために中台は協力し、香港・マカオの民主化を促進する、という六項目の逆提案〈李六條〉でこれに応えた。

〈李六條〉は中国にとっては受け入れがたいものだったが、さらに、六月、李登輝は母校のコーネル大学〈李は一九六五～六八年に同大に留学し、農業経済学の博士号を取得している〉で講演するために訪米する。

李の訪米については、当初、クリントン政権は中国に配慮して李へのヴィザを発給しないとしていたが、議会の強い反対を受けて最終的に李のヴィザを発給し、実現したという経緯があった。

これに激怒した中国は駐米大使を召還して抗議したほか、中国人民解放軍副総参謀長の熊光楷《ゆうこうかい》（中将）が、「もし米国が台湾に介入したら、中国は核ミサイルでロサンゼルスを破壊する。米国は台北よりロサンゼルスを心配した方がよい」と恫喝。さらに、七月二十一日から二十六日にかけて、台湾領内彭佳《ほうか》嶼《しょ》の北六十キロの地域でミサイル発射試験を行い、同時に福建省内の部隊を動員した。また、七月下旬から八月上旬にかけて新華社と人民日報は李登輝を非難する多くの論評を相次いで掲載。八月十五日から二十五日にかけては、再び実弾を伴うミサイル発射が行われ、十一月にも広範囲の陸海演習が行われ、わずか半年前の〈江八点〉で謳っていた〝中国人不打中国人〟の姿勢を自らかなぐり捨てた。

中国側が衣の下の鎧を覗かせたことで、台湾では国民の直接投票による総統選挙の準備が進み、八月の国民党大会では現職総統の李登輝を総統候補に、行政院院長の連戦を副総統候補者に擁立。九月五日には、中央選挙委員会が総統選挙を翌一九九六年三月二十三日に実施することを決定した。

こうした状況の下で、一九九五年十月二十四日、台湾は〝抗戦勝利・台湾光復五十周年〟の記念切手を発行する。

切手の発行日は、日本の〝終戦の日〟とされる八月十五日でもなければ、中国が抗日戦争の勝利記念日としている九月三日でもなく、一九四五年十月二十五日に中国国民政府が正式に台湾を接収したことにちなみ、十月二十四日に設定されており、この点でも、台湾は先の大戦に関して中国とは歴史認識を異にしているとの姿勢を明らかにしていた。

また、切手は、戦場で戦う兵士を描く五ドル切手と、青天白日旗と台湾地図、総統府（旧台湾総督府）を組み合わせた十九ドル切手の二種セットで発行されたが、これらの切手を収めた小型シートの余白【図18】には、一九四三年のカイロ会談の際の蒋介石、ローズヴェルト、チャーチル、宋美齢の写真と、「台湾及澎湖島ノ如キ…地域ヲ中華民国ニ返還スルコト」との文言に相当する中国文と英文が入れられており、台湾はあくまでも中華民国が日本から統治権を継承したものであり、大陸の共産政権の支配下には属していない〝両岸分治〟の現実を再確認する内容となっている。

慶祝抗戰勝利臺灣光復五十週年紀念郵票
開羅宣言：・・・臺灣、澎湖群島等，歸還中華民國。
Cairo Declaration:・・・Formosa, and the Pescadores, shall be restored to the Republic of China.
中華民國郵票 5.00 REPUBLIC OF CHINA
中華民國郵票 19.00 REPUBLIC OF CHINA
交通部郵政總局發行
中華民國八十四年十月二十四日

【図18】台湾が発行した「抗戦勝利・台湾光復五十周年」記念切手の小型シートと、「開羅（カイロ）宣言：…臺湾、澎湖群島等・歸還中華民國」の文字部分の拡大。

開羅宣言：・・・臺灣、澎湖群島等，歸還中華民國。
Cairo Declaration:・・・Formosa, and the Pescadores, shall be restored to the Republic of China.

翌一九九六年三月八日、同月二十三日の総統選挙を前に、多くの船舶が航行する基隆《きりゅう》と高雄《たかお》の沖合（台湾の領海にわずかに入った位置）に向けて中国がミサイルを発射し、現地はパニックに陥った。投票日に向けて中国側の〝訓練〟が激しさを増すことが予想されたため、台湾から日本への航空便と太平洋を横断する航空便は迂回が必要となって十分遅れとなり、高雄＝香港間の船舶は二時間分の迂回を余儀なくされた。

中国によるこれ以上の軍事行動は東アジアの安全保障全体にとって深刻な危機になると判断した米国は、三月八日、ヴェトナム戦争以来最

大級の軍事力を動員することを決断し、西太平洋に駐留していたインディペンデンス空母戦闘群を台湾近くの国際海域に展開すると発表。翌九日、中国は三月十二日から二十日にかけて澎湖県近郊で実弾演習を行うと発表したため、三月十一日、米国はニミッツを中心とした空母戦闘群をペルシャ湾から急派し、台湾海峡を通過させた。これに対して、三月十五日、中国は三月十八日から十五日まで模擬上陸戦闘を行う計画を発表。台湾海峡は一触即発の危機に見舞われた。

中国の恫喝に対して米国が二個の空母戦闘群を派遣したことは、米軍の即応能力を見せつけることになり、中国海軍はあらためて米国の深刻な脅威を実感することになる。

投票日直前に中国が武力を用いて台湾を威嚇したことで、台湾では中国に対する反発が強まり、中国への抵抗を強く訴えた李登輝にとって追い風になった。はたして、二十三日の投票では、中国による〝外国勢力の介入〟との批判をものともせず、李登輝と連戦が54％の票を獲得して圧勝する【図19】。

ところで、米国が一九九五年二月に「東アジア戦略報告書」を発表したことを受け、日米両国は、同年末、日米安保共同宣言を発表する予定であったが、米国内での次年度暫定予算をめぐる議会対応のため、クリントンの訪日は台湾海峡危機後の一九九六年四月までずれ込んだ。

【図19】1996年の総統選挙で当選した李登輝総統、連戦副総統の就任記念切手

共同宣言では、日米安保条約のガイドラインの見直しが正式に謳われていたため、六月二十八日付で防衛協力小委員会が改組され、

新ガイドラインが策定された。

　新ガイドラインでは、〝日本有事（日本に対する武力攻撃があった場合）〟に対処するために自衛隊と米軍が共同作戦計画を、また〝周辺事態（日本周辺地域における事態で日本の平和と安定に重要な影響を与える場合）〟に対処するために日米両政府が「相互協力計画」を「平素から検討する」としている。

　これら一連の流れに対して、中国は、日米安保協力の強化はNATO（北大西洋条約機構）の東方拡大と同様の米国の世界戦略の一環であり、東アジアにおける（米国の代理人としての）日本の軍事的プレゼンスを上昇させるとともに、日米が安保協力を強化して台湾海峡で起こりうる武力紛争に介入するためのものと理解し、特に日本に対して強く反発する。

　こうした中で、中国の海洋調査船が東シナ海の日中中間線の付近で資源探査活動を行っていることが確認された。日本政府は中止を求めたが、中国側はこれを無視した。

　また、一九九六年九月には国連で包括的核実験禁止条約（CTBT）が調印されることになっていたが、その前の駆け込み実験として、同年一月、フランスが核実験を行うと、中国も六月と七月に二回の核実験を行った。

　当然のことながら、日本国内では中国に対する警戒感が強まり、一般国民の対中感情は悪化したが、日本政府は対中ODAを凍結せず、その実施と次の第四次ODAのための協議延期を決定するにとどまっていた。

　日本政府の動きが鈍いことを見透かしたかのように、一九九六年十二月半ば、李鵬がモスクワを訪問し、ソヴレメンヌイ級駆逐艦をロシアに注文する。

　その後、中国は近代的な攻撃型潜水艦（キロ級）と戦闘機（Su《スホーイ》-30MKKを七十六機、Su-30MK2を二十四機）をロシアに発注。そして、一九九八年には未完成のまま建造が中断されていたアドミラル・クズネツォフ級航空母艦〝ヴァリャーグ〟をウクライナから取得した。このヴァリャーグが、二〇一二年に就役する001型航空母艦〝遼寧《リャオニン》〟である。

〝伙伴（ほうばん）〟外交とジャパン・パッシング

一九九七年六月三十日、香港における英国の支配が終了し、翌七月一日、中国の主権下にありながらも英領時代の制度を二〇二七年まで五十年間維持するとした〝中華人民共和国香港特別行政区（中国香港）〟が発足した【図20】。

全世界の注目が香港に集中する中で、翌二日にはアジア通貨危機が発生する。

一九九七年の時点で、日本、台湾、フィリピンを除くアジア諸国の大半は米ドルと自国通貨の為替レートを固定する〝ドルペッグ制〟を採用しており、輸出により経済成長を推進する政策を採用していた。しかし、一九九五年以降、米国がそれまでドル安政策からドル高容認に政策を転換すると、米ドルに連動していたアジア各国の通貨が上昇し、アジア諸国の輸出は伸び悩んだ。そのため、投資家の間では、アジア諸国の経済成長にも限界が見えてきたとの空気が広がった。

こうした中で、欧米のヘッジファンドは、アジアの経済状況と為替レートの評価にズレが生じていることに目をつけ、〝過大評価〟された通貨に空売りを仕掛け、安くなったところで買い戻して利益を確保しようと企図する。

その最初のターゲットにされたのがタイだった。

一九九七年五月十四～十五日、ヘッジファンドが一斉にタイ通貨バーツの売り浴びせを開始。これに対して、タイ銀行は通貨引き下げを阻止するため外貨準備を切り崩して買い支えて抵抗したが、七月二日、持ちこたえられずにドルペッグ制を放棄し、変動相場制に移行。一ドル＝24・5バーツだった為替レートは一気に一ドル＝29バーツにまで下落。一九九八年一月には一ドル＝56バーツにまで暴落した。

【図20】香港〝返還〟後の2000年３月、香港からカナダ宛に差し出された郵便物。英領香港時代の切手と中国香港の切手が混貼されていたため、「英国女王もしくはロイヤル・サイファー（国王を意味する組み合わせ文字）がある切手は、1997年７月１日以降、無効になっています。今後はこうした切手を使用しないよう、差出人にお伝えください」と注意書きを記した印が押されている。

これを機に、アジア各国の通貨が急激に下落して〝アジア通貨危機〟が発生し、特に、マレーシア、インドネシア、韓国、香港は大きな打撃を受けた。

アジア通貨危機に際して、日本は国際通貨基金（IMF）のアジア版としてアジア通貨基金（AMF）の創設を提唱したが、日本の影響力拡大を嫌うという点で米中は一致してこれに反対。結局、日本が〝新宮澤基金〟と称する総額三百億ドルの緊急支援体制を準備した。ちなみに、中国はアジア通貨危機に対して金銭的な支援を行わなかった。

このように、アジア太平洋地域をめぐる基本的な世界情勢全体が大きく変わる中で、中国は、NATOの東方拡大と日米安保協力による〝中国包囲網〟に風穴を開けるべく、主として米国をターゲットとした〝伙伴（パートナーシップ）〟外交を展開する。

一九九七年十月二十六日から十一月三日まで、江沢民は国賓として米国を訪問したが、その際、江は最初の訪問地としてハワイの真珠湾を選択し、第二次大戦中の米中連携を想起させるとともに、アジア通貨基金構想を提唱する日本は、現在なお米中の〝共通の敵〟であるとの印象を与える演出に腐心した。

一方、中国の人権侵害に対する米国内の批判に対しては、中国側は、江の訪米中に国連人権Ａ条約（経済的、社会的及び文化的権利に関する国際規約）を調印するとともに、江の帰国後、政治犯として投獄されていた民主活動家の魏京生《ぎきょうせい》を釈放し、病気療養の名目での事実上の米国亡命を容認している。

こうして、十月二十九日、ワシントンで発表された米中共同宣言では〝建設的で戦略的なパートナーシップ〟の構築が確認された。当時、米国の対中政策をめぐっては、〝封じ込め〟と〝関与（交流と交渉を通じて中国を国際秩序に取り込み、結果的に、国際協調路線を採るように促す）〟の二大方針をめぐって米国内でも激論が戦わされていたが、共同宣言は〝関与〟派の勝利を意味していた。

江沢民訪米への答礼として、翌一九九八年六月二十五日から七月三日にかけて、今度はクリントンが、天安門事件後初めて、米国大統領として中国を公式訪問した。中国滞在中のクリントンは、上海で、①台湾独立、②二つの中国または一つの中国と一つの台湾、③主権国家で構成される国際機関への台湾加盟、の三つを支持しない〝三つのＮＯ《ノー》〟を発表。さらに、江沢民との首脳会談では、戦略核兵器の照準を外すこと、核の拡散防止や平和利用などで協力することなどで合意するなど、対中宥和姿勢を鮮明にした。

その一方で、十日近くの中国滞在の前後にクリントンは日本には立ち寄らなかった。このことは〝ジャパン・

パッシング（日本素通り）〟として、日本では深刻に受け止められ、米国内でも同盟国軽視の姿勢には批判が強かった。

〝ジャパン・パッシング〟の衝撃が日本国内に広がる中、中国側は日中平和友好条約締結二十周年を記念して、一九九八年九月初旬に予定されていた江沢民の来日延期を日本側に通告する。その表向きの理由は同年夏の水害【図21】だったが、実際は、一九九八年七月末の参議院選挙での敗北を理由に橋本龍太郎内閣が退陣し、後継の小渕恵三内閣については、「小渕氏は冷めたピザほどの魅力しかない。（内閣総理大臣になったとしても）自分自身では決断ができず、党長老の単なる傀儡にしかすぎないだろう」との論評がニューヨーク・タイムズ誌に掲載されるなど、内外の評価が低く、短命政権に終わるであろうから、当面は様子を見た方が良いという判断によるものだった。

もっとも、江沢民の訪日が延期されたことで、小渕内閣が迎え入れた最初の国賓は韓国大統領の金大《キム・デ》中《ジュン》となり、十月八日の日韓共同宣言では、日本の朝鮮統治について「痛切な反省と心からのお詫び」の文言が入れられたのに対し、十一月二十五日から三十

【図21】1998年の水害救援のために発行された寄附金つき切手。1998年3月上旬から、中国南東部では長江流域沿いで44年ぶりの大洪水が発生していたが、6月初旬からは大雨のため、東北の松花江・嫩江（しょうかこう・のんこう）も氾濫。29省21.2万平方キロの地域で2億4,000万人が被災し、莫大な被害が発生した。切手は、額面50分の切手本体に寄附金50分のタブをつける形式で発行されている。

南部の江西省・九江経済開発地区も、長江の氾濫によって民家の屋根付近まで水につかる大洪水に見舞われた。（時事通信社）

日までの江の訪日に際しては、「平和と発展のための友好協力パートナーシップ構築に関する日中共同宣言」が発表されたものの、中国側が要求していた日本側の〝お詫び〟は日中共同声明等で表明済みとして日中共同宣言には盛り込まれなかった。このため、戦後日本の平和・発展に対する中国側の〝評価〟も共同宣言には盛り込まれず、両首脳は共同宣言に署名しないという異例の事態となり、江の訪日は〝失敗〟と評価されている。

テポドンと新ガイドライン

一九九八年八月三十一日、北朝鮮が国産第一号人工衛星「光明星一号《クァンミョンソン》」を打ち上げるためとして、〝白《ペク》頭山《トゥサン》一号〟ないしは〝銀河《ウナ》一号〟と称する三段式ロケットを発射した。西側では、打ち上げ地の大浦洞《テポドン》から米国が命名した〝テポドン一号〟の名で知られているミサイルである【図22】。

【図22】1998年8月31日の“光明星1号”の打ち上げを祈念して、北朝鮮が発行した切手シート。

ここで、ミサイルとロケットの関係について確認しておこう。〝飛翔体〟としての広義のミサイルには、いわゆるロケットも含まれるが、一般にはロケットの先端部に爆発物を搭載した軍事目的の〝飛翔体〟をミサイルと呼び、先端部に人工衛星などが搭載されていれば宇宙ロケットと呼ばれる。したがって、北朝鮮の主張するように、人工衛星を打ち上げるための平和目的のロケットだから周辺諸国への脅威にはいならないという説明には説得力はない。

テポドン一号の打ち上げは、北朝鮮が軍事技術にも転用可能な多段式ロケットの分離技術を確立したことを意味しており、テポドン一号が日本列島上空を通過したことは日本国民に大きな衝撃を与え、安全保障の重要性を再認識させた。

当時、米国のクリントン政権は、地上からの迎撃を中心とした戦略ミサイル防衛(TMD)構想を進めていたが、テポドン一号の発射を機に、日本も同構想支援の立場を鮮明にした。これに対して、中国は警戒感を強め、一九九九年の全人代後の記者会見で、首相の朱鎔基《しゅようき》と外交部長の唐家璇《とうかせん》は日本を強く批判する。

しかし、北朝鮮のミサイルという現実の脅威を前に、日本側は一九九六年の新ガイドラインで策定された「共同作戦計画」と「相互協力計画」の実施を可能とするための法整備を急いで進め、一九九九年五月二十四日、周辺事態における相互協力計画を実施するための、

1「周辺事態に際して我が国の平和及び安全を確保するための措置に関する法律」(「周辺事態法」)

2「日本国の自衛隊とアメリカ合衆国軍隊との間における後方支援、物品又は役務の相互の提供に関する日本国政府とアメリカ合衆国政府との間の協定を改定する協定」(「日米物品役務相互提供協定〈ACSA《アクサ》〉改正協定」)

3「自衛隊法の一部を改正する法律」

が国会で可決され、成立する。

さらに、翌二〇〇〇年の米大統領選挙では、クリントン政権の〝関与〟政策に批判的な共和党のジョージ・ブッシュJr.《ジュニア》が当選した。二〇〇一年に発足したブッシュJr.政権は、同盟国重視の姿勢を鮮明に打ち出していくことになる。

第七章 政冷経熱《せいれいけいねつ》

靖國とアフガン

二〇〇〇年四月二日、小渕恵三首相が脳梗塞を発症して倒れ、自民党幹事長の森喜朗が急遽後継内閣を組織したが、当初から支持率は低迷し、二〇〇一年四月二十四日の自民党総裁選で勝利した小泉純一郎が同二十六日に内閣総理大臣に就任した。

総裁選出馬に際して、小泉はそれまで経世会（小渕の派閥で、このときの総裁選での対立候補であった橋本龍太郎の派閥）の支持母体であった日本遺族会の指示を取り付けたこともあり、首相に就任後は八月十五日の〝終戦の日〟に靖國神社を参拝することを公約としていた。

これに対して、中国側は総裁選の期間中から小泉を繰り返し批判したが、小泉は終戦の日当日の混乱を避けるとして、八月十三日に参拝したうえで、「この大戦で、日本は、我が国民を含め世界の多くの人々に対して、大きな惨禍をもたらしました。とりわけ、アジア近隣諸国に対しては、過去の一時期、誤った国策にもとづく植民地支配と侵略を行い、計り知れぬ惨害と苦痛を強いたのです。それはいまだに、この地の多くの人々の間に、いやしがたい傷痕となって残っています」、「私はここに、こうした我が国の悔恨の歴史を虚心に受け止め、戦争犠牲者の方々すべてに対し、戦争犠牲者の方々すべてに対し、深い反省とともに、謹んで哀悼の意を捧げたいと思います」との談話を発表した。

もちろん、中国はこれに対しても強く抗議したが、参拝の日程を変更したことについては〝留意する〟と反応するなど、その反応は比較的抑制されたものであった。江沢民がことあるごとに〝歴史問題〟を持ち出して日本国民の強い反感を買い、一九九八年の訪日も失敗に終わった経験を踏まえ、中国側も強硬な態度に出られなかったのである。

Japan Philatelic Publications
Mejiro 1-4-23, Toshima-ku,TOKYO 171-0031,JAPAN
アメリカ及びカナダあて郵便物については、アメリカにおけるテロ事件に伴い、アメリカ及びカナダの空港が閉鎖されたため送達ができなくなりましたのでお返しいたします。
お支払い済みの郵便料金はお返しいたしますので、差出郵便局にお申し出下さい。
また、引受再開の際、このまま再発送を御希望の場合は、この紙片をはがさずにお出し下さい。
TOKYOINT
13.IX.01.12-18
JAPAN
日付印

▲自由の女神の背景で炎上しているツインタワー。
(National Park Service)

【図1】同時多発テロ事件の発生により、日本から米国（サイパン、ハワイ、グアムを含む）、カナダおよび両国を経由して逓送される中南米諸国宛の航空郵便物の取扱は停止され、すでにポストに投函されるなどした郵便物に関しては、ここに示すように、事情を説明した付箋がつけられ、差出人に返送された。

こうした中で、九月十一日、米ニューヨークの世界貿易センタービルならびにワシントンD.C.の国防総省に対するハイジャック機を用いた同時多発テロ事件が発生する【図1】。

テロ事件の発生を受けて、米国のジョージ・W・ブッシュJr.大統領はただちに〝テロとの戦い〟を宣言。同十二日の第五十六回国連総会では、前日のテロ攻撃を「国際の平和及び安全に対する脅威」として、「テロリズムに対してあらゆる手段を用いて闘う」とする決議五十六／一が全会一致で採択された。これを受けて、米国はウサーマ・ビンラーディンを事件の首謀者としたうえで、彼がアフガニスタンに潜伏していたことから、アフガニスタンを実効支配していたタリバン政権にビンラーディンの身柄引き渡しを要求したが、タリバン政権がこれを拒否したため、十月二日、NATOは集団自衛権を発動し、すでに九月十四日に太平洋安全保障条約に基づく集団的自衛権の発動を表明していたオーストラリアとともに、十月七日、米英を中心とする有志連合諸国が〝不朽の自由作戦(OEF：Operation Enduring Freedom)〟の名の下【図2】、タリバン政権に対する空爆を開始した。そして、十一月十三日までにタリバン政権を崩壊させ、十二月二十二日には米国の支援でハーミド・カルザイを首班とするアフガニスタン暫定行政機構が発足する。

米同時多発テロの発生を受けて、小泉首相は直ちに米国の〝テロとの戦い〟への支持を表明し、十月二十九日には二年間の時限立法で「テロ対策特別措置法」を成立させ(施行・公布は十一月二日)、海上自衛隊を米軍らの後方支援に出動させた。また、アフガニスタン暫定行政機構の成立後まもない二〇〇二年一月二十日には、NGO五十九団体による〝アフガニスタン復興に関するNGO会議〟が、続いて同二十一〜二十二日には六十一ヵ国とEU、二十一の国際機関の代表者が参加してアフガニスタン復興支

【図2】不滅の自由作戦に参加した米空母“カール・ヴィンソン”からフランス宛の郵便物。裏面(下)には同時多発テロ事件で攻撃された世界貿易センタービルとペンタゴンを描くOEF作戦のカシェ(スタンプ)も押されている。

援会議が、それぞれ東京で開催され、EUや米国をはじめとする総額三十億ドル以上の支援のうち、日本は二年で五億ドルを拠出することになった。

一方、同時多発テロ事件三ヵ月前の二〇〇一年六月十五日、中国は、旧ソ連諸国のロシア、カザフスタン、キルギス、タジキスタン、ウズベキスタンの五ヵ国と共に、テロリズム、分離主義、過激主義の〝三

【図3】2003年時点での上海協力機構加盟国の国章を取り上げたキルギスの切手シート。上段左から、カザフスタン、キルギス、中国、下段左からロシア、タジキスタン、ウズベキスタンの国章の切手が収められている。現在は、このほかにインドとパキスタンが加盟している。

悪〟に対する共同対処と経済や文化など幅広い分野での協力強化を図る組織として、上海協力機構（SCO）【図3】を結成していた。そのルーツは、ソ連崩壊後の国境管理問題に加え、資源問題でも石油と天然ガスの産出国と消費国として関係を強化したかった中国とロシアおよび中央アジア諸国が、「国境地区における軍事分野の信頼強化に関する協定」（上海協定）の調印を目的に、一九九六年四月、中国、ロシア、カザフスタン、キルギス、タジキスタンの五ヵ国首脳会議として結成された〝上海ファイブ〟である。

アフガニスタンでのテロとの戦争は、SCO加盟国にとって隣接地域での有事であったから、アフガニスタン暫定行政機構が発足すると、中国はアフガニスタン情勢の安定のため、即座にカルザイ政権への支援に動き出す。もちろん、米国による〝テロとの戦い〟と連携するとの名目で、新疆ウイグル自治

区での抵抗運動を〝テロ〟とみなして苛烈な弾圧を行ってきた中国にとって、〝イスラム・テロ組織〟としてのタリバンを打倒して成立した〝善良なムスリム国家〟のカルザイ政権を支援することが国内のイデオロギー制作上も重要な意味を持っていたことは言うまでもない。

はたして、二〇〇二年一月、江沢民は訪中したカルザイと食糧など三〇〇〇万元分の物的支援と一万ドルの資金提供の覚書を締結しただけでなく、一億五〇〇〇万ドル相当の復興支援を約束。支援物資は二〇〇二年三月末までにカブールに届けられ、カブールの中国大使館も業務を再開した。

その後も中国は、二〇〇二年五月には三〇〇〇万ドルの経済技術支援協定を、同年十一月には一〇〇万ドルの物資の支援協定を、二〇〇三年二月には一五〇〇万ドルの資金提供を含む経済技術協力協定をアフガニスタンと締結するなどの実績を積み重ね、アフガニスタン政府との関係を強化していった。ちなみに、カルザイ政権以降のアフガニスタンは、二〇〇五年に中国との国交五十周年の記念切手【図４】を発行しているが、他の国との国交樹立を題材にした周年記念切手は発行していない。こうしたところからも、アフガニスタンにとって〝中国（による支援）〟の存在がいかに大きなものであったか、容易に理解できる。

〝テロとの戦い〟が始まったことで、国際社会の空気は一変し、日中間の対立の焦点となっていた靖國問題も自然と鎮静化した。

【図4】2005年にアフガニスタンが発行した中国との国交樹立50周年の記念切手

二度目の靖國神社参拝と瀋陽《しんよう》総領事館事件

こうした中で、十月八日、小泉は日帰りで北京を訪問し、盧溝橋の抗日戦争記念館を視察して「心からのお詫びと哀悼の気持ち」を表明。十月十九日には上海で開催されたAPEC年次総会（アジア太平洋経済協力、会期は同二十〜二十一日）【図5】に合わせて開催された非公式首脳会議に出席したほか、二十一日には江沢民とも会談し、〝国交回復三十周年〟にあたる二〇〇二年に向けて日中関係を強化することで合意した。また、十一月には、ブルネイで日中韓の非公式首脳会議も開かれた。

【図5】2001年10月に上海で開催されたAPEC年次総会に際して、開催国の中国が発行した記念切手

こうした雪解けムードの中で、二〇〇二年四月十二日から海南島《ハイナンとう》・博鰲《ボアオ》で開催されたボアオ・アジア・フォーラムに小泉が来賓として出席した。小泉は「アジアの新世紀——挑戦と機会」と題する演説を行い、「中国のダイナミックな経済発展が日本にとっても『挑戦』、『好機』である」として中国経済脅威論を否定したうえで、日中両国は産業構造が異なるがゆえに〝相互補完〟の関係を強化することが可能であり、日中両国が「経済連携や自由貿易協定（FTA）を積極的に推進」して、地域的経済統合に結び付けることを〝戦略的な課題〟に位置付ける決意を表明した。

小泉がみずから〝中国（経済）脅威論〟を否定し、中国と近隣諸国との多国間協力や東アジアの〝地域協力〟を評価したことに、中国は大いに満足し、朱鎔基は小泉に対して〝日中国交正常化三十周年〟にあたる二〇〇二年秋に中国を公式訪問するよう招請。小泉もこれを前向きに検討すると応じた。

ところが、ボアオ・アジア・フォーラムから帰国後まもない四月二十一日、小泉が靖國神社に参拝したことで、日中関係は再び暗転する。

小泉としては、首脳級の参加がほとんどないボアオ・アジア・フォーラムにわざわざ参加して中国の喜ぶ内容の演説をしたことは中国に対する十分な〝貸し〟であり、春季例大祭の日ではあるが、祭礼が正式に始まる前の早朝に参拝するという〝配慮〟まで示したのだから、公約としての靖國参拝をしても問題はないという立場だったが、中国側は小泉の靖國参拝に困惑し、中国政府として抗議を表明する。

もっとも、小泉の靖國参拝について、江沢民は、四月二十九日に訪中した公明党代表の神崎武法に対しては「私は小泉首相の靖國参拝は絶対に許すことはできない」と激しい口調で非難を述べたが、『人民日報』の記事では、江の発言は「遺憾に思う」、「中国人民とアジアの人々は、強い関心を持つとともに、不安を感じざるを得ない」とのかなり抑制的なトーンで報じられた。また、四月二十六日に訪日した中央組織部長の曾慶紅《そけいこう》は、小泉の靖國参拝を批判する一方で、「中日友好を支持することは唯一の正しい選択である」、「中日友好は両国関係にとってだけでなく、地域において、さらに世界の平和と繁栄を推進する意味を持つ」などと発言し、中国側としても日本との亀裂を最小限に食い止めたいという意向をにじませた。

ところが、二〇〇二年五月八日、瀋陽総領事館で、北朝鮮人亡命者駆け込み事件が発生し、日本国内の対中感情は一挙に悪化する。

一九九四年頃から、政治的自由がなく、経済的にも疲弊した北朝鮮から国外に脱出する北朝鮮国民（いわゆる脱北者）が激増し、北朝鮮の人権侵害に対する国際的な非難が高まる一方、中国は自国領内で発見した脱北者を〝不法滞在者〟として北朝鮮側に送還し続けていた。ちなみに、送還された脱北者は処刑を含む厳罰が下されることになる。

こうした背景があったところへ、二〇〇二年五月八日、北朝鮮国籍を有する金高哲《キム・ゴチョル》の一家ら五人の亡命者が日本への亡命を目指して瀋陽の日本国総領事館に駆け込み、いったんは敷地内に入ったものの、門前で警備をしていた中国人民武装警察部隊の隊員（武装警官）によって敷地外へ連れ戻された。

事件当日、領事は前日（七日）に発生した中国北方航空六一三六便放火墜落事件に遭遇した日本人のために大連《だいれん》市に出張中で不在。また、中国大使の阿南惟茂から亡命者が日本の公館に入ってきた場合は追い返すよう指示が出ていたこともあり、副領事の宮下謙は総領事館の敷地に入って亡命者を取り押さえた中国武装警察官に抗議せず、彼の帽子を拾うなどしており、そのことが日本のテレビ局により報道されたことで、多くの国民の怒りを買った。

外交上の争点は、武装警官が日本側の許可なく総領事館の敷地に立ち入ったことがウィーン条約の〝在外公館の不可侵権〟に違反するか否か（中国側は同条約の〝公館施設を保護する義務〟に基づく行為であると主張）にあったが、最終的に、中国の公安に拘束された五人は、マニラ経由で五月二十三日に韓国へ亡命した。

事件後の七月末、ブルネイで開かれたアセアン地域フォーラム（ARF）で川口順子・唐家璇《とうかせん》の日中外相会談で事件の再発防止で合意に達し、九月八日には川口が訪中して江沢民と会談し、国交正常化三十周年を機に両国関係を長期安定させることで合意が成立したが、ボアオ・アジア・フォーラムをピークとする両国の友好的な空気を回復させるにはいたらなかった。

　そうした両国関係を象徴するかのように、〝国交正常化三十周年〟の記念日にあたる二〇〇二年九月二十九日には、日本は記念切手【図6】を発行したものの、中国が記念切手を発行することはなかった。

【図6】日本が発行した「日中国交正常化30周年」の記念切手。左が「紫藤花」、左が「源遠流長」。

　ところで、切手に取り上げられた「紫藤花《しとうか》」と「源《げん》遠流長《えんりゅうちょう》」は、いずれも中国人画家の作品である。


「紫藤花」の作者、鄧林《とうりん》は、一九四一年、河北省渉《しょう》県生まれ。一九九七年に亡くなった中国の元最高実力者、鄧小平の長女である。

　中央美術学院中国画学部花鳥科で伝統的な水墨画を学び、現代中国を代表する画家の一人、李可染《りかせん》の教えを受けたが、在学中に文革が勃発し、鄧小平は失脚。一九六七年には中央美術学院を卒業したが、翌一九六八年、鄧小平が全役職を追われ、さらに翌一九六九年に江西省の南昌《なんしょう》に追放されたため、鄧林も創作活動の中断を余儀なくされたが、このときの経験から、高潔で幽雅にして、寒さに耐える梅、松、蘭、菊、竹などを画題として好むようになったという。

　一九七七年、鄧小平が復権すると、鄧林も画家としての活動を本格的に再開。その画風は、南北朝時代の梁《りょう》の画家、謝赫《しゃかく》（五世紀後半から六世紀前半）の提唱した〝画六法〟のうち、最も重要な方とされる〝気《き》韻生動《いんせいどう》（芸術作品に気高い風格や気品、また、生き生きとした生命感が溢れていること。努力で到達できるものではなく、芸術家が生まれながらに持っているものとされる）〟を満たし、〝勢いと精神の発露〟が滲み出ているとされる。

日本では、広島県福山市の中川美術館館長、中川健造が鄧の作品に早くから注目し、一九八五年以降、積極的に紹介。一九八九年、同館で鄧林絵画展を開催し、注目を集めた。また、二〇〇二年十月十二日から十一月二十五日まで、中川美術館では〝日中国交正常化三十周年記念　鄧林絵画名作展〟が開催されている。

切手に取り上げられた「紫藤花」は、絡み合いながら、助け合いながら、豊かに花を咲かせようとする藤を、文人画の大写意と呼ばれる伝統的な画法で描いた作品で、中川美術館の所蔵品だった。

一方、「源遠流長」の作者、王伝峰《おうでんほう》は、一九六七年、山東省生まれ。一九八八年に中国美術学院中国画科を卒業した後、一九九二年に来日し、以後、静岡県に拠点に活動している。「源遠流長」は、日中が古くから政治・宗教・文化・芸術の交流を水の流れのごとく続けてきたとのテーマの下に、金魚と、国交正常化三十周年にちなむ三十の桜を画面全体に散りばめ、独特の画風で仕上げた作品になっている。

胡錦濤の対日新思考外交

二〇〇二年十一月八日から十四日まで、中国共産党第十六回党大会が開催され、党中央総書記が江沢民から胡錦濤《こきんとう》に交代した。胡は翌二〇〇三年三月の全人代で国家主席に就任するが、その後も江沢民は二〇〇五年三月まで国家中央軍事委員会主席の地位に留まり、政治局常務委員会の九人の委員の多くは、当初は、江沢民派が握っていた。

それでも、二〇〇二年十二月の『戦略と管理』誌には、『人民日報』評論員の馬立誠《ばりっせい》が論説「対日新思考外交」を発表し、「日本はすでに何度もお詫びをしており、これ以上歴史問題に拘泥するのをやめ、より前向きの関係に進むべきだ」と主張したほか、中国人民大学教授の時殷弘《じいんこう》が、米国との対峙することを最優先し、日本とは〝前向きの関係〟に転換して、日本の国連安保理常任理事国入りに賛成する〝外交革命〟を行うべきだとの論考を発表するなど、胡錦涛指導部は当初から江沢民路線からの修正を試みていた。また、一九九〇年代後半のインターネット勃興期に乱立された「愛国者同盟網」や「反日先鋒」などの攻撃的な反日ウェブサイトも、胡錦濤の党総書記就任後は閉鎖や活動停止の処分を受けている。

こうした胡錦濤の対日政策は、国内の反対派からは〝漢奸《かんかん》〟、〝売国奴〟などの批判も強かったが、折からのＳＡＲＳ《サーズ》（重症性急性呼吸器症候群。広東省を起点に二〇〇三年三月頃から大流行した新型肺炎で、同年七月五日に終息宣言が出されるまで、三十二の地域と国にわたり八〇〇〇人以上の感染者を出したが、日本での感染者は確認されなかった）【図7】対策をめぐり、江沢民派の衛生部長、張文康《ちょうぶんこう》を更迭するなど熾烈な権力闘争でも一定の勝利を収めたことで政権基盤も徐々に安定していった。

【図7】SARSウィルス撲滅キャンペーンの切手

二〇〇三年五月三十一日、ロシアのサンクトブルク建都三〇〇年の記念行事に参加した胡は小泉首相と初めて会談し、日本がＳＡＲＳ対策のため、世界に先駆けて十七億円の無償援助（世界最大）を行ったことに謝意を表明するとともに、歴史問題についての〝配慮〟を語りつつも、同年一月十四日の小泉の三度目の靖國神社参拝については言及せず、「長期的に安定する善隣友好、互恵協力の関係をさらに推進しなければならない」と述べるなど、江沢民時代との違いを際立たせた。また、一九八四年から二〇〇一年まで開催された日中友好二十一世紀委員会の後継組織として、政府間では語りづらい問題を両国の有識者が自由に議論する場として、新日中友好二十一世紀委員会の設置でも小泉と胡は合意に達した。

時あたかも、二〇〇三年には日本の対中輸出は前年比34・6％増となり、中国の経済成長が日本経済にも大きな利益をもたらすことが明らかになり、日本国内では中国経済脅威論は影を潜め、〝中国特需〟という言葉がメディアなどをにぎわせていた。

胡錦濤の対日姿勢が日本社会で好意的に受け止められたのは自然なことだったが、国内での所得格差の拡大など、胡錦濤政権に対する不満や批判は〝反日運動〟という形式を取って現れるようになった。

たとえば、二〇〇三年六月、日本外相の川口順子と中国外交部長の李肇星《りちょうせい》が会談し、首脳相互訪問の再開に向けて日中双方が努力することで合意に達すると、その数日後、香港に拠点を置く〝保釣《ほちょう》行動委員会〟が中国大陸と香港のメンバー十五人を乗せた漁船〝浙玉漁《せつぎょくりょう》一九八〇号漁船〟で浙江省玉環《ぎょくかん》県黄門港から魚釣島に向けて出航した。漁船は尖閣諸島に上陸しなかったが、領土問題に関しては、中国外交部としても「釣魚島および付属の島は中国固有の領土である」と公式見解を述べざるを得ない。

また、八月には黒龍江省《こくりゅうこうしょう》斉斉哈爾《チチハル》で旧日本軍の遺棄化学兵器のガス弾により死傷者が発生して、日本側が謝罪する事件が発生。さらに十月には、陝西省の西北大学外語学院の文化祭で日本人留学生の寸劇が〝わいせつ〟とみなされて大規模な抗議デモが発生し、暴徒化した一部の学生たちが大学周辺の日本料理店と公安車両に放火したほか、無関係な日本人留学生を暴行した。これに対して、大学当局は中国人学生の暴力は不問にし、日本人学生三人を退学処分とした。

十月七日、インドネシアのバリ島で行われた日中首脳会談で小泉首相が温家宝《おんかほう》首相に早期の来日を要請すると、温は首脳往来の前提として〝良好な雰囲気を作る必要〟をあげ、暗に靖國問題について日本側の〝善処〟を求めた。これに対して、翌八日、小泉は靖國神社参拝を継続するとしたうえで「別に軍国主義の復活ではない。二度と戦争を起こしてはいけないということで、この点は理解されている」と同行記者団に語ったが、このことは中国では温家宝が靖國神社参拝に理解を示したと受け取られ、温は激しい批判にさらされた。このため、十月十一日、中国外交部は「温家宝総理は日本側が正しく歴史に向き合うようはっきり求めた」との談話を発表。十月二十日にバンコクで行われた小泉・胡の日中首脳会談では、首脳の相互訪問も話題には上らなくなった。

こうした状況の中で、二〇〇三年十二月、新日中友好二十一世紀委員会の第一回会合に際して、活発な経済交流に対して、わずか半年で両国政府の関係は急速に冷え込んだ状況を〝政冷経熱〟と評した。以後、この言葉は当時の日中関係を象徴する語として、両国で定着していくことになる。

愛国無罪

二〇〇四年元日、小泉首相は初詣の体裁をとって靖國神社を参拝した。

参拝の目的は戦争の美化にあるのではなく、戦争犠牲者に哀悼の意を捧げ、平和を祈念するものであるとの小泉の主張は多くの日本人には受け入れられたが、中国指導部にとっては、その主張の理非曲直ではなく、日本の首相の靖國参拝が中国でどう受け止められ、さらにはどのような効果を生むのか（すなわち〝愛国〟という建前を掲げての政権批判がどの程度のもので収まるか）ということの方がはるかに重要である。かつての江沢民政権が、主として歴史認識の観点から〝侵略戦争〟や〝戦犯〟に対する小泉の無反省を批難していたのに対して、胡錦濤政権が、参拝は〝戦争被害国人民の感情を傷つける行為〟であるとの論調に変化したのはこのためである。

はたして、二〇〇四年一月には民間保釣聯合会（二〇〇三年十二月二十六日、厦門《アモイ》に世界各国の〝保釣運動〟の活動家が集まって結成）の活動家が尖閣の海域に侵入し、三月には七人が魚釣島に上陸した。活動家たちは沖縄県警によって逮捕されたが、尖閣問題の拡大を望まなかった日本政府は、彼らを単なる〝不法入国者〟として、まもなく中国に送還する。

七月十七日から八月七日まで、中国でサッカーのアジアカップが開催され、日本が中国を破って優勝を果たしたが、日本の試合では、国歌演奏時や試合中、現地の観客から激しいブーイングが浴びせられた。特に、準々決勝のヨルダン戦では、尖閣諸島の領有権を主張する横断幕が掲げられ、君が代演奏では観客の半数ほどは座ったまま。観客の大半はヨルダンを応援し、試

▲アジア杯サッカー／日本×イラン戦。反日感情による日本人サポーターへの襲撃を警戒し、周囲には多くの警備が配置された。（時事通信社）

合中も日本選手に対しては激しいブーイングが起き、ＰＫ戦では日本が外すと大歓声が起きるほどだった。この試合で日本は勝利を収めたものの、日本の勝利が決まった瞬間、日本のサポーターが歓声を上げると周りの観衆は紙コップなどのゴミをサポーターに向かって投げつけて罵声を浴びせたため、日本サポーターは警備員に囲まれて会場を後にせざるを得なかった。観客のほとんどはヨルダンを応援していた。

さらに、八月七日に北京の工人体育場で行われた決勝戦では、君が代の演奏中に大ブーイングが起こっただけでなく、日本の優勝が決まった直後に日本公使の乗った車両の窓ガラスが割られる事件も発生。当局が威信をかけて厳戒態勢を敷いても抑えきれないほどに〝反日〟が暴走することが、決して杞憂ではなかったことが明らかになった。こうした国民のエネルギーがやがては体制批判に向かいかねないことを懸念した指導部は、『中国青年報』を通じて、「こうした愛国には誰も喝采しない」とし「スポーツと政治を混同するな」と指摘し、「北京五輪が待っていることを忘れるな」と訴え、事態の鎮静化を図った。

加速する一方の〝政冷〟傾向を食い止めるため、十一月にはチリのサンティアゴで小泉・胡錦濤の首脳会談が行われたが、その約十日前には、中国の潜水艦が宮古列島の多良間島周辺で日本の領海を侵犯する。以後、国家主席や国務院総理、外交部長などが日本と会談を行う直前ないしは直後に中国側の艦船が日本の領海近辺に出現することが繰り返されるようになり、中国国内に胡錦濤政権が日本に〝譲歩〟することを牽制しようとする勢力が厳然として存在していることが明らかになった。

こうした状況で、日本国内では対中ＯＤＡの中止を求める世論が高くなり、十一月末、ラオスのビエンチャンで開催されたアセアン＋三首脳会議に出席した小泉首相は、中国は既に大きな経済発展を遂げており、日本からのODAを〝卒業〟することが望ましいと発言。現地で小泉と会談した温家宝は「雪上《せつじょう》加霜《かそう》（悪い日中関係をさらに悪くする）」と難色を示したが、二〇〇五年三月、町村信孝外相は、北京五輪が行われる二〇〇八年八月をめどに新規の円借款を停止する方向で検討している旨を国会で答弁している。

この間の二〇〇四年十二月、日本では、中国の軍事力近代化、海洋における活動範囲の拡大に対応すべく、新たな防衛計画大綱と次期中期防衛力整備計画が発表され、二〇〇五年二月には日米の共通戦略目標の一つとして「台湾海峡問題の平和的解決を促すこと」を掲げると、中国側はこれに激しく反発した。

二〇〇五年三月二十一日、国連のコフィ・アナン事務総長は、国連安保理改革の一環として常任理事国を拡大する場合、アジアからの新たな常任理事国の候補は日本になるだろうとの見通しを表明。これに対して、カリフォルニアを拠点とする華僑系団体などがインターネットを通じて署名活動を開始すると、中央政治局常務委員の李長春《りちょうしゅん》と党中央宣伝部は、胡錦濤指導部に揺さぶりをかけるため、国内の主要メディアサイトにこの署名運動を拡散させ、署名数は一挙に一〇〇〇万規模に拡大する。

文革時代の「革命無罪 造反有理」のイラスト。（人民画報 1967年）

次いで、四月二日、四川省の成都や広東省の深圳などで、突如、文革時代の「造反有理 革命無罪（造反に理があり、革命に罪はない）」をもじった「抗日有理、愛国無罪（反日に理があり、

▲2005年4月10日、深圳経済特区で行われた反日デモ。参加者は日本のデパート(ジャスコ)に押しかけ、看板を蹴ったりした。(時事通信社)

国を愛することから行われるならば罪にはならない)」のスローガンを掲げ、日本の国連安保理常任理事国入りに反対する抗議デモと日本製品の不買運動が発生。一週間後の四月九日には北京でも一万人規模のデモが発生し、日本大使館や大使公邸の窓ガラスが割られ、日本製品は店頭から自主的に撤去された。四月十日には広州と深圳で三万人規模のデモが発生し、日系のスーパー、デパートなどが被害を受けた。

さらに、四月十六、十七日も新たな大規模デモの発生が予想されたため、中国政府も規制に乗り出し、十四日ごろからはインターネットへの接続を規制し、上海では市政府が住民の携帯電話を通じて住民に対してデモに参加しないよう呼びかけた。

その一方で、国連でも、中国大使の王光亜《おうこうあ》が「加盟国のコンセンサスが得られない改革は効果的ではなく、安保理改革につながらない」と発言すると、中国の圧力を恐れ、中国に追随する国も現れた。

この結果、日本の常任理事国入りの可能性が潰えた五月以降、大規模な反日暴動も発生しなくなる。

その後、同年八月八日、参議院本会議で郵政民営化関連の六法案が否決さると、小泉首相は衆議院を解散(郵政解散)。郵政民営化の是非を争点としたうえで、自民党執行部は民営化法案に反対した議員を公認せず、その選挙区には〝刺客候補〟を擁立するなどして、過半数を大きく上回る議席を獲得した。そして、選挙後の九月二十六日、前国会のものとほぼ同内容の郵政民営化関連の六法案が提出され、十月月十四日に成立した。

　この間、日本の政治は郵政問題一色となり、歴史問題が重要な話題となることはなかった。また、選挙後には外相も町村から麻生太郎に交代。以後、小泉政権下では日中外相会談も行われなかった。

【図8】「中国人民抗日戦争と世界反ファシスト戦争勝利60周年」の記念切手。下段の２種が欧州大戦を題材としている。

　なお、この間、中国では、彼らの戦勝記念日にあたる九月三日ではなく、日本の〝終戦の日〟に相当する八月十五日に〝中国人民抗日戦争と世界反ファシスト戦争勝利六十周年〟の記念切手【図8】を発行している。

　切手は、〝全人民抗戦〟と〝大黒柱〟と題して抗日戦争を描いた切手二枚と、欧州大戦の中から〝ノルマンディ上陸作戦〟と〝ベルリン陥落〟を取り上げた切手二枚を組み合わせた田型形式になっている。

　抗日戦争を第二次世界大戦の一部と位置づけ、〝抗日戦争と世界反ファシスト戦争〟に勝利したとする題目の記念切手は、二十年前の一九八五年と十年前の一九九五年にも発行されているが、過去二回の切手では、実際には欧州大戦に関する題材は取り上げられていなかった。これに対して、今回はこの種の切手としては初めて欧州大戦の題材が取り上げられており、〝世界の中の中国〟という視点が示されているのが注目に値する。

　二〇〇三年に国家主席に就任した胡錦濤だったが、

当初は江沢民派に包囲されて政権基盤も弱く、彼らとの権力闘争を戦わねばならなかったため、北朝鮮の核開発をめぐる六ヵ国協議の議長国を引き受けた以外は、独自の外交政策を展開することは困難だった。ありていにいえば、当初の胡錦濤政権は、江沢民ら守旧派から対日政策を口実として陰に陽に反撃を受けており、それゆえ、実際には外交における独自色を発揮しづらかった。

しかし、二〇〇四年九月に党中央委員会軍事委員会主席のポストを江沢民から移譲され、翌二〇〇五年三月の全人代で国家中央軍事委員会主席となったことで、ようやく、江沢民派の影響をかなりの程度に排除し、独自色を発揮できるようになった。逆に、江沢民派としては、江沢民の退場後も発言力を維持すべく、この時期にあわせて〝愛国〟を名目とした大規模デモを扇動していたのである。

実際、二〇〇五年三月十二日、江沢民と関係が深かった董建華《とうけんか》は任期を二年余り残して香港行政長官の職を解任された。

また、三月十四日には全人代で採択された〝反分列国家法〟が採択されている。

同法は「一つの中国」の原則を掲げ、三通（郵便、交通、通商の直通）を進めることにより中国と台湾の両岸関係の促進を唱い、第七条では台湾の平和的統一の段階を明示しているものの、第八条で「台湾独立分子が台湾を中国から分裂させる重大な事態になれば、非平和的手段を取ることもある」と警告する内容で、台湾新憲法制定や国号改称など台湾独立色の強い政策を掲げていた台湾の陳水扁《ちんすいへん》政権を牽制する意図は明白だった。

当然のことながら、台湾側は台湾への武力行使を規定した同法に強く反発し、三月二十六日には総統の陳が自ら呼びかけ、与党民進党の主催により、一二〇万人が参加したデモが台北市内で行われた。また、西側諸国も同法については批判的で、三月二十八日には、日本を訪問中のリチャード・ギアが記者会見の場で突然、反国家分裂法に反対するメッセージを述べている。

ところが、中国国内の政治的な文脈では、反分列国家法は、むしろ台湾の〝現状維持〟と関係改善を目指すもの、江沢民時代の急進的な台湾統一路線からの転換を意図したものと理解されていた。

【図9】胡錦濤政権は、国民生活においても“和諧”を強調し、2008年には文言の入ったキャンペーン切手も発行した。

もちろん、胡錦濤政権とて、中国共産党の一党独裁体制を維持するための強権的な性格は他の政権と本質的になんら変わりはない。しかし、彼らの自己認識では、胡政権は経済成長を背景にした〝和《わ》諧《かい》（調和）社会建設〟【図9】を目指しており、〝中国の平和的発展〟を唱え、国際関係におけるソフトパワーを追求することを優先した。二〇〇八年の北京五輪や二〇一〇年の上海万博はその典型である。

〝中国人民抗日戦争と世界反ファシスト戦争勝利六十周年〟の切手に欧州大戦の出来事が取り上げられたのも、そうした和諧路線の反映として、抗日戦争に関する中国の歴史認識は、決して中国に特異なものではなく、欧米諸国とも共有しうる〝世界標準〟のものであることをアピールする意図が込められていたからではないかと考えられる。

戦略的互恵関係

二〇〇五年八月の総選挙で自民党を大勝に導いた

小泉首相は、二〇〇六年九月の任期満了をもって退陣することを早くから明言していたため、二〇〇六年に入ると、ポスト小泉の日中関係を見据えての動きが模索されるようになる。

小泉は、二〇〇六年八月十五日、終戦の日にあわせて、任期中最後の靖國神社参拝を行ったが、すでに中国は小泉には何も期待しないとの姿勢を示していた。

小泉の後継としては、七月に有力候補の一人であった福田康夫前官房長官が総裁選不出馬を表明していたこともあって、早くから安倍晋三官房長官が予想されており、二〇〇六年九月二十六日、(第一次)安倍内閣が発足した。

安倍政権の発足とほぼ時を同じくして、二〇〇六年九月二十四日、中国では江沢民派の重要人物で、中国共産党中央政治局委員で上海市党委員会書記の陳良宇《ちんりょうう》が〝上海市社会保険基金事件〟(上海市の幹部と企業の役員多数が、社会保障基金を私的流用したことが発覚した事件。陳が実業家の周正毅《しゅうしょうき》から受け取った賄賂等も含めた不正蓄財が四十億円にのぼることが判明した)で逮捕・失脚。これにより、江沢民派の権力は大きく削がれ、胡錦濤の権力基盤が確立し、胡錦濤にとって対日政策での自由度も大きくなった。

なお、失脚した陳に代わり、当時国家副主席だった曽慶紅の推薦で上海市党委書記に抜擢されたのが、後に国家主席となる習近平《しゅうきんぺい》である。

さて、首相就任以前の安倍は、対中強硬派とみられていたが、就任後の最初の外遊として十月八日から九日にかけて、二〇〇一年の小泉以来六年ぶりの現職総理としての訪中を実現し、胡錦濤、温家宝と相次いで会談した。

八日に発表された「日中共同プレス発表」は、歴史認識や台湾問題についての言及は最小限に抑えられ、日中両首脳は「アジアおよび世界の平和、安定および発展に対してともに建設的な貢献を行う」、「共通の戦略的利益に立脚した互恵関係の構築に努力」するなどの文言によって〝戦略的互恵関係〟の構築を目指すことが謳われた。

小泉・ブッシュ時代の日米両政府の対中外交も、基本的にはクリントン時代の〝関与〟政策を継承していた。すなわち、交流と交渉を通じて中国を国際秩序に取り込むことが最終的な目標である。

▲中国での歓迎式典に臨む安倍総理大臣
（内閣広報室／平成19年版外交青書）

ただし、中国人民解放軍の軍備増強や、一九九〇年代以降の台湾海峡、南シナ海、東シナ海での解放軍による示威行動を前に、〝関与〟政策は日米同盟の強化と表裏一体との認識が生まれた。二〇〇五年二月の日米安全保障協議委員会（2+2）において、①基本的人権、民主主義、法の支配といった普遍的価値の促進、②中国との協力関係を発展させ、同国が国際社会で責任ある建設的な役割を果たすことを歓迎する、③対話による台湾問題の平和的解決、④中国の軍事的透明性の向上、⑤海上交通の安全確保、などが日米同盟の共通戦略目標として掲げられたのは、小泉・ブッシュ時代の〝関与〟政策の性格を雄弁に物語っている。

安倍は、この〝関与〟政策を基本的に継承し、「強い日米関係が日中関係の発展に寄与する」との前提を踏まえつつも、日本側の対中〝関与〟をスムースに進めるため、首相としての靖國神社公式参拝は控えるという戦略を採用したのであった。もちろん、その背景には、北朝鮮の核開発や拉致問題の進展には中国の協力が不可欠との認識や、政冷経熱の〝経熱〟の部分を維持・拡大させていきたいとの財界の意向があったことは言うまでもない。

はたして、〝氷を砕く旅〟と称された安倍訪中を前に、二〇〇六年十月四日、日中関係の改善が中朝関係の冷却化につながることを懸念した北朝鮮は、核実験を行うとの方針を発表。安倍が中国から帰国した十月九日、最初の核実験に踏み切った。

これに対して、国連安保理は北朝鮮に対する制裁決議を全会一致で可決し、日本は独自の追加制裁を発動。十二月には北朝鮮の核開発問題に関する六ヵ国協議が再開された。

ところが、二〇〇七年一月、中国人民解放軍が人工衛星破壊実験を実施。さらに二月初旬には中国の海洋調査船〝東方紅二号〟が日本政府の設定した排他的経済水域内で事前通告のないまま、調査活動を行った。

こうして、日中関係が再び冷却化しつつある中で、二〇〇七年四月十一日から十三日にかけて、温家宝が訪日。温家宝は日本の国会で演説し、「中日国交正常化以来、日本政府と日本の指導者は何回も歴史問題について態度を表明し、侵略を公に認め、そして被害国に対して深い反省とお詫びを表明しました。これを、中国政府と人民は積極的に評価していま す」と述べ、その模様はライブ中継で中国のテレビでも放送された。中国では日本政府による〝お詫び〟が報道される機会が少なく、日本が過去の侵略を認めずに謝ろうとしないという誤解が根強く、江沢民政権ないしは江沢民派はそうした誤解を意図的に広げることで、反日感情を煽っていた面があった。

中国での温演説のライブ放送は、そうした中国国民の誤解を解くうえで画期的な出来事だったといってよい。

　安倍・温の首脳会談では、戦略的互恵関係について「日中両国は、将来にわたり、二国間、地域、国際社会等さまざまなレベルにおける互恵協力関係を全面的に発展させ、両国、アジアおよび世界のために共に貢献し、その中で互いに利益を得て共通利益を拡大する。そのことにより、両国関係を新たな高みへと発展させていく」ことであると定義され、官民問わずさまざまなレベルでの交流事業が実施された。

▲訪問先の中国で胡錦濤・中国国家主席（右）と会談する福田総理大臣（左）。（内閣広報室／平成20年版外交青書）

　二〇〇七年九月、安倍は健康上の理由から退陣し、元官房長官の福田康夫が後継内閣を組織したが、戦略的互恵関係は継承され、二〇〇七年十一月には中国人民解放軍の駆逐艦〝深圳〟が、中国の軍艦としては初めて日本を訪問。翌十二月二十七日から三十日にかけて福田が訪中し、環境・エネルギー分野の協力に関する共同声明、日中青少年友好交流年の活動に関する覚書、両国首脳の東シナ海に関する共通認識等が取り交わされている。

チベット人権問題と聖火リレー

　二〇〇八年一月、中国河北省の食品会社〝天洋《てんよう》食品〟の従業員が冷凍餃子に毒物を混入し、その餃子（いわゆる〝毒餃子〟）を食べた日本の消費者が中毒症状に陥る事件が発生。中国製食品・薬品の安全性については世界的に問題視されていただけに、この事件は日本国内でも大いに関心を集めた。さらに、日本の警察の調査により、毒物が中国国内で混入された可能性が高いと指摘されたにもかかわらず、中国の公安当局が中国国内での毒物混入の可能性は低いと反論し、天洋食品も責任を認めようとしなかったため、日本人の中国に対する信頼度は大いに低下した。

さらに、二〇〇八年三月十日、チベット亡命政府内の急進独立派であるチベット青年会議（ＴＹＣ・蔵青会）と、これを支援する国境無き記者団などの欧米の支援団体が、一九五九年のチベット蜂起の記念日に合わせて、ラサ市内で大規模なデモを行ったが、デモ隊の一部は過激化し、銀行や漢族・回族《かいぞく》（中国最大のムスリム《イスラム教》民族集団）の商店を襲撃して略奪・放火・暴行などを行った。このため、三月十四日、中国の公安当局は騒乱を鎮圧するために無差別発砲を行うとともに、中国人民解放軍の装甲車が群集に突っ込み、多くの市民が負傷した。

これを機に、中国政府の強圧的な支配に不満を持っていたチベット市民の抗議デモが大規模な暴動へと発展し、中国政府もダライ・ラマ十四世の支持者らとの〝人民戦争〟を戦う姿勢を鮮明にした。

事件を受けて、十八日の記者会見で、温家宝は「もしもダライが独立の主張を放棄し、チベットが中国領土の分割できない一部分であることを認め、また台湾が中国領土の分割できない一部分であることを認めれば、対話に向けた我々のドアは常に開かれている」と述べたが、中国当局による情報統制のため、チベットの実情が西側世界に伝えられないこともあり、中国政府の人権侵害に対して西側諸国が厳しい目を向けるのは当然だった。

また、三月二十九日午後、日米欧十五ヵ国の北京駐在各国外交団がチベットに訪問するのに合わせて、ラサ中心部にあるラモチェ寺前のほか、近くのジョカン寺前などで大規模なデモ(ダラムサラの亡命政府によると数千人規模、アメリカ系のラジオ・自由アジア電子版によると数百人規模)が発生すると、中国当局は治安部隊を投入し、主要な寺院を包囲・封鎖したほか、戦車や装甲車両などを投入しデモを鎮圧している。

　こうした中で、三月二十四日、北京夏季五輪(以下、北京五輪)の聖火がギリシャのオリンピアで採火され、同三十日、アテネでギリシャ側から北京五輪の主催者側へトーチが渡されたが、そのセレモニー中に十〜十五人の抗議者が「チベットに自由を!」と叫び、チベットの旗を広げ、警察に身柄を拘束された。

　スタートから懸念された北京五輪の聖火リレー【図10】は、案の定、世界各地でチベット問題や中国の人権問題に関する抗議デモに直面した。特に、フランスではデモの規模が大きかったことから、不満を募らせた中国の民衆が中国国内で反カルフール・デモ(フランスのスーパーマーケット、カルフー

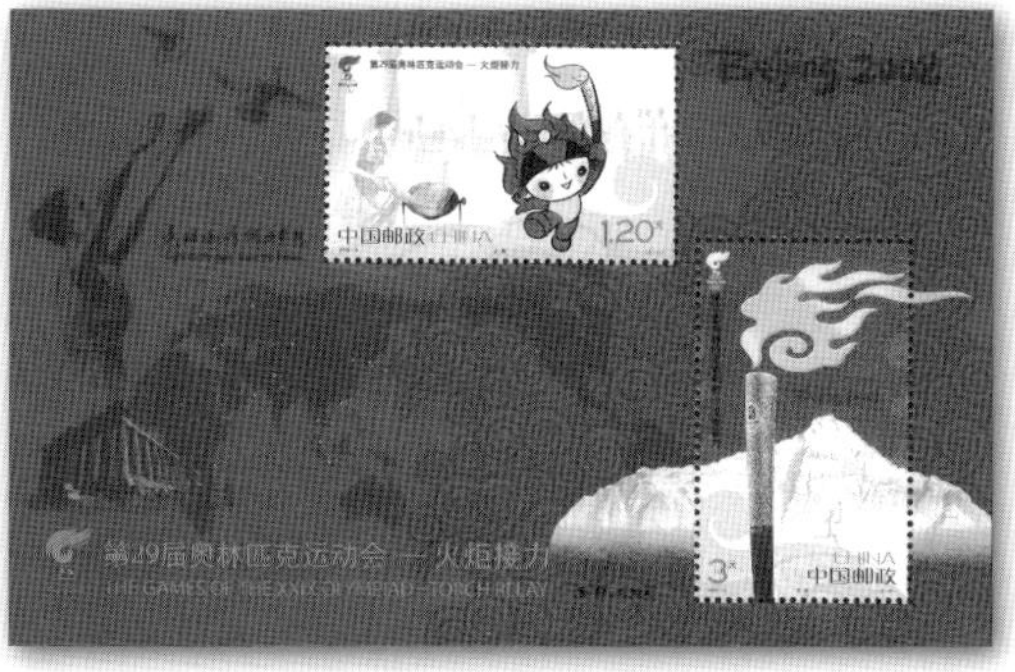

【図10】北京五輪の聖火リレーの記念小型シート。採火式と大会マスコットのうち福娃歓歓(フーワー・ファンファン/五輪聖火がモチーフ)を組み合わせた1元20分切手と、"チョモランマ(エヴェレスト)"と聖火のトーチを組み合わせた3元切手を組み合わせ、背景には聖火リレーのルートを示す地図を描く。

　一般にエヴェレストと呼ばれている世界最高峰の名称は、言語によってさまざまに異なる名前で呼ばれてきたが、チョモランマはチベット語の名称であって中国語(北京語)ではない。しかし、中国はこの山を"中国名・チョモランマ"として紹介することで、"中国領チベット"のイメージを全世界に拡散している。そうした政治的文脈に沿って、北京五輪の聖火リレーでは聖火のエヴェレスト登頂がハイライトの一つとして、中国はチベットが自国の"不可分の領土"であることを全世界に見せつけようとした。

ルでの不買運動）を行った。また、タイ（四月十八日）、オーストラリア（四月二十四日）、日本（四月二十六日）では、現地の中国大使館が中国人留学生を動員し、聖火リレーの沿道などに五星紅旗を林立させて、現地の住民と小競り合いを繰り広げた。特に日本では、当初、聖火リレーのスタート地点となる予定だった長野の善光寺が「チベットの宗教指導者が立ち上がり、それに対し弾圧しているので、仏教の寺として考えた」ことなどを理由に、出発地を辞退したことが注目された。

転機となった四川大地震

〝毒餃子〟と聖火リレーでの混乱で中国への批判が高まる中、五月六日から十日まで、胡錦濤が訪日した。

七日に発表された「『戦略的互恵関係』の包括的推進に関する日中共同声明」では、日本側が、中国の改革開放以来の発展が国際社会に大きな好機をもたらしていることを積極的に評価し、中国側は、日本は戦後六十年余にわたって平和国家としての歩みを堅持し、平和的手段により世界の平和と安定に貢献していることを積極的に評価した。共同宣言では、〝歴史〟と台湾への言及は最小限とされ、中国側は、「日本が国連を含む国際社会でよりふさわしい地位を得る」ことにも合意した。

また、当時、国際社会の関心事になっていたチベット問題に関しても、福田が国際社会の懸念を中国側に伝え、ダライ・ラマ側との対話の継続を要請したのに対し、胡錦濤は、〝祖国の分裂〟は絶対に容認しないとしながらも、ダライ・ラマ側との話し合いを継続する意思を表明した。これにより、中国は国際社会との協調姿勢を演出するとともに、〝戦略的互恵関係〟がチベット問題や人権問題で揺らぐことはないとアピールしたことになる。

結果として、一九八九年の（第二次）天安門事件の時に続いて、日本は西側諸国の中で、人権問題で国際社会から孤立した中国に手を差し伸べた最初の国となったが、このことは中国に対して、仮に西側諸国による中国包囲網が構築されても、日本はその環の最も弱い部分として攻略することが可能であることを再確認させることにもなった。

さらに、胡錦濤訪日直後の二〇〇八年五月十二日、四川省アバ・チベット族チャン族自治州汶川県で、M7.9～8.0の大地震が発生した。七月二十一日までに集計された地震による死者は六万九一九七人（国連国際防災戦略によると八万七四七六人）、負傷者は三十七万四一七六人、行方不明一万八二二二人に及び、その二割以上は学校の生徒だった。また、二十一万六〇〇〇棟の家屋が倒壊、四一五万棟が損壊。地震により避難

▲揺れと地滑りで大きな被害が出た北川チャン族自治県。農業発展銀行の北川県支店と宿舎。
（人神之間）


した人は約一五一四万七四〇〇人となり、被災者は累計で四六一六万八六五人となった。なかでも、震源地の汶川県映秀鎮《えいしゅうちん》の死者・行方不明者は全人口一万人の約八割、少なくとも七七〇〇人に上っている。

地震発生を受けて、胡錦濤の直接指示により中国政府は日本に国際緊急援助隊の派遣を要請。五月十五日にはその第一陣が北京入りし、翌十六日には被災地入りした。日本の援助隊が現地入りした時には、すでに地震発生から七十二時間以上が経過し、生存者の発見・救出はかなわなかったが、発見した

親子の遺体を前に整列して黙祷する日本隊の姿が中国全土に報じられると、中国メディアはこれを絶賛した。メディアが当局の統制下にある中国において、これらの報道に胡錦濤政権の強い意向が反映されていたことは言うまでもない。

日本国内でも、四川省の被災者に対する義援金運動が盛り上がり、政府の対中援助に留まらず、民間からの義援金や支援物資が中国に送られた【図11】。

【図11】四川大地震の救援義捐金のタブ付き切手

こうして中国国内で対日イメージが向上したタイミングを狙って、五月二十三日、福田内閣は、学校行事として靖國神社や護国神社など戦没者を祀る施設に訪問することを禁止した、一九四九年の文部省事務次官通達を失効させ、修学旅行や社会科見学などで靖國神社や護国神社を訪問することを解禁した。福田は、二〇〇七年九月十五日の自民党総裁選出馬記者会見で、自身の靖國神社参拝について問われて「相手が嫌がることをあえてする必要はない」と答えたことから、メディアなどでは靖國神社については否定的な親中派というイメージで語られることが多い。しかし、実際には、戦没者の追悼や慰霊自体には積極的に参加しており、内閣官房長官在任時を除けばほぼ毎年、終戦の日に群馬縣護國神社を参拝している。むしろ、自身が参拝しないことで、歴史教科書問題の際に見られたような中国側の批判を封じつつ、学校教育における靖國神社をタブー視する状況を解消したと評価してよいだろう。

また、四川大地震後の六月十八日、五月の胡錦濤訪日時、東シナ海ガス田に関して、日中は北部の翌《あす》檜《なろ》(中国名・龍井《ロンジン》)については中間線をまたぐ形で共同開発し、すでに中国が開発している白樺については日本企業の共同出資を認め、その他についても継続協議するとの合意が日中間で成立していたことが明らかにされた。

この合意内容については、日本に譲歩しすぎているとの強い反発が予想されたため、五月の会談当時は公表されなかったものだが、やはり(中央に誘導されたものではあるが)、国内世論の変化に合わせて発表が可能になったものとみてよい。ただし、中国国内の強硬派はこの合意を激しく批判し、その後、日中間で様々な問題が発生したことで具体的な協議の進展はなかったが…。

四川大地震の発生後、チベット問題で中国に冷ややかな視線を向けていた国際社会は中国に同情するようになり、各国メディアでの対中批判は急速にトーンダウンする。

こうした中で、七月七日から九日まで、北海道虻田郡洞爺湖町のザ・ウィンザーホテル洞爺リゾート&スパを会場にして北海道洞爺湖サミット【図12】が開催され、これにあわせて、サミット参加八ヵ国に、オーストラリア、ブラジル、中国、インド、インドネシア、メキシコ、韓国、南アフリカ、EUを加え

【図12】北海道洞爺湖サミットに際して、開催国の日本が発行した切手シート

▲北海道洞爺湖サミット／出席首脳の集合写真。
(whitehouse.gov)

た〝主要経済国首脳会合（MEM）〟が開催され、胡錦濤も来日し、国際緊急援助隊の代表と会見して謝意を述べた。

こうした状況の中で、二〇〇八年八月八日から二十四日まで、北京五輪が開催された【図13】。開会式には、日本の福田首相をはじめ、ブッシュJr.米大統領、サルコジ仏大統領など、各国の首脳ほぼ参加し、五輪を通じて国威発揚をはかるという中国の目的は達せられた。また、競技の面でも、中国は米国の三十六個を大幅に上回る四十八個の金メダルを獲得し、メダル獲得競争でも一位となり、開催国として大いに面目を施した。

なお、国家副主席として北京五輪の全体を統括した習近平は、五輪を成功に導いた功績により、次期最高指導者としての地位をほぼ手中にする。

【図13】北京五輪の開会式にあわせて中国が発行した記念切手。メインスタジアムとなった北京国家体育場（通称・鳥の巣）をイメージした図案となっている。

▲メインスタジアムとなった北京国家体育場。
(BRUNNER Emmanuel)

▶北京五輪における日本人選手の活躍。金メダルを獲得したレスリングの吉田沙保里（右上）、ソフトボールの上野由岐子（左）、水泳の北島康介（右下）。

第八章

韜光養晦《とうこうようかい》から一帯一路《いったいいちろ》へ

リーマン・ショックと民主党政権の誕生

日本国内では、二〇〇八年八月二日、福田内閣の改造が行われたが、その人事をめぐり、連立与党を組む公明党との対立が生じた。当時は、参議院で野党が多数を占めるねじれ国会の状況だったこともあり、公明党内には、着々と選挙準備を進める民主党への警戒感から「福田首相では総選挙を戦えない」という空気が蔓延。さらに、秋の臨時国会の争点になるインド洋での自衛隊艦船の給油活動を定めた、新テロ特措法の延長問題に慎重論を唱え始めた。同法案は前年秋の臨時国会で野党が参院で否決し、自公連立政権は国会を二回延長することで二〇〇八年一月になんとか成立させた経緯があり、今後の国会運営には公明党の協力が不可欠であったことから、追い詰められた福田は九月一日の記者会見で退陣表明し、九月二十四日、自民党幹事長の麻生太郎を首班とする後継内閣が発足した。

麻生内閣発足後まもない九月十五日、米国の大手証券会社リーマン・ブラザーズが経営破綻した。

二〇〇〇年代の米国は低金利政策の下、カネ余りが生じ、その資金が住宅市場に流れ込んで住宅価格が上昇していた。こうした状況の中で、住宅価格の値上がりを前提に、信用度の低い人々を対象としたサブプライムローンの利用が急増したが、住宅バブルの破綻とともにそれらが不良債権化。その影響は、ついにリーマン・ブラザーズの破綻にまで及んだのだった。

米国を代表する巨大証券会社の一角が破綻した影響は大きく、主要国の経済は軒並み深刻な打撃を受け、リーマン・ショックとも呼ばれる世界金融危機

◀神舟7号の飛行成功・発射記念として発行された切手。

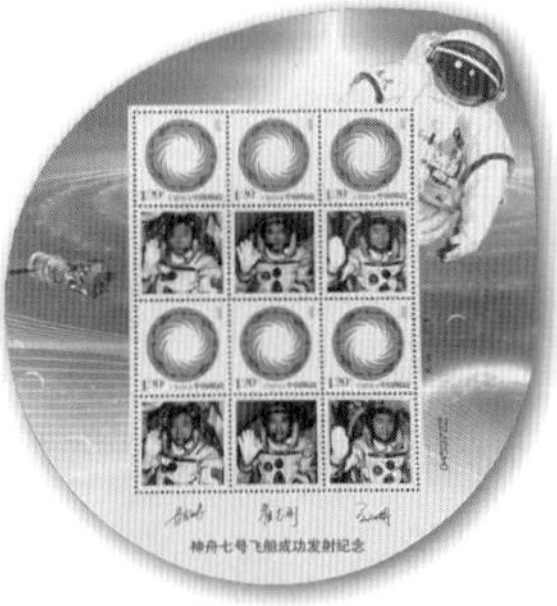

が発生した。そうした中で、北京五輪の成功を経て国際的な存在感を増した中国は、麻生内閣成立翌日の九月二十五日、有人宇宙船〝神舟《しんしゅう》七号〟の打ち上げを成功させただけでなく、十一月九日には、リーマン・ショック後の緊急対策として、二〇一〇年までに四兆元(当時のレートで約五十六兆円)の景気刺激策を導入することを決定。議会を通じた民主的プロセスを必要としない、権威主義国家としての機動性を見せつけた。

一方、米国では二〇〇八年十一月の大統領選挙で民主党のバラク・オバマが当選。二〇〇九年一月に発足したオバマ政権は、リーマン・ショックへの対応をはじめ、気候変動問題や反テロ等の諸問題に関して中国と協調する姿勢を鮮明にし、中国の人権問題についての批判を抑えるなど、対中宥和姿勢を鮮明にした。

日本国内では、〝選挙の顔〟として期待された麻生首相がリーマン・ショックへの対応もあって解散・総選挙を先送りにせざるを得なくなったことに加え、〝踏襲《とうしゅう》〟を〝ふしゅう〟と読み間違えた首相の発言などがメディアなどで大々的に攻撃され、内閣の支持率は急落。二〇〇九年八月三十日にようやく行われた

▲アメリカ郵政公式の「第44代米大統領選挙 オバマ勝利記念カバー」。星条旗を描く普通切手に、一般投票に勝利し、大統領に当選した2008年11月4日のワシントンDC(ホワイトハウスの所在地)の消印を押印。

総選挙で自民党は大敗し、九月十六日、三〇八議席を獲得した民主党の代表、鳩山由紀夫を首班に社会民主党、国民新党の三党連立内閣が発足した。

鳩山については、総選挙前に彼が雑誌『Voice』二〇〇九年九月号(八月十四日発売)に寄稿した論考「私の政治哲学」において米国の経済政策や日米関係の現状を批判した内容が、抄訳として八月二十七日付の『ニューヨーク・タイムズ』に掲載され、米国や台湾で「反米的」と報じられたこともあり、米国では民主党政権について不安視する声が少なくなかった。

実際、鳩山政権は〝対等な日米関係〟を掲げ、〝対米追従〟からの脱却を目指そうとしたが、それは結果として中国への傾斜を(少なくとも相対的には)強めることと表裏一体だった。

すなわち、民主党政権は、対中政策に関しては自民党時代の戦略的互恵関係の構築という目標を継承するとしていたが、九月二十一日、国連総会参加のためにニューヨークを訪れた鳩山は現地で胡錦濤と会談し、チベット問題は「中国の内政の問題と理解している」と述べ、中国の人権侵害を容認していると受け取られない姿勢を示した。さらに、十月十日、日中韓首脳会議のため北京を訪問した鳩山は、日米同盟を重視すると述べつつも、いままで日本は米国に依存しすぎてきたとも発言する。

こうした中で、二〇〇九年十一月十三日、オバマ米大統領がアジア歴訪の最初の訪問国として初来日し、同日、日米首脳会談と歓迎夕食会(首相主催)が開催されたが、翌十四日未明、鳩山はシンガポールでの日本広報センター開設式とAPEC会合に出席するため、ゲストであるオバマを国内に残して出国してしまい、北京での発言と併せて、彼が米国を軽視しているかの印象を与えることになった。

はたして、二〇〇九年十二月十日から十三日まで、政権の実力者だった民主党幹事長の小沢一郎が同党の国会議員一四三名を率いて訪中。小沢は胡錦濤との会談で、翌二〇一〇年夏の参院選について「こちらのお国(中国)にたとえれば、解放の戦いはまだ済んでいない。来年七月に最後の決戦がある。私は人民解放軍の野戦軍司令官として頑張っている」と語っただけでなく、訪中団の議員一人一人が胡と握手して写真撮影を行うなど、党としての親中姿勢を鮮明にする。

さらに、小沢は、中国共産党の次期党総書記・最高指導者に内定していた国家副主席、習近平の天皇への謁見も強引に設定した。

二〇〇九年十二月の習の訪日に先立ち、中国政府は、一九七八年の鄧小平、一九九二年の江沢民、一九九八年の胡錦濤の先例に倣い、天皇の引見を要請した。

海外要人を天皇が引見される場合、予定日の一ヵ月前までに宮内庁に申請する〝一ヵ月ルール〟が慣例になっており、外務省はそのことを中国側に説明して早急に日程を確定するよう求めたが、中国側は十二月の中央経済工作会議の日程が決まらないとわからないと返答。十一月十九日になって、来日した中国外交部長、楊潔篪《ようけっち》の随行者が、習は十二月中旬頃に訪日する予定であると内報。その後、中国側は十一月二十三日に習の訪日日程を正式に伝達してきたため、同二十六日、外務省が宮内庁に天皇の引見を打診したが、翌二十七日、宮内庁は〝一ヵ月ルール〟に照らして応じることはできないと返答した。

そこで、十一月三十日、日本政府は中国政府に天皇の健康状態を理由として会見を断ったが、十二月七日、鳩山首相は平野博文内閣官房長官に「何とかできないか、非常に重要なんだけど」と指示。平野は、羽毛田《はけた》信吾宮内庁長官に電話で「日中関係の重要性に鑑み、是非お願いする」と指示したが、羽毛田は「政府内で重視されてきたルールであり、尊重して欲しい」と抵抗した。これに対して、翌八日、小沢は鳩山を「会見はやらないとだめだ」「何をやっとるのか」「ゴチャゴチャやっとらんで早くせい」と電話で恫喝した。

▲中国副主席・習副主席と会見される天皇陛下
（時事通信社）

　十二月九日、日本政府は「陛下のご健康がすぐれず、会見に応じるのは難しい」との認識を強調して中国政府に習の引見を断念するよう説得。中国側もこれを受け入れたが、小沢はあきらめず、十一日、日本政府は最終的に十二月十五日に天皇が習と〝会見〟を行うと発表した。本来、〝会見〟は国家元首・王族を対象としたもので、副主席の習に対しては〝引見〟の語を用いるべきなのだが、鳩山内閣はこの点でも慣例を無視したことになる。

　こうして、十二月十五日、習の引見が行われたが、民主党政権による天皇の政治利用があまりにも露骨だったことから、日本国民の対中感情は悪化した。

　当時、鳩山政権は米軍普天間飛行場の移設問題について、すでに日米間で合意が成立していた辺野古での新基地建設を白紙に戻し、沖縄県外の代替地への移設を公約に掲げていたものの交渉が紛糾していたこともあり、米国は中国に傾斜する民主党政権への不信感を募らせ、二〇一〇年四月十二～十三日に米ワシントンで開催された核セキュリティ・サミットでは、鳩山はオバマ大統領との会談を再三要請するも拒否された。

こうした状況の中で五月一日、上海万博が開幕する【図1】。

日本からは、政府と民間企業が約一三〇億円を折半して日本館を出展したが、他の外国パビリオンの大半が自国の国旗を掲げる中、日本館には、当初、日章旗が掲揚されていなかった。しかも、これは中国側からの要請を受けてのことではなく、日本側が自主的に判断したことが明らかになった。過去数回の万博でも日本館には日章旗を掲げていなかったので、それを継承しただけだというのが担当者の説明だったが、それまでの民主党政権の対中姿勢から、中国に対する過剰な配慮の結果とみられても仕方がない面があった。

【図1】上海万博の開幕に合わせて中国が発行した記念切手

なお、開会後の五月六日に日本郵便が発行した上海万博のグリーティング切手【図2】には、〝中国2010上海万国博覧会記念〟ではなく、〝祝・中国2010上海万国博覧会〟の文字が入った異例のスタイルとなっている。

結局、二〇一〇年五月四日、鳩山は「学べば学ぶ

【図2】日本郵便が発行した上海万博のグリーティング切手

▲上部中央のタイトル部分に、「祝」の文字が入れられている。

につけて、（米海兵隊の各部隊が）連携し抑止力を維持していることが分かった」として県外移設を断念。折から、自身の政治資金問題も表面化したこともあり、六月二日の民主党両院議員総会で「国民が聞く耳を持たなくなった」と述べ、民主党代表及び内閣総理大臣からの職を退くと表明。六月八日に内閣総辞職した。

尖閣漁船衝突事件

鳩山の退陣表明を受け、民主党の代表選挙が六月四日に行われ、鳩山内閣の副総理だった菅直人が勝利した。菅は同日の首班指名選挙によって内閣総理大臣に指名され、六月八日、菅内閣が発足した。

ところで、二〇一〇年は中国がＧＤＰで日本を抜き、世界第二位になった年で、以後、中国は国際問題に関しても自己主張を強めていく。

かつて鄧小平は、中国外交は〝韜光養晦〟を基本とすべきだと説いた。もともと〝韜光〟は名声や才覚を覆い隠すこと、〝養晦〟は隠居すること、の意味で、この場合は、国際社会に対して能力を隠し、低姿勢を保つことで、当面は経済発展に専念すべきであるという意味になる。

胡錦濤政権は、当初、韜光養晦路線を継承していたが、彼に対する反対勢力は対外強硬論、特に対日強硬論を掲げて胡政権に揺さぶりをかけていた。ところが、二〇〇八年の北京五輪とリーマン・ショックを経て、中国が〝大国〟になったとの意識が国民の間にも浸透すると、韜光養晦を継続することへの不満も高まっていった。

このため、二〇〇九年七月の第十一回駐外使節会議において、胡は「政治の影響力、経済の競争力、親しいイメージを呼び起こす力、道義による感化力」の〝四つの力〟を強めるよう呼びかけるとともに、外交の基本方針を「韜光養晦、有所作為」から「堅持韜光養晦、積極有所作為」（能力を隠して力を蓄えることを堅持するが、より積極的に少しばかりのことをする）と修正する。

当時はイラクとアフガニスタンの状況が小康状態を保っていたこともあり、米国はアジア回帰政策を打ち出すことになり、二〇〇九年七月、東南アジア友好協力条約に加盟し、同十一月には米・アセアン首脳会議を開催していた。

一方、二〇一〇年三月、中国政府は南シナ海を台湾やチベットと並ぶ〝核心的利益〟と位置づけたが、同年七月、そのことが明らかになったため、アセアン諸国は中国に対する警戒感を募らせた。

こうした状況の下で、二〇一〇年九月七日、尖閣諸島付近の海域をパトロールしていた海上保安庁の巡視船〝みずき〟が中国籍の不審な〝漁船〟を発見した。このため、〝みずき〟は〝漁船〟に日本領海からの退去を命じたが、〝漁船〟はそれを無視して違法操業を続けただけでなく、逃走時に巡視船〝よなくに〟と〝みずき〟に体当たりし、二隻を破損させた。そこで、海上保安庁は漁船の船長を公務執行妨害で逮捕し、石垣島へ連行。〝漁船〟を石垣港に回航し、船長以外の船員に事情聴取を行った。その後、九日には船長の身柄は那覇地方検察庁石垣支部に送検された。

これに対して、中国政府は、船長の行為を全く問題にすることなしに、「釣魚諸島（尖閣諸島の中国側の呼称）は中国固有の領土」と主張し、北京駐在の丹羽宇一郎大使を呼び出して強く抗議するとともに、船長、船員の即時釈放を要求。このため、九月十三日、日本政府は船長以外の船員を中国に帰国させ、〝漁船〟も中国側に返還したが、船長に関しては起訴する方針を固め、同十九日、勾留延長を決定した。

この間、事件発生翌日の九月八日には、中国の反日民間団体のメンバーら三十〜四十人が北京の日本大使館前で船長の釈放などを求める抗議行動を行い、中国の公安当局はこれを黙認した。さらに、日本大使館の調査によると、「広東省広州市の日本総領事館の外壁にビール瓶を投げつけられた」「北京の日本大使館近くで車のクラクションが五分間鳴り続ける騒ぎが起こった」「天津日本人学校に鉄球が撃ち込まれた」など、九月十五日までに中国人による日本大使館や日本人学校への抗議や嫌がらせが、約三十件に達したという。

▲ 2010年9月7日、尖閣諸島沖で海上保安庁巡視船と中国漁船が衝突する瞬間。状況を記録したとみられる映像が、乗船・撮影していた海上保安官によってインターネット上に流出した（221㌻参照）。[動画投稿サイト「YouTube（ユーチューブ）」より]（時事通信社）

九月十九日、船長の勾留延長が決定されると、中国政府はただちに「日本との閣僚級の往来を停止」「航空路線増便の交渉中止」「石炭関係会議の延期」「日本への中国人観光団の規模縮小」を決定した。特に、本来であれば、問題解決のために閣僚級の対話と交渉が最も必要とされる局面で、中国側が一方的に対話のチャンネルを遮断したことは、中国の韜光養晦路線が有名無実化したことを雄弁に物語っていた。

さらに、翌二十日、中国は在中国トヨタの販売促進費用を賄賂と断定し、罰金を科すと決定したほか、翌二十一日から予定されていた日本人大学生の上海万博招致の中止を通達。さらに、総合建築会社フジタの中国駐在社員四人を「許可なく軍事管理区域を撮影した」として身柄を拘束し、レアアースの日本への輸出を事実上停止（名目上は、通関業務の著しい遅延）した。さらに二十一日には、ニューヨークを訪れていた温家宝が「われわれは（日本に対し）必要な強制的措置を取らざるを得ない」と在米華僑らとの会合で述べ、外国に対しては異例となる「強制的措置」との文言を使って日本に対して更なる報復を仄めかした。

これに対して、日本政府は何ら積極的な対応を打ち出すことができず、中国側に〝冷静な反応〟を呼びかけるのみだった。これは、民主党政権の親中姿勢もさることながら、対中外交のノウハウの蓄積がなかったことによる同政権の能力不足によるところが大きい。

結局、事実上の人質を取られ、中国国内で他の日本人も恣意的な名目により拘束されかねないという現実を見せつけられた日本側は、「わが国国民への影響や今後の日中関係を考慮した」との理由で、船長を処分保留で釈放するという異例の措置を取り、九月二十五日、中国人船長は中国側が用意したチャーター機で、石垣空港から中国へと送還された。

ところで、〝漁船〟衝突時、海上保安庁は事件を記録する四十四分間の動画を撮影しており、首相の菅直人、官房長官の仙谷由人、外相の前原誠司の三閣僚は早い段階で動画を確認していたが、民主党政権は中国への配慮から国民への映像の全面公開を一貫して拒否していた。しかし、船長が釈放された後も、フジタ社員の拘束、レアアースの禁輸、海事機関船舶の尖閣海域進出、謝罪要求等の中国側の強硬姿勢が続いたことから、九月三十日、衆議院予算委員会は映像の公開を政府に求めることを決定した。

その結果、約一ヵ月が経過した十一月一日、那覇地検によって六分五十秒に編集された映像が衆参予算委員会の理事ら三十人に限定して公開された。世論でも映像を公開する声が高まっていたため、野党自民党は記録された全ての映像を国民へ全面公開することを求めたが、政府と与党はこれを拒否している。

　こうした中、十一月四日、第五管区海上保安本部所属の海上保安官一色正春が〝sengoku38〟のハンドルネームでインターネット動画サイトYouTube《ユーチューブ》に、中国漁船が巡視船二隻に体当たりする場面が収録された動画（合計四十四分）を六分割して流出させ、翌五日早朝からはそれがテレビでも大々的に報じられはじめた。

▲ 2012～2013年頃、アフリカのチャドで発行された、魚釣島が中国の領土であることを主張する切手。232ページ参照。

　このため、海上保安庁は被疑者を特定しないまま国家公務員法守秘義務違反、不正アクセス禁止法違反、窃盗、横領の疑いで警視庁と東京地方検察庁に告発。十日には一色が「自分が映像を流出させた」と名乗り出たが、最終的に流出した映像は本来秘密性が低いとして逮捕は見送られた。

　一連の経緯について、中国は外交的勝利と自画自賛したが、これ以後、国際社会では胡錦涛政権が掲げてきた〝平和的発展〟路線の信頼性は地に落ち、対外投資や資源調達を中国に集中させることのリスクが真剣に検討されるようになる。

　また、鳩山政権時代、沖縄の普天間基地問題などをめぐって冷えこんだ日米関係は、〝中国の脅威〟を前に正常化の方向へ動き、オバマ政権は尖閣諸島が日米安保条約の適用範囲に含まれることを明言した。これにより、日本との戦略的互恵関係によって日米同盟に楔を打ち込み、米国を牽制しようという中国の戦略は大幅な後退を余儀なくされた。

東日本大震災

二〇一一年三月十一日午後二時四十六分ごろ、三陸沖を震源とするマグニチュード九・〇（気象庁観測史上最大）の東北地方太平洋沖地震が発生。宮城県北部で震度七を記録したほか、岩手、宮城、福島、茨城、栃木、群馬、埼玉、千葉の各県で震度六強から六弱を観測した。地震により発生した大津波は東北地方から関東地方の太平洋岸の各地で甚大な損害をもたらし、地震と津波による死者は、一ヵ月後の四月十二日の時点で、一万三〇〇〇人以上、行方不明者は一万四五〇〇人以上、六万七〇〇〇〇棟以上の建物が全半壊し、阪神・淡路大震災を上回る戦後最大の災害となった【図3】。

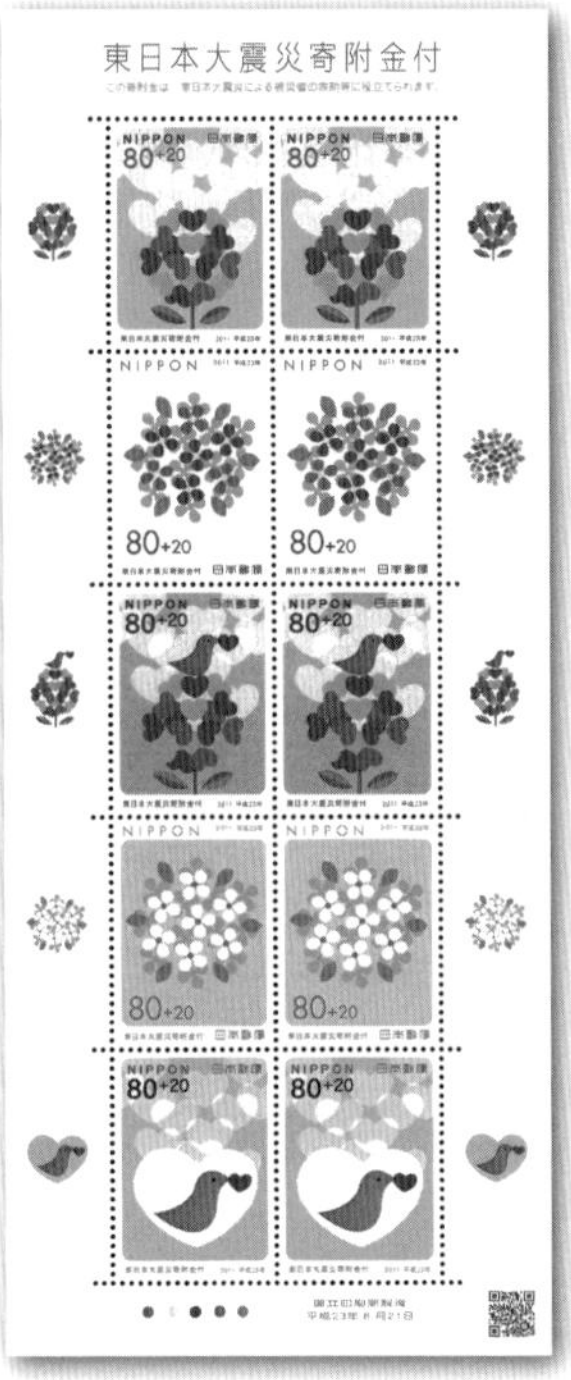

【図3】東日本大震災の被災者救援の寄附金つき切手シート

また、地震発生後、福島第一原子力発電所で放射性物質の漏出事故が発生。六基の原子炉のうち一〜四号機の電源が津波の浸水で故障し、さらに原子炉建屋内で水素爆発がおきるなど、炉心溶融の危険性が生じた。このため、政府は原子力災害特別措置法に基づき、「原子力緊急事態」を宣言し、付近住民は避難生活を余儀なくされた。

震災の発生直後、台湾の馬英九《ばえいきゅう》総統は「日本側の要請を受けたら、すぐに救援隊を出動したい」と語り、直ちに援助隊を出動可能な状態に待機させた。外交部は十一日中に日本政府に三十万台湾ドルの義援金を送ることを表明。翌十二日には、一億台湾ドル（当時のレートで約二億八〇〇〇万円）に増額した。馬は、日本が一九九九年九月の台湾中部大地震や二〇〇九年八月の南部台風災害で台湾を支援したことに触れ「我々も同様に積極支援する」と語っている。

ところが、十一日に救助隊の派遣を表明していた台湾に対して、菅政権は中国への配慮から待機を要請。中国を含む各国の救助隊が続々と日本入りする中、台湾隊は丸二日間の待機を余儀なくされ、台湾隊二十八人は三月十四日午前に台北市内の松山《しょうざん》空港を出発し、日本到着後、自力で被災地に入り、救助活動に当たる計画を立てた。

一方、中国とロシアは、震災の発災直後から偵察機、戦闘機を波状的に日本の防空識別圏内に飛来させたため、自衛隊は、災害派遣と並行して戦闘機によるスクランブル発進を実施して対処せざるを得なかった。

それでも、温家宝は「中国政府を代表して日本政府と日本国民に対しお見舞いを申し上げる」という電報を菅首相に送るとともに、必要な援助を提供する意思があることを表明。胡錦濤も「犠牲者の方々に深い哀悼の意を表し、一日も早い復興をお祈り致します」との電報を天皇に宛てた。中国地震局は三月十二日夜、日本の被災者に人道援助を提供するため、国際救援隊十五人を同月十三日朝に派遣すると発表した。

民主党政権は、この中国隊の日本到着が台湾隊よりも先になるようにとの〝配慮〟から、台湾隊に待機を要請したが、その結果、中国隊は国際救援隊の中で最も早く日本に到着することになった。さらに中国は日本に計三〇〇〇万元の緊急無償人道支援を行い、新華社通信は「四川大地震で日本から支援を受

▲クック諸島から発行された、「地震と津波救済」切手。左の切手のQRコードを読み込むと東日本大震災の被災者へ寄附ができるほか、切手の売り上げの20%が寄附金として日本赤十字に贈られた。

◀モザンビークから発行された、東日本大震災の犠牲者追悼の切手。４種連刷シートと小型シートのセットで、被災地と被災者、救助活動を行う自衛隊などを描く。

けた恩に報いたい」という論評記事を配信。中国赤十字会は同日、日本赤十字社に百万元（約一二三〇万円）を緊急援助し、必要に応じた人道援助をすることを決定し、一般市民からの義援金も相次いだ。

こうした中国からの支援は前年の尖閣漁船衝突事件以来、険悪になっていた日中関係を（一時的にせよ）改善させるうえで大きな役割を果たしたが、その一方で、中国への配慮から、台湾の支援をことさらに過小評価し、蔑ろにしているような民主党政権の対応には批判が集まった。

たとえば、震災から二年が経過した二〇一三年四月五日の時点で、海外から日本赤十字社に送られた義援金の金額は、一位の米国が二十九億九八一一万八二五〇円、二位の台湾が二十九億二八九四万七四一七円だったのに対して、中国は、タイ（二十億五九三〇万八〇五一円）、オマーン（十億七六七〇万六四一円）に次いで、九億一九九七万一八八六円で五位だった。また、日赤への義援金を含め、台湾の寄付総額は少なくとも七十三億六四〇〇万台湾ドル（約二〇〇億円、二億五二〇〇万米ドル）に達していた。

ところが、震災から一ヵ月後の二〇一一年四月十一日、日本政府は、東日本大震災への支援を感謝する菅直人首相のメッセージ広告〝Thank you for the Kizuna（絆）〟を、英『フィナンシャル・タイムズ』、米『ウォールストリート・ジャーナル』、『インターナショナル・ヘラルド・トリビューン』など、米中韓英仏露の六ヵ国七紙に掲載したものの、世界最大の義捐金支援（広告掲載時点で日本円にして一〇九億円以上）を行った台湾に対しては、菅首相名義の感謝状が馬英九総統、呉敦義《ごとんぎ》行政院長、楊進添《ようしんてん》外交部長に送られたものの、新聞への感謝広告は行われなかった。

このことが明らかになると、菅政権の対応に対して疑問視する声が沸き上がり、日本人デザイナーが個人の企画としてツイッターで広告掲載を呼びかけた。その結果、数日間で一九〇〇万円以上にのぼる寄付金が寄せられたため、この寄付金により日本国民有志という形で、五月三日付の台湾紙『聯合報』と『自由時報』に「ありがとう、台湾」と題した感謝広告が掲載されている。

また、震災から一年後の二〇一二年三月、日本政府主催の追悼式典が行われ、台湾代表として羅坤《らこん》燦《さん》・駐日副代表も出席したが、一九七二年の日中共同声明に謳われた〝一つの中国〟原則を根拠として、台湾とは外交関係がないということを理由に、羅は指名献花から外され、外交使節団が着席する会場一階の来賓席ではなく二階の一般席に案内された。

二〇一一年四月の感謝広告に続き、再び台湾の善意を踏みにじるような民主党政権（当時の首相は野田佳彦）の対応には、さすがに日本国内から「台湾に対してあまりにも非礼だ」と非難が殺到し、日本政府職員によると「抗議の電話が殺到して仕事にならなかった」という。この問題は国会でも取り上げられ、野田首相は「台湾のみなさんのお気持ちを傷つけるようなことがあったら本当に申し訳ない、深く反省したい」と表明している。

震災以前から、権威主義国家の中国に対する日本の好感度は低落傾向にあり、それと反比例するかのように台湾への好感度が上昇していたが、東日本大震災は、日本国内の親台湾感情を決定づけた出来事としても重要な意味を持っている。

尖閣購入

東日本震災発生時の首相だった菅直人は、震災と福島原発事故への対応の拙劣さから党内対立を招いて二〇一一年八月二十六日に退陣を表明。同二十九日の民主党代表選を経て、九月二日、菅内閣の財務相だった野田佳彦を首班とする新内閣が発足する。

十一月三日、フランスで行われたG20カンヌ・サミットで野田は胡錦濤と初めて会談した後、同十二日にハワイで開催されたAPC首脳会議で再び胡と会談したほか、同十九日にインドネシアのバリで開催された日中韓首脳会議で温家宝と会談。さらに、十二月二十五・二十六日の両日、北京を公式訪問し、日中間の戦略的互恵関係の回復に努めた。また、十二月の訪中では、北朝鮮の独裁者、金正日が亡くなった後の北朝鮮情勢についての意見交換を行い、二〇一二年三月にはソウルで開催された第二回核セキュリティ・サミット【図4】でも改めて胡錦濤と懇談した。

このように、野田政権は二〇一〇年の尖閣沖漁船衝突事件で悪化した日中関係の修復に努め、首脳レ

【図４】2012年の核セキュリティ・サミットに際して韓国が発行した記念切手

ベルでは一定の成果を上げたようにも見えたが、その一方で、漁船衝突事件以降、中国側はほぼ毎月の頻度で、農業部漁業局や国務院国家海洋局の公船を尖閣周辺海域に派遣したり、領海侵犯を繰り返したりするなどして、尖閣諸島への攻勢を強めていた。

こうした事態を踏まえ、二〇一二年四月十六日(日本時間十七日)、東京都知事の石原慎太郎は米ワシントンでの講演で、埼玉県在住の地権関係者から尖閣諸島を買い取る方向で基本合意したことを明らかにした。これを受けて、東京都は購入資金を捻出するために東京都尖閣諸島寄附金を募集し、九月十三日までに十四億七三二七万円の寄附が集まった。この間、東京都は政府に上陸を申請したが許可されなかったため、九月二日、海難救助船〝航洋丸〟で洋上から尖閣諸島を視察している。

東京都による尖閣諸島購入計画が浮上した当初、中国の反応は比較的落ち着いていた。たとえば、七月三日、ロシア首相のドミトリー・メドベージェフが突如、北方領土の国後島を訪れ、さらに、八月十日に韓国大統領の李明博《イ・ミョンバク》が、やはり突如として竹島に上陸したが、この両国と連動して中国政府が尖閣諸島について何か行動を起こすことはなかった。

ところが、八月十二日に香港を拠点とする保釣行動委員会のメンバーが尖閣に向けて出港し、翌十五日、そのうちの七人が日本の海上保安庁の警告を振り切って上陸し、沖縄県警に逮捕されてから、中国側の対日非難が本格化する。

実は、八月前半、同年秋の中国共産党第十八回大会を控えて、来るべき習近平体制下での人事を最終確定させるための北戴河《ほくたいが》会議が開催されており、江沢民派と胡錦濤指導部との暗闘が繰り広げられていた。

同年二月、重慶市副市長の王立軍《おうりつぐん》が成都市の米国総領事館に駆け込み、亡命を申請した(最終的に王の身柄は中国側に引き渡された)のを機に、中国共産党中央政治局委員で重慶市共産党委員会書記だった薄《はく》熙来《きらい》の妻、谷開来《こくかいらい》による英国人実業家、ニール・ヘイウッドの殺害事件、薄一家による総額六十億ドルに及ぶ巨額の不正蓄財、薄が主導したマフィア撲滅運動における拷問問題、薄と女性との不適切な交際などの数々のスキャンダルが発覚し、薄は失脚した。

王立軍の亡命未遂事件まで、薄は江沢民派のホープとして秋の党大会で中央政治局常務委員会に入ることが有力視されていたが、事件により指導部内の権力バランスが崩れ、胡錦濤派の権力基盤が強化された。こうした背景の下、戦略的互恵関係を掲げ、対日宥和路線を進めようとしていた胡指導部は尖閣問題についても必要以上に日本側を刺激することは得策ではないと考えていた。

ところが、北戴河会議が始まると、江沢民派を中心とする保守派は、ロシアや韓国に比べて、胡指導部は領土問題(=尖閣問題)に対して弱腰であると攻撃し、激しい巻き返しを図った。このため、胡指導部としても対日強硬路線に舵を切らざるを得なくなる。

そして、そのタイミングにあわせて、激しい反日デモが発生しただけでなく、中国の海洋監視船と漁業監視船が尖閣諸島周辺で領海侵犯を繰り返した。

中国側の激しい反発に接した日本国政府は、彼らの反発を和らげ〝平穏かつ安定的な維持管理〟をするためとして、尖閣諸島国有化の方針を決め、九月三日に地権者の合意を得たうえで、同十一日、魚釣島、北小島、南小島の三島を二十億五〇〇〇万円で購入し、日本国への所有権移転登記を完了した。この間の九月九日、野田はＡＰＥＣ首脳会議の機会をとらえて胡錦濤と十五分間の立ち話をし、国有化は、むしろ東京都が独自の開発を進めて尖閣諸島に対する実効支配を強化することを防ぎ、事態の安定化を図るためのものであるとして理解を求めている。国有化の手続きを進めている最中の九月四日、両国の

【図5】2012年9月4日、日本側で発行された「日中国交正常化40周年」の記念切手。30周年の時と同様、記念切手は日本側のみの発行であった。

象徴として桜と牡丹をデザインした〝日中国交正常化四十周年〟の記念切手【図5】が発行されたのも、そうした日本側の姿勢を反映したものとみてよい。

しかし、国内の熾烈な権力闘争から日本への妥協が困難になっていた胡政権には、日本政府による国有化は尖閣諸島の実効支配を強化するための措置として激しく反発する以外の選択肢はなかった。実際、温家宝は北京・外交学院での講演で「中国政府と国民は主権と領土の問題で、半歩たりとも譲歩しない」と述べ、以後、北京の人民大会堂で二十七日に開催予定だった〝中日国交正常化四十周年〟の記念式典をはじめ、中国で行われる日本に関するイベントが延期ないしは中止となった。当然のことながら、記念切手も発行されなかった。

また、中国中央電視台などの多くのメディアが尖閣国有化をめぐって大々的な対日批判を展開し、一

般国民の反日感情を煽ったため、中国各地では抗議活動が発生し、日本製品の不買運動だけでなく、日本人への暴行が相次ぎ、九月十五日から同十八日(満洲事変の発端となった柳条湖事件の記念日)まで暴徒化したデモ参加者により多くの日系商店・工場などが破壊・略奪・放火の被害を受けた。

これに対して、中国外交部副報道局長の洪磊《こうらい》は「事態が深刻化するかどうかは日本側の対応にかかっている」と述べ、中国政府として暴徒の行動を放任する姿勢を示したが、十九日以降、反日デモが〝愛国無罪〟の名目の下に激化し、やがて反政府デモへと転化する可能性が出てきたため、政府はデモの停止を命令。中国国内の騒擾は沈静化していった。

ただし、同じく十九日、米国防長官のレオン・パネッタ国防長官と会談した習近平(当時は国家副主席)は「日本は中国の主権と領土を侵害する過った言動をただちに止めるべきだ」「日本国内の一部の政治勢力が茶番を演じている」「国有化が領土問題を激化させた」としたうえで、尖閣諸島に対する日米安保の適用についても「米国が釣魚島の主権問題に介入せず、事態を複雑化させないことを望む」と牽制。これに対しパネッタは「尖閣諸島は日米安保条約の適用範囲内であり、軍事的な衝突に発展すれば、米国も関与せざるをえない」と応じている。

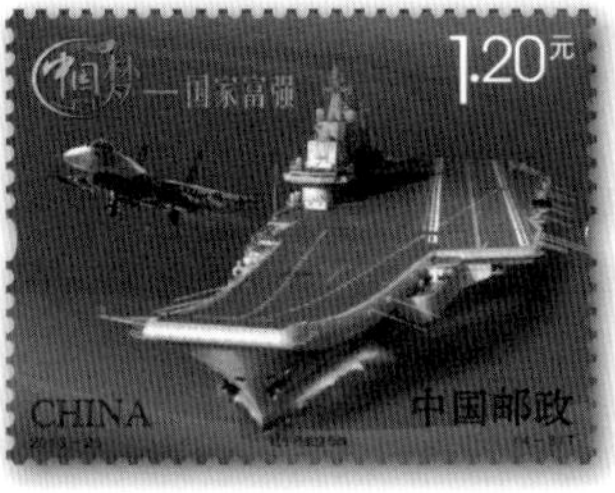

【図6】中国初の空母“遼寧”を取り上げた2013年の中国切手。遼寧は2016年以降、日本を威嚇するため、しばしば宮古海峡を通過している。

また、九月二十五日に就役した中国最初の空母【図6】は、最終的に就役当日に艦名が〝遼寧〟と発表されたが(174ページ参照)、人民解放軍からは尖閣諸島の中国

【図7】中国領としての尖閣諸島を取り上げたギニアビサウの切手

名である〝釣魚島《ディアオユーダオ》〟と命名するよう強い要望があったという。

九月二十七日の国連総会では、外交部長の楊潔篪が一般演説で「日本が〝釣魚島〟を盗んだ。」などと主張して日本を非難。これに対し、日本の国連大使、兒玉《こだま》和夫も尖閣諸島は日本の領土であるとの答弁を行い、「尖閣諸島は日本固有の領土であり、領土問題は存在しない」との日本政府の公式見解とは裏腹に、尖閣諸島が主として日中間の係争地であるとのイメージが国際社会では定着してしまった。

その余波はたとえば、【図7】の切手にも表れている。

これは、これは二〇一二年十二月二十日、西アフリカの小国、ギニアビサウが発行した〝尖閣諸島〟の切手で、左から、木白虹《もくびゃっこう》、尖閣諸島と五星紅旗（二種連刷）、アホウドリの切手の四種連刷形式となっている。島影と中国国旗の組み合わせだけでなく、プレスリリースなどでは、島の名前を、尖閣諸島の中国語名〝釣魚（島）〟をローマ字化した〝Diaoyu《ディアオユー》〟として説明していることからも、切手の制作者・発行者が尖閣諸島は中国領であると認識していることが明らかである。

ギニアビサウに限らず、一部の途上国にとって、切手の発行は外貨獲得のための輸出ビジネスの一つとなっており、そうした国と契約を結んで、輸出用の切手のマーケティングから制作・販売を引き受けるエージェントも存在している。

郵便料金前納の証紙であるという切手本来の目的での使用を想定せず、輸出ビジネスの一環として発行される切手は、収集家の間では〝いかがわしい切手〟として忌避される傾向にあるが、そうした切手を制作・販売する側からすれば、〝いかがわしい切手〟であろうがなかろうが、マーケットでより人気を得られるようなもの、すなわち、より多くの売り上げが見込めるものこそが商品としてすぐれているという評価になる。〝いかがわしい切手〟を発行する国(正確にはそうした切手に発行者としての名義を貸す国)や、そうした切手を企画するエージェントにとっては、どれほど立派な主義主張や思想信条、愛国心などを掲げてみても、〝商品〟としてその切手が売れないのであれば、全く意味がないからだ。

したがって、ギニアビサウやチャド(221ページ参照)などの国々と切手エージェントが、〝日本領・尖閣諸島〟の切手ではなく、〝中国領・釣魚島〟の切手を制作・発行したのは、彼らにしてみれば、単純に、日中の切手マーケットの規模の大小を反映したものであり、〝日本領・尖閣諸島〟の切手発行を望むのであれば、それに見合うだけの市場を用意しろということでしかない。

もちろん、自由主義経済ではそうした〝市場原理〟を否定することはできない。しかし、こうした切手がギニアビサウ国家の名前で発行されたという事実について、二〇一二年末の切手発行当時、日本政府がギニアビサウ政府に対して抗議しなかったとすれば(少なくとも、公開情報ではそうした事実は一切確認できない)、国際社会からは、日本は中国の(理不尽な)主張を黙認していると取られかねず、深刻な問題だといえよう。

第二次安倍政権と中国

二〇一二年十一月八日から十四日にかけて、中国共産党第十八回党大会が開催され、同十五日、習近平が党中央委員会総書記ならびに党中央軍事委員会主席に選出された。さらに、翌二〇一三年三月十四日の第十二期全人代第一回会議において、習は国家主席・国家中央軍事委員会主席に選出され、正式に党・国家・軍の三権を正式に掌握。翌十五日、李克強《りこっきょう》を国務院総理に任命し、習近平体制が本格的に始動する。

この間、二〇一二年十一月十六日、野田首相が衆議院を解散し、十二月十六日に行われた総選挙の結果、民主党五十七議席に対して、自民党が二百九十四議席、公明党が三十一議席を獲得して、自公連立政権が復活した。総選挙に先立って九月二十六日、谷垣禎一総裁の任期満了に伴う自民党総裁選挙で安倍晋三が当選し、総選挙後の十二月二十六日、第二次安倍内閣が発足した。

第二次安倍政権は、第一次政権時代に引き続き、中国との戦略的互恵関係の構築を目標として掲げつつも、中国の経済的・軍事的台頭に対応すべく、日・米（ハワイ）・豪・印の四つの海洋民主主義国家を結び、インド洋と太平洋における貿易ルートと法の支配を守るという〝セキュリティダイヤモンド構想〟を打ち出した。

この構想について、東シナ海・南シナ海で中国の脅威にさらされていた東南アジア諸国【図8・9／次ページ】の多くは、米国の太平洋戦略を補完し、中国に対するバランサーとして機能することを期待。特に、フィリピンは日本に対し円借款で巡視船十隻の供与を求め、日本国憲法の制約も承知のうえで海上自衛隊との踏み込んだ協力と連携を求めた。

【図8】2013年5月19日に中国が普通切手として発行した「美しい中国」のうち、西沙諸島（英語名：パラセル諸島、ヴェトナム語名：ホアンサ諸島）の“三沙七連嶼”を取り上げた1枚。西沙諸島は1954年まではフランス領インドシナの一部としてフランス軍が駐留していたが、1956年、中国軍が侵攻して東半部を占領し、西半部は南ヴェトナムが占領した。さらに、ヴェトナム戦争末期の1974年1月には、中国は西半部にも侵攻し、南ヴェトナム軍を排除して同諸島を完全に占領。以後、その全域は中国の実効支配下に置かれており、1988年に完成した同諸島の空港は南シナ海における中国の戦略拠点になっている。

【図9】2016年4月2日、ヴェトナムが発行した「チュンオンサ諸島（中国語名；南沙諸島、英語名：スプラトリー諸島）の植物」の切手。中国は1988年3月、同諸島に侵攻し、以後、赤瓜礁（ジョンソン南礁）、永暑礁（ファイアリー・クロス礁）、華陽礁（クアテロン礁）、東門礁（ヒューズ礁）、南薫礁（ガベン礁）、渚碧礁（スビ礁）と名付けられた岩礁または珊瑚礁を実効支配しているが、ヴェトナム側はこれを認めず、同諸島の領有権を主張している。

安倍は、第二次政権発足後まもない二〇一三年一月十六日から四日間の日程でヴェトナム、タイ、インドネシアを外遊の旅に出た。残念ながら、一月十六日に発生したアルジェリア人質事件（イスラム系武装集団による、天然ガス精製プラントでの人質拘束事件。日本人十名を含む八ヵ国三十七名が死亡した）に対処するため、十八日以降の予定を切り上げて帰国したが、代わりにジャカルタで発表される予定だったアセアン外交五原則が文書として公表された。

その内容は、①人類の普遍的価値である思想・表現・言論の自由の十全な実現、②海洋における法とルールの支配の実現、③自由でオープンな、互いに結び合った経済関係の追求、④文化的なつながりの一層の充実、⑤未来を担う世代の交流の促進、というもので、中国の海洋進出に対し、米国との同盟を基軸として日本とアセアン（ASEAN）の関係を強化し、経済とエネルギー・海洋安全保障分野での協力を促進していくことを謳っていた。

これに対して、中国外務省は「アジアでは多元的な文化と多様な社会制度が併存しており、我々は多様性の尊重を一貫して主張している」「当事国同士の対話によって平和的に問題を解決するというのが各国の共通認識だ」とする報道局長談話を発表し、対中牽制への警戒感を露わにすると同時に、日米両国などが南シナ海の海洋問題に介入することに反発する。

さらに、帰国後の一月二十八日に召集された第一八三回通常国会での所信表明演説では、日米同盟の強化を目標として掲げ、同年十月には日米間で自衛隊と米軍の役割分担を定めた防衛協力の指針（ガイドライン）の再改定を行うことで一致。二〇一五年四月、日米両政府はガイドラインの改定に合意した。一九九七年のガイドラインでは、日本有事のほか、朝鮮有事を念頭に日本周辺で武力衝突が起きた場合の自衛隊と米軍の役割分担を定めていたが、二〇一五年の新ガイドラインでは、「アジア太平洋地域及びこれを超えた地域が安定し、平和で繁栄したものとなるよう」にすることが指針の目的としたうえで、日本を守るための協力体制を見直しただけでなく、自衛隊による米軍の支援は世界規模に広がった。また、日本が周辺事態法を改正することを見越し、日本の平和と安全に重要な影響を与える事態が起きたと判断すれば、南シナ海や中東など日本から離れた場所でも、そこで戦う米軍に自衛隊が補給などの後方支援を行うことが盛り込まれたほか、国際的な安全確保のために軍事活動を行う米軍を後方支援することも、自衛隊の役割として明記された。

日本そのものの防衛については、哨戒や訓練など平時での協力内容を強化したほか、武力攻撃までは至らない侵害（グレーゾーン事態）が起きた場合の役割分担を追加した。

また、日本が武力攻撃を受けた場合の対応では、尖閣諸島をはじめとする南西諸島など、中国の台頭で脅威が高まっている島嶼部に対して、日本が新設する水陸両用部隊を中心に、自衛隊が主として上陸阻止、奪還作戦を行い、米軍が支援することが盛り込まれた。米軍が巡航ミサイルなどを使って、敵のミサイル発射台などを叩く場合も、自衛隊が「必要に応じ、支援を行うことができる」ことが追加された。

さらに、米国領に向けて飛ぶ弾道ミサイルを日本が撃ち落とすことを念頭に、ミサイル迎撃で協力することや、ホルムズや対馬といった国際海峡を念頭に、シーレーン（海上交通路）防衛のために機雷掃海で協力することなど、日本が集団的自衛権を行使できるようになることも、新ガイドラインに反映されている。


一方、二〇一三年から二〇一四年にかけて、習近平は、中国からユーラシア大陸を経由してヨーロッパにつながる陸路の〝シルクロード経済ベルト（一帯）〟と中国沿岸から東南アジア、南アジア、アラビア半島、アフリカ東岸を結ぶ海路の〝二十一世紀海上シルクロード（一路）〟で、インフラ整備、貿易促進、資金の往来を促進する〝一帯一路〟計画を提唱。これと並行して、二〇一三年七月には各海上保安機関を統合した〝中国海警局〟が発足し、中国公船の大量建造・大型化・武装化が進められ、尖閣諸島周辺海域での中国の領海侵犯もより深刻なものとなった。

さらに、二〇一五年の日米防衛ガイドライン改定に対して、中国の同年版国防白書『中国の軍事戦略』では、海軍の「近海防御と遠海護衛の融合」の方針が打ち出され【図10】、以後、南沙諸島での地形の埋め立て、港湾や滑走路などの施設建設が大々的に進め

【図10】2015年６月３日に中国が発行した「中国船舶工業」の切手には、“近海防御”の方針を反映して、南海艦隊に所属する防空ミサイル駆逐艦“昆明”を取り上げた１枚が含まれている。なお、“釣魚諸島”が中国領土であることを示すため、切手の背景には、尖閣諸島（一番左が魚釣島）が描かれている。

られている。当初、中国は埋め立て地を軍事基地化しないと説明していたが、実際には軍事基地建設も急激に進んでいる。

　これに対して、二〇一六年八月、アフリカ開発会議に出席した安倍は、一帯一路政策の名の下で途上国への過剰融資が横行すれば、結果的に中国による新植民地主義が拡大しかねないことへの懸念から、インド太平洋からアフリカまでの海洋地域を、力や威圧とは無縁で、法の支配（海上法執行能力の構築）・航行の自由・自由貿易を重んじる地域秩序として「自由で開かれたインド太平洋構想」を提唱する。

　二〇一七年に発足した米国のドナルド・トランプ政権は、〝原則ある現実主義〟、〝力による平和〟を外交安全保障上の基本原則とし、中国とロシアを米国や国際秩序に挑戦する〝修正主義国家〟、〝競争相手〟と呼ぶ一方、「米国の国益を守る前提で両国と協力を目指す」とも述べていたが、これは安倍政権の「自由で開かれたインド太平洋」の構想とも合致するものだったため、日米は中国に対して共同歩調を取ることが可能になった。

　なお、「国益を守る前提で両国と協力を目指す」という互恵的戦略関係という点では、二〇一七年五月、北京で「一帯一路」国際フォーラムが開催され【図11／次ページ】、中国が本格的に一帯一路政策を開始

【図11】一帯一路国際フォーラムに際して中国が発行した記念切手

するにあたって、安倍は、自民党幹事長の二階俊博と政務秘書官の今井尚哉を派遣し、習近平に対して〝一帯一路〟への条件付き協力姿勢を初めて表明した「安倍親書」を手渡している。

これを受けて、習は「ハイレベル交流再開と関係改善に努力する」と回答しており、翌二〇一八年には安倍訪中と首脳交流の再開につながった。

要するに、安倍政権の対中外交は、日米豪印の四カ国連携を背景として、中国に対して国際協調を迫ったうえで、日中関係を改善するというもので、単純な中国敵視政策ではなかったことは留意しておくべきだろう。

新型コロナウイルスの流行

二〇一九年十二月八日、世界最初の新型コロナウイルスの症例(当初は原因不明の肺炎とされていた)が、中国湖北省武漢市の保健機関からWHO(世界保健機関)に報告され、その後、全世界に急速に蔓延した。

日本国内では、年明けの二〇二〇年一月十六日に武漢市から帰国した男性に初の感染が確認された後、武漢からの日本人帰国者などに感染が散見されていたが、二月五日、横浜港に停泊していたクルーズ船〝ダイヤモンド・プリンセス号〟で集団感染が確認され、水際対策として、全乗客が船室隔離された。

このため、二月七日、日本政府は新型コロナウイルスによる肺炎などを「指定感染症」と定め、新型コロナウイルス感染症と診断された人を強制的に入院させるとともに、中国湖北省からの外国人の入国を拒否したが、二月中旬以降、多くの人々が集まる場所でのクラスター感染が報告されるようになる。

三月下旬以降、国内の新規感染者数は指数関数的に増加し始めたため、聖火リレー開始二日前の三月二十四日、同年夏に予定されていた東京オリンピック・パラリンピックの一年延期が決定された。

さらに、四月一日には中国全土や米国を含む四十九ヵ国が入国拒否対象地域となり、同三日からは世界一一四の国・地域への航空郵便の受付も停止され、受付を継続した米国や台湾などへも船便輸送に切り替えられた。そして、四月七日、東京、大阪など七都府県において緊急事態宣言が発令され、不要不急の移動や外出の自粛が求められることとなる。緊急事態宣言は、十六日に対象地域が全都道府県に拡大され、五月二十五日に解除されるまで続いた。

しかし、六月下旬以降、東京の新規感染者数が再び増加傾向になるとともに、次第に感染経路不明の患者数も増加。その後は、感染者数の増減が繰り返され、二〇二一年一～三月および同年四～九月には再び緊急事態宣言が出されたほか、それ以外の時期でも各都道府県の状況に応じて、〝まん延防止等重点措置〟が発令され、国民生活は大きな制約の下に置かれ、列島全体が中国発の疫病に振り回された。

新型コロナウイルスと戦う医療従事者を讃え、国民の団結を訴える趣旨の切手は、二〇二〇年三月二十一日にイランが発行したものを皮切りに、世界各国で相次いで発行されたが、早くも同年三月三十日、中国郵政は、「新型コロナウイルスとの戦いで重要な成果を出したこと」を記念するとして、四月七日に〝众志成城　抗击疫情（大意：一致団結すれば困難を克服できる　疫病発生の状況に抵抗して反撃を加える。なお、众は衆、击は撃の簡体字）〟」と題する切手（以下、抗疫郵票)【図12】を発行することを発表した。

これに対して、ウイルスの発生源である中国が、いまだ全世界でウイルス禍が深刻な状況にある中で〝ウイルス克服〟の記念切手を発行するのはあまりにも無神経だとの非難の声が世界各国から寄せられた。さらに、四月四日、中国郵政は図案に〝重大失誤〟があったとして切手発行の延期を突如発表。五月七日、

【図12】中国の抗疫郵票

▲当初の報道資料。実際に発行された切手(上)よりも、武漢の風景を描いた背景の色が濃いなど、細部に変更点がみられる。

「切手愛好者やインターネットユーザーの意見を取り入れ、図柄を完全なものにした」として、三月末に発表した図案を一部変更した切手を同十一日に発行することをあらためて発表した。

中国政府・共産党のプロパガンダ政策の一環として発行された抗疫郵票に関しては、その政治的な重要性から、図案に関しても何重ものチェックを経て最終的に決定されたとみるのが自然であろう。したがって、いったん発表された図案が、わずか数日後、突如変更されたということは、当初の図案が制作された時点ではその内容は国策に反するものではなかったが、その後の状況の変化により〝不適切〟なものになったと理解するのが妥当と思われる。

抗疫郵票の発行がいつ決定され、デザイナーがいつから図案の制作を始めたのか、その正確な日時は中国郵政の資料が公開されない限り確定的なことは

言えないが、公開情報からもおよその推測は可能である。

すなわち、四月四日に発行延期を発表してから五月十一日に新図案の切手一四五〇万組が発行されるまでの日数は三十八日間。おそらく、現在の中国郵政の処理能力では、印刷済みの切手を回収するとともに、修正した図案の切手を製造し、全国の郵便局に配給するにはその程度の日数が必要ということなのだろう。上記の三十八日間の中には五月一〜五日の連休があったから、それを差し引けば、準備期間は一ヵ月強に短縮することも可能かもしれない。そうすると、当初の予定通り、四月七日に抗疫郵票を発行するためには、切手制作の実務作業は三月七日前後には開始されていたと推測できる。

新型コロナウイルスの感染が拡大し、発生源とされる武漢市の都市封鎖が行われたのは二〇二〇年一月二十三日だったが、当初の中国政府によるプロパガンダでは、習近平は一月二十日(後に七日に前倒し)以来、「卓越した指導力を発揮して、早期に感染拡大を終わらせ、世界に貢献した」と強調されていた。二月二十七日に刊行された宣伝書籍『大国戦「疫」:二〇二〇 中国阻撃新冠肺炎疫情進行中』は習の指示と演説内容を紹介し、〝領袖《りょうしゅう》(組織の長)の決断〟を称賛していたし、三月六日には武漢市党委書記の王忠林《おうちゅうりん》が「武漢市民は習近平総書記と中国共産党に感謝すべきだ」として〝感恩教育(党への感謝の強制)〟を展開している。

しかし、実際に多くの人民がウイルス禍に苦しむ中で、習と党を露骨に礼賛するプロパガンダに対しては人々の反発も強く、インターネット上でも政府・党批判があふれたため、翌七日頃から、プロパガンダの内容も感恩教育から「武漢市民に感謝する」ものへと徐々に変化していく。

　すなわち、三月八日には、湖北省党委員書記の応《おう》勇《ゆう》が、武漢の人々は「党の統制措置を積極的に支援し、協力した」と称賛したほか、同日付の『長江日報』は、武漢政府は武漢市民の貢献に心から感謝していると報道。さらに、十日には習近平が自ら武漢入りし、「武漢市民は英雄。全党全人民はあなたがたに感動し、感謝している」と述べ、翌十一日の『人民日報』は「武漢の名は英雄として歴史に再び記される」との習の言葉を一面の見出しに使っている。

▲報道資料を拡大。左図は武漢の市街地で、特徴的な亀山電視塔が見える。右図の上には洪山体育館、下には黄鶴楼が描かれている。

　切手の発行予定日から逆算すると、おそらく、抗疫郵票の当初の図案が作成されたのはこの時期だったと考えてよい。したがって、抗疫郵票は、武漢のランドマークで、日本人にとっても唐詩で馴染みのある黄鶴楼《こうかくろう》や、臨時医療施設の〝方艙《ほうそう》医院〟に転用された武漢洪山《こうざん》体育館の建物などを描き、武漢市民に感謝し、ウイルス禍に立ち向かうため国民に団結を呼びかけるという意図が強調される内容となったものと推測できる。なお、切手上部には、共産党の象徴である〝鎌と槌〟と「众志成城　抗击疫情」のスローガンが入っているが、この文言もウイルスを克服した勝利宣言というよりは、共産党の指導の下、団結してウイルスとの戦いに臨もうというスローガンと考える方がしっくりする。

　ところで、ウイルスの全世界的な拡散に伴い、世界各国は中国政府の対応を批判し、西側諸国では発生の起源を明確にするためには〝武漢〟などの用語を使うべきだとの論調も強かったが、中国外務省や国営メディアは、そうした表現が出るたびに火消しに躍起となっていた。

ＷＨＯには、差別や偏見、経済的な不利益が生じるのを防ぐためとの理由から、ヒトの新興感染症の名称に地名は使えないというルールがあるため、新型コロナウイルスによる疾患の正式名称も、二月十一日、〝COVID-19〟と命名されたが、その後も、トランプ米大統領は〝中国ウイルス〟の言葉を使い続けた。三月二十五日のＧ7外相会合でも、米国は〝武漢ウイルス〟と表記すべきだと主張したが、これは受け入れられず、翌二十六日のＧ20首脳会合では、〝新型コロナウイルス〟によるパンデミック克服のために協力するとした共同声明が発表され、ウイルスの名称をめぐる米中の対立はとりあえず棚上げとなった。

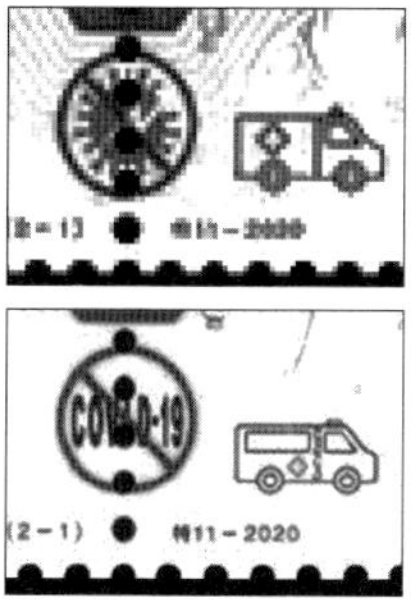

▶象徴的なウイルスのイラスト（上・報道資料部分）も、正式名称の「COVID-19」へと変更されている（下・切手部分拡大）。

この間、三月二十三日には、中国政府は新規感染がなくなったと発表。二十五日には湖北省在留の北京市民の北京市への帰還が始まったほか、黄岡《こうこう》市では省外から湖北省に通じる道路の通行規制が解除され、車の往来が復活するなど、中国は感染の〝終息〟を本格的にアピールし始めている。そのハイライトが、四月七日の武漢市の封鎖解除だった。

三月三十日というタイミングで、中国郵政が四月七日に抗疫郵票を発行すると発表したのは、そうした状況をとらえてのことと考えてほぼ間違いないだろう。すでに、Ｇ20首脳会議でウイルスの呼称問題は沈静化（したはずだと中国側が認識）した以上、共産党の指導と「武漢市民に感謝する」イメージは、そのまま、ウイルスを克服したとの実績のアピールと併置させても問題はないとの判断されたものと思われる。

ところが、四月に入ると、ウイルスの発生源である中国に損害賠償を要求すべきとの声が、西側諸国で沸き上がるようになった。四月四日になって、中国郵政が抗疫郵票の発行延期を突如発表したのは、中国への損害賠償を求める国際世論の高まりを察知し、新型ウイルスと(全世界がその発生源と認識している)武漢や中国を結び付けるようなデザインの切手は対外情報戦略の観点から不利、との判断が働いた結果とみるのが妥当だろう。なお、香港、台湾などインターネットの華字メディアでは、黄鶴楼の存在が発行延期の理由であろうとの解説が、中国郵政の発表当初からなされていた。

こうして、五月十一日、基本的なデザイン構成はほぼ当初案のままに、鎌と槌が削除されたほか、黄鶴楼の部分を目立たないように薄くし、方艙医院に関してはその看板の文字が消され、ウイルスのイラストも正式名称の〝COVID-19〟に改められるなど、〝武漢ウイルス〟と中共の責任を想起させる要素を排除する修正を施した抗疫郵票が発行された。

ただし、その後も中国国内における新型コロナウイルスの蔓延は収まらず、本書を執筆している二〇二三年二月の時点でも中国ではウイルスの勢いが収まらず、パンデミック以前の二〇一九年に大阪で開かれたG20での日中首脳会談で、習近平に対してなされた国賓訪問の招請も実現しないまま現在に至っている。

東京五輪

二〇二〇年の夏季オリンピック・パラリンピック(東京2020)は、当初、同年七月二十四日から、新国立競技場をメイン会場として実施される予定だった。しかし、この年は年初から新型コロナウイルスによる感染症の拡大が世界的な問題になっていたため、三月二十六日に聖火リレーがスタートする直前の同二十四日、感染症の拡大を理由に大会そのものの開催が一年間延期され、五輪開会式の日程は二〇二一年七月二十三日に変更された。これに伴い、聖火リレーの実施も一年後になり、大会の記念切手の発行も延期されたが、三月十日に発行された聖火リレーの記念切手【図13】はそのまま販売が継続された。なお、聖火リレーの切手は、大会本番まで販売が継続できるよう、二〇二〇年八月以降に増刷され、聖火リレーの関連局を中心に配給されている。

　会期を一年延期した東京五輪だったが、世界的な感染状況に大きな改善は見られなかったため、二〇二一年三月、海外からの観客の入国を断念。さらに、開会直前の七月八日には、東京・神奈川・千

【図13】 東京2020 聖火リレーの切手。聖火リレーエンブレム、聖火リレーピクトグラム、聖火リレートーチを描く（上段がオリンピック、下段がパラリンピック）。

▲東京2020の周知のため前年の2019年に発行された切手シート。オリンピック大会マスコットのミライトワとパラリンピック大会マスコットのソメイティ、両大会のエンブレム、国立競技場と国立代々木競技場をデザイン。

葉・埼玉の一都三県の会場で、全ての競技が無観客試合で開催することが決定された。その甲斐もあって、会期中は大きなトラブルや大会開催が原因とみられる感染症の拡大は見られず、九月五日のパラリンピック閉会式をもって、無事、東京２０２０は大会の全日程を終了した【図14】。

【図14】東京 2020 の記念切手小型シート

ところで、東京五輪開会式当日の二〇二一年七月二十三日、中国は五輪参加国として東京五輪の記念切手を発行したが、そのうちの一枚には、今大会からの新種目として、卓球の混合ダブルスが取り上げられている【図15】。

【図15】卓球の混合ダブルスを取り上げた中国の東京五輪記念切手

卓球が五輪の正式競技に採用されたのは一九八八年のソウル五輪からで、二〇〇四年のアテネ五輪までは男女シングルスと男女ダブルスの計4種目が実施されていた。その後、二〇〇八年の北京五輪からは男女ダブルスに代わり、男女団体（一チーム三人）が実施されている。

このうち、一九九二年のバルセロナ五輪は四種目実施で銅メダルが各二個授与されたため、前回（二〇一六年）のリオデジャネイロ五輪までのメダルの総数は百個になるが、このうち、中国が獲得したメダル数は金二十八、銀十七、銅八の計五十三で他を圧倒している。ちなみに、わが国は、二〇一二年のロンドン五輪で女子団体が銀、二〇一六年のリオデジャネイロ五輪で男子団体が銀、女子団体と男子シングルスの水谷隼がそれぞれ銅の計四で、東京大会以前は金メダルを獲得していない。

▲卓球混合ダブルスで金メダルを獲得した、水谷隼と伊藤美誠のペア。（時事通信社）

こうした過去の実績から、二〇二一年の東京五輪から新種目として行われる混合ダブルスについても中国は金メダルの最有力候補とみられており、そうした前評判を踏まえ、中国側は自分たちが新種目の初代王者となることを見越して記念切手の題材を選んだものと思われる。

しかし、実際には、七月二十六日の同種目の決勝では日本の水谷隼・伊藤美誠組が金メダルを獲得し、中国は面目を失うことになった。ちなみに、五輪で中国選手が敗れたのは、二〇〇四年のアテネ五輪での男子シングルス決勝以来のことで、女子がタイトルを逃したのは初開催となった一九八八年のソウル五輪ダブルス以来のことだったから、水谷隼・伊藤美誠組の金メダルは、日本卓球界初の快挙という枠を超えて、世界の卓球史に残る歴史的快挙の大金星といっても過言ではない。

北京冬季五輪のボイコット問題

ところで、二〇二〇年六月十七日　米国でウイグル人権法（中国の新疆ウイグル自治区で、少数民族ウイグル族への弾圧に関与した中国の当局者への制裁発動を求める法案）が成立して以来、ウイグルなどでの中国政府による少数民族への人権侵害に対する非難の声が西側諸国では高まり、同年八月には、日米欧の十六ヵ国の議員らが結成した世界的な議員連盟〝対中政策に関する列国議会連盟〟の初代議長で英保守党の元党首、イアン・ダンカン・スミス議員が、英国政府は国際オリンピック委員会（IOC）に対して、中国から二〇二二年冬季五輪開催権の剥奪もしくは公式代表者の参加禁止を要請すべきと提案。これを機に、中国の人権侵害を理由に北京での冬季五輪の開催に疑義を唱える声が西側先進諸国の政府・議会レベルでも噴出する。

十月六日の国連人権会議では、ドイツの主導により、英国やオーストラリア、日本など三十九ヵ国が中国の人権問題を批判する共同声明を発表し、中国に対して百万人が収容されている新疆ウイグル自治区の収容施設に、国連人権査察団が「直接的で意味のある自由なアクセス」ができるよう要求する。この声明には、南太平洋への中国の急激な進出を前に、対中関係が悪化しているオーストラリアが「国際社会におけるパートナーと連携したい」として真っ先に反応し、超党派の国会議員が「一九三六年のヒトラーのナチス政権下で開催されたベルリン五輪と類似性」があるとして、北京冬季五輪のボイコットを支持し、自国の選手に不参加を呼びかけた。

さらに、二〇二一年一月十九日、任期切れ直前の米トランプ政権が、中国政府によるウイグルでの〝ジェノサイド〟を認定。翌二十日に発足したジョー・バイデン政権のブリンケン国務長官もこれを継承する姿勢を示したことから、二月二日には米共和党の上院議員五人が、二〇二二年冬季五輪の開催地変更を求める決議案を議会に提出。提案者のリック・スコット議員は「中国政府は新疆ウイグル自治区のウイグル人に対し集団虐殺を行い、香港の人々の人権を制限し、台湾を脅かしている」として、「二〇二二年の五輪開催を許されるべきではない」との声明を発表し、共同提案者のトム・コットン議員は、「国際オリンピック委員会（IOC）は、二〇二二年大会を市民の生命と権利を尊重する国に移すべき」と主張した。

この直後、米国のサキ大統領報道官は、コロナ禍での東京五輪への参加の是非についての記者からの質問に対して、政治的に重要な問題となっている北京冬季五輪に関する質問と勘違いし、「北京五輪に関して現時点でわれわれの立場や計画を変更することについて話し合っていない」とし、「同盟国や友好国と緊密に協議し共通の懸念を明確にして共に対処するが、米国としての計画変更について現時点で議論されていない」と説明するなど、北京冬季五輪のボイコット問題が米政権内でも重大な関心事となっていることをうかがわせた。

大会一年前の二月三日には、非政府組織のヒューマン・ライツ・ウォッチ（HRW）が、IOCが「中国政府の深刻な人権侵害に正式に立ち向かわずにいることは、オリンピックが『世界を変える力』とする自らの主張を台無しにしている」と非難。翌四日には世界ウイグル会議や国際チベットネットワークなど約一八〇の人権団体などが、中国における人権問題を理由に大会参加をボイコットするよう各国首脳に

【図16】漢字の“冬”をイメージした北京冬季五輪のエンブレムを描く2017年発行の中国切手（右）と、このデザインをもとに抗議団体が制作した“血塗られた五輪”のエンブレム（上）。

呼び掛ける書簡を公開した。

書簡では、「（二〇一五年に北京が二〇二二年冬季五輪の開催都市に選ばれて以来、）習近平が基本的な自由と人権に対する容赦ない弾圧に及んでいる」ことを指摘したうえで、「五輪が悪用され、中国政府によるおぞましい人権侵害や弾圧がエスカレートする」ことがないよう、各国首脳に北京冬季五輪のボイコットを求め、〝血塗られた五輪〟に反対する意思を込めて、独自の〝エンブレム〟も作成している【図16】。

公開書簡を受けて、国際オリンピック委員会は、「（人権などをめぐる懸念については）中国政府および現地当局に対し、過去にもまた現在も指摘を続けている」と説明したが、中国外交部の汪文斌《おうぶんひん》報道官は「こうした動きは国際社会の支持も得られなければ、成功もしないだろう」と述べ、抗議を一切受け付けず、今後もジェノサイドや各種の人権侵害を止める意思が全くないことを明らかにした。

その後、東京五輪が間近に迫った七月六日、英最大野党・労働党は政府と王室に対し、九月の国連総会までに中国が新疆ウイグル自治区でのウイグル人迫害をめぐる国連の調査に応じない限り、「北京冬季五輪の公務や式典に閣僚や王室メンバーらを派遣すべきではない」と主張。さらに、翌七日、英下院外交委員会は、ウイグル人などへの迫害をやめさせるため、北京冬季五輪の式典ボイコットのほか、スポンサー・広告契約の見送りなどを政府が英企業に強く働き掛けるよう求め、同十五日には、英下院として、中国政府による人権弾圧に抗議の意思を示すため、北京冬季五輪に政府代表を派遣しない「外交的ボイコット」を英政府に求める決議を全会一致で採択した。

こうした欧米の動きを受けて、日本国内でも、東京五輪開幕直前の七月二十日、自民党外交部会などが党本部で会合を開き、中国による新疆ウイグル自治区での人権侵害をめぐり意見を交わした。出席議員からは、北京冬季五輪について「外交的ボイコットを検討すべきだ」「中国自体が五輪憲章に反する人権侵害をしており、開催地変更を働き掛けるべきだ」などの意見が出た。

その後も、日米欧では北京冬季五輪の外交ボイコットを求める声が相次いだことに対して、十一月三日、中国外交部は「オーストリア、フランス、キプロス、フィンランド、ギリシャ、ハンガリー、イタリア、オランダ、スペイン、スイス、ロシア、ベラルーシなど各国の政界要人やオリンピック委員会関係者は北京冬季五輪への支持を表明し、積極的に参加しようとしている」と発表。あわせて、中国・太平洋島嶼国外相会合（中国と中国から巨額の支援を受けている太平洋島嶼国を中心に構成）は、北京冬季五輪を支持する共同声明を発表した。

最終的に、十二月六日、米政府が、〝新疆で進行中のジェノサイドや人道に対する罪〟への意見表明として、北京冬季五輪に政府の公式代表団を派遣しない〝外交ボイコット〟を実施すると明らかにすると、英国、豪州、カナダが直ちにこれに同調し、ニュージーランドも閣僚レベルを派遣しないことを明らかにした。十二月二十四日には、日本政府も北京冬季五輪に閣僚や政府高官ら政府関係者を派遣しないことを決定した(ただし、日本オリンピック委員会会長の山下泰裕氏と参院議員で東京大会組織委員会会長の橋本聖子氏は、現地で開かれる国際オリンピック委員会の総会に合わせて出席することで、中国に対する一定の配慮を示している)。

こうして、二〇二二年二月四日から二十日まで、北京冬季五輪が開催された【図17】。日本は、政府としては米英などと足並みをそろえて〝外交ボイコット〟を行ったものの、日本選手団は当初の予定通り参加し、冬季五輪としては過去最多だった前回平昌大会の十三個を上回る、冬季大会日本選手団最多となる十八のメダルを獲得し、スポーツイベントとしては大いに盛り上がった。

【図17】北京冬季五輪の開会式に際して中国が発行した記念切手

◆

北京五輪閉幕直後の二〇二二年二月四日、ロシアがウクライナ侵攻を開始し、日本を含む国際社会の関心は一挙にウクライナに集中した。中国では、新型コロナウイルスの感染拡大を完全に封じ込めるために、国民生活に厳しい制限を課す策をとっていたこともあり、日中間の物理的交流は低調な状態が続き、日中関係改善のため習近平が国賓として訪日するというプランも事実上、凍結されたままだ。

さらに、中国船による尖閣諸島周辺での挑発行動は日常的に続いており、日本国民の中国に対する好感度は低空飛行が続いている。

【図18】日中国交正常化50周年の記念切手

そうした中で、二〇〇二年九月二十九日、日本郵便は〝日中国交正常化五十周年〟の記念切手を発行したが【図18】、二十年前の三十周年、十年前の四十周年の時と同様、中国側で記念切手発行はなく、国交樹立を祝う記念切手としてはアンバランスな結果になった。

本来であれば、国交樹立ないしは国交回復というべきところを、中国側の一方的な主張を無批判に受け入れ、国交〝正常化〟という異常な表現を使い続けてきた半世紀の歪みは、こうしたところにも可視化されているのだということを、我々は見逃してはならない。

主要参考文献

＊紙幅の関係から、特に重要な引用・参照を行ったものに限定している。また、ウェブサイトの情報は、いずれも２０２２年10月８日に閲覧・確認したものである。

天児慧『中華人民共和国史新版』岩波新書（２０１３）

飯塚央子「中国における核開発「向ソ一辺倒」から米中接近へ」『中国21』第14巻（２００２）

榎本泰子『「敦煌」と日本人・シルクロードにたどる戦後の日中関係』中公選書（２０２１）

小倉貞男『ベトナム戦争全史』岩波書店（１９９２）

外務省外交史料館（編）「『日本外交文書』概要「国際連合への加盟」」『外交史料館報』第33号（２０２０）

門田隆将『日中友好侵略史』産経新聞出版（２０２２）

金子徳好『ゼッケン８年』朝日新聞社（１９７４）

貴志俊彦『日中間海底ケーブルの戦後史：国交正常化と通信の再生』吉川弘文館（２０１５）

許育銘（永野佑子訳）「戦後の台琉関係再樹立の過程―１９５７年前後を中心に―」『大阪大学中国文化フォーラム・ディスカッションペーパーNo.2010-10』大阪大学（２０１０）

倉山満『内閣法制局の近現代史』光文社新書（２０２２）

江利紅「中国における人民代表大会制度とその現代的課題」『比較法雑誌』第46巻第1号（２０１２）

――『現代中国の統治機構と法治主義』中央経済社（２０１２）

国分良成・添谷芳秀・高原晁明生・川島真『日中関係史』有斐閣アルマ（２０１４）

胡鳴「中国の対日政策と対日活動グループ―建国から国交正常化まで―」『アジア太平洋討究』第20巻（２０１３）

耿守忠・楊治梅（編）『新版中國集郵百科知識』華夏出版社（１９９８）

坂井田夕起子「中華人民共和国の対外工作と仏教（１９５２－１９６６年）」／坂井田夕起子・石川禎浩編『現代中国文化の深層構造』京都大学人文科学研究所（２０１５）

櫻澤誠『沖縄現代史 米国統治、本土復帰から「オール沖縄」まで』中公新書（２０１５）

謝黎『チャイナドレスをまとう女性たち―旗袍にみる中国の近・現代』青弓社（２００４）

白土悟「モスクワ大学における毛沢東講話の謎」ウェブマガジン『留学交流』２０１４年11月号 https://www.jasso.go.jp/ryugaku/related/kouryu/2014/__icsFiles/afieldfile/2021/02/19/201411shiratsuchisatomi.pdf

政策研究大学院大学（GRIPS）、東京大学東洋文化研究所 データベース「世界と日本」（代表・田中明彦）https://worldjpn.net/documents/indices/JPCH/index.html

曽憲義・小口彦太編『中国の政治 開かれた社会主義への道程』早稲田大学出版部（２００２）

園田茂人（編）『日中関係史 １９７２－２０１２ Ⅲ 社会・文化』東京大学出版会（２０１２）

高橋和之編『新版 世界憲法集』岩波文庫（２００７）

高原明生・服部龍二（編）『日中関係史 １９７２－２０１２ Ⅰ 政治』東京大学出版会（２０１２）

高山陽子「中国における労働模範の身体表象に関する一考察」『亜細亜大学国際関係紀要』30（２０２１）

田中美勝『日本の戦略外交』ちくま新書（２０１７）

田村容子「程硯秋の京劇改革 創作反戦劇を例に」『現代中国』第75号（２００１）

祁建民「長崎国旗事件の真相とその意味」長崎県立大学東アジア研究所『東アジア評論』第6号（２０１４）

中華郵政『中華郵政全球資訊網』https://www.post.gov.tw/post/internet/Group/default.jsp

中華人民共和國信息産業部《中國郵票史》編審委員會（編）『中國郵票史』商務印書館（２００３）

中国京劇院『梅蘭芳年譜』http://www.min-on.or.jp/special/2002/kyougeki/history/life.html

辻田正雄「第一次全国文学芸術工作者代表大会の準備について」『佛教大学文学部論集』第96号（２０１２）

鄭躍慶「ピンポン外交と後藤鉀二」http://www2.aasa.ac.jp/graduate/gsscs/reports01/PDF/02-003.pdf

通山昭治『現代中国司法制度史研究１９５７年－１９５９年』明石書店（２０００）

――『１９７０年代中国憲法「改正」史論』明石書店（２０００）

北川秀樹・三村光弘・廣江倫子・石塚迅（編）『現代中国法の発展と変容・西村幸次郎先生古稀記念論文集』成文堂（２０１３）

冨田幸祐「１９６４年東京オリンピックにおける参加国・地域に関する史的

研究」『２０１７年度 笹川スポーツ研究助成研究成果報告書』
笹川スポーツ財団（２０１７）
内藤陽介『マオの肖像 毛沢東切手で読み解く現代中国』雄山閣（１９９９）
——『北朝鮮事典：切手で読み解く朝鮮民主主義人民共和国』
竹内書店新社（２００１）
——『解説戦後記念切手（全８巻＋別冊１）』
日本郵趣出版（２００１－２００９）
——『外国切手に描かれた日本』光文社新書（２００４）
——『満洲切手』角川選書（２００６）
——『香港歴史漫郵記』大修館（２００７）
——『韓国現代史・切手でたどる60年』福村出版（２００８）
——『（シリーズ韓国現代史１９５３－１９６５）日韓基本条約』
えにし書房（２０２０）
——「必死の「武漢かくし」で発行された中国コロナ切手」
『月刊ＷｉＬＬ』２０２０年７月特大号
——『世界はいつでも不安定 国際ニュースの正しい読み方』
ワニブックス（２０２１）
——『アフガニスタン現代史』えにし書房（２０２２）
——『切手でたどる郵便創業１５０年の歴史 vol.３ 平成編』
日本郵趣出版（２０２２）
中園和仁『香港をめぐる英中関係』アジア政経学会（１９８４）
（財）日本郵趣協会『ＪＰＳ外国切手カタログ台湾切手 １９９８－１９９９』
日本郵趣協会（１９９８）
丹羽文生「岸信介と蔣介石」『拓殖大学台湾研究』第３巻（２０１９）
ぱおつ「旗袍的新故事 旗袍の歴史と意味をたどるチャイナドレス博物館」
https://qipao.news/
麦媛・田原淳子「１９６４年第18回オリンピック競技大会（東京）に関する
中国メディアの見方 政治体制の異なる中国大陸と香港の新聞報道を比較して」
『スポーツ史研究』第33号（２０２０）
服部健治・丸川知雄（編）『日中関係史 １９７２－２０１２ Ⅱ 経済』
東京大学出版会（２０１２）
浜地忠男「世界のウラン資源」『地質ニュース』１９６４年７月号
平間洋一「建艦思想に見る海上防衛論—中国海軍編」
http://hiramayoihi.com/yh_ronbun_kenkan_c_i.html
平山郁夫『敦煌歴史（とき）の旅・シルクロードに法隆寺をみた』
光文社（１９９８）
福井和雄『改訂版 旧中国切手カタログ１８７８－１９４９』
（公財）日本郵趣協会（２０１９）
——（編）『ＪＰＳ外国切手カタログ 新中国 ２０２２』
（公財）日本郵趣協会（２０２１）
福島香織『ウイグル人に何が起きているのか 民族迫害の起源と現在』
ＰＨＰ新書（２０１９）
古田元夫『歴史としてのベトナム戦争』大月書店（１９９１）
——『ベトナムの世界史・中華世界から東南アジア世界へ』
東京大学出版会（１９９５）
前田和男「身を捨つるほどの祖国はありや」というウチナーからヤマトへの
反問歌」https://webronza.asahi.com/culture/articles/2022062000003.html
益尾知佐子「中国外交における毛沢東と鄧小平の共鳴・１９７４年から
１９７５年を中心に」『中国研究月報』60（２００６）
松澤明「中国の石油開発事情について」
『石油技術協会誌』第45巻第５号（１９８０）
水原明窗『中国解放区郵票図鑑』日本郵趣協会（１９９５）
毛里和子『新版 現代中国政治』名古屋大学出版会（２００４）
倭周蔵「中国工作機械工業の展望」『精機学会誌』第40巻４７２号（１９７４）
揚乃強『中華人民共和國郵票圖鑑（解放區）』揚氏集郵公司（１９９８）
李恩民「１９７０年代における日台航空関係の変遷」
『宇都宮大学国際学部研究論集』第13巻（２００２）
劉全勝「日本青年団協議会の対中交流（１９５６年～１９６６年）—第一回の
交流活動を中心に—」『人文学報．教育学』第42号（２００７）
劉暢「上海宝山製鉄所の建設とその意義：政府政策と企業活動」
『嘉悦大学研究論集』巻51号（２００９）
劉徳有「梅蘭芳と日本」『人民中国（日本語版）』ウェブサイト http://www.
peoplechina.com.cn/zlk/he/202103/t20210317_800240559.html
廉舒「１９５０年代の中国対英・対日外交における対野党戦略」
『KEIO SFC JOURNAL』第13巻第2号（２０１３）
若林正丈『（東アジアの国家と社会２）台湾 分裂国家と民主化』
東京大学出版会（１９９２）
monsieurk ムッシュＫの日々の便り monsieurk.exblog.jp

郵便《ゆうびん》×歴史《れきし》
シリーズⅡ

現代日中関係史《げんだいにっちゅうかんけいし》 ―切手《きって》・郵便《ゆうびん》に秘《ひ》められた軌跡《きせき》― 第2部 1972-2022

2023年３月20日　第１版第１刷発行

発　　行・株式会社 日本郵趣出版
〒171-0031　東京都豊島区目白１-４-23
切手の博物館４階
TEL. 03-5951-3416（編集部直通）

発 売 元・株式会社 郵趣サービス社
〒168-8081　東京都杉並区上高井戸３-１-９
TEL. 03-3304-0111（代表）
FAX. 03-3304-1770
http://www.stamaga.net/

図版・資料協力
朝日新聞社／産経新聞社／時事通信社
國民大會秘書處內／中華民國總統府／内閣広報室
椙山哲太郎／中川 進
contactmagazine.net／derivative work: ST／Fanghong／https://www.sensusnovus.ru/／Indian Navy／National Park Service／Ruth Elizabeth Harkness／U.S. National Archives and Records Administration／zh:User:Ellery

制　　作・株式会社 日本郵趣出版
〒171-0031　東京都豊島区目白１-４-23
TEL.　03-5951-3416（編集部直通）
編　　集　松永靖子
装　　丁　三浦久美子
印　　刷・シナノ印刷 株式会社

ISBN 978-4-88963-870-7　Printed in Japan
2023年（令和５年）２月15日　郵模第3012号

■本書についてのご連絡先
▶本書の販売については…〒168-8081（専用郵便番号）
(株)郵趣サービス社　業務部
TEL. 03-3304-0111　FAX. 03-3304-5318
〔ご注文〕http://www.stamaga.net/
〔お問い合わせ〕email@yushu.co.jp
▶内容については…〒171-0031　東京都豊島区目白1-4-23
(株)日本郵趣出版　カタログ書籍編集部
TEL. 03-5951-3416　FAX. 03-5951-3327
Eメール　jpp@yushu.or.jp
＊個別のお返事が差し上げられない場合もあります。
ご了承ください。

著者プロフィール　**内藤 陽介**（ないとう ようすけ）

▲著者：中国・武漢にて

1967年、東京都生まれ。東京大学文学部卒業。郵便学者。ノンフィクション作家。日本文藝家協会会員。文化放送「おはよう寺ちゃん」レギュラーコメンテーター。国際郵趣連盟およびアジア郵趣連盟審査員。「東京五輪の郵便学」で、第16回河上肇賞受賞。切手等の郵便資料から国家や地域の在り方を読み解く「郵便学」を提唱し、研究・著作活動を続けている。

主な著書　「解説・戦後記念切手」（全７巻＋別冊）日本郵趣出版 2001～09年／「年賀状の戦後史」角川oneテーマ新書2011年／「朝鮮戦争」えにし書房 2014年／「日の本切手 美女かるた」日本郵趣出版 2015年／「英国郵便史 ペニーブラック物語」日本郵趣出版 2015年／「パレスチナ現代史 岩のドームの郵便学」えにし書房 2017年／「アウシュヴィッツからの手紙 改訂増補版」えにし書房 2019年／「チェ・ゲバラとキューバ革命」えにし書房 2019年／「日本人に忘れられたガダルカナル島の近現代史」扶桑社 2020年／「日韓基本条約」えにし書房 2020年／「世界はいつでも不安定」ワニブックス 2021年／「切手でたどる郵便創業150年の歴史」（全３巻）日本郵趣出版 2021～22年／「アフガニスタン現代史」えにし書房 2022年／「本当は恐ろしい！ こわい切手 心霊から血塗られた歴史まで」ビジネス社 2022年／「現代日中関係史」第１部 日本郵趣出版 2022年など